W0329819

Joanna Burger

Der Papagei, dem ich gehörte

Joanna Burger

Geschichte einer Freundschaft

Der Papagei, dem ich gehörte

Aus dem Amerikanischen
von Sonja Hauser

Mit 14 Farbabbildungen
auf Tafeln

Piper
München Zürich

Die Originalausgabe erschien 2001
unter dem Titel »The Parrot Who Owns Me«
bei Villard Books (Random House, Inc.),
New York.

ISBN 3-492-04294-5
© 2001 by Joanna Burger
Deutsche Ausgabe:
© Piper Verlag GmbH, München 2002
Satz: Uhl + Massopust, Aalen
Druck und Bindung: GGP Media, Pößneck
Printed in Germany

www.piper.de

Für alle Papageien in freier Wildbahn:
Auf daß wir zum Überleben ihrer Arten und Lebensräume in einer Welt beitragen, die in unseren Händen liegt.
Und für all die Generationen von Studenten, die mir gezeigt haben, wie wichtig es ist, Parallelen zwischen dem Verhalten der Tiere und dem der Menschen zu ziehen.

Warnung

Einen Papagei kann man nicht besitzen. Man kann ihn auch nicht als Haustier halten. Einen Hund, ja, und vielleicht auch eine Katze, aber einen Papagei? Niemals. Ganz im Gegenteil: Sie selbst sind das Haustier, und Papageien sind nicht immer gute Herren. Nehmen Sie sich diese Warnung zu Herzen: Besitz eines Papageis zu sein, ist nur etwas für Mutige.

Inhalt

Kapitel Eins

Frühling, Zeit der Liebe

Mein Papagei Tiko begann erst nach fünf Jahren, mich zu umwerben. Ich wußte, wie sehr er an mir hing, aber es war dann doch eine große Überraschung für mich, als sich sein Verhalten mir gegenüber eines Morgens Anfang April plötzlich änderte. Der kleine buntgefiederte Kerl saß auf meinem Bett und steckte den Kopf immer wieder unter meine Hand, damit ich ihn kraulte. Davor hatte er sich stets diskret zurückgehalten und mir vom Geländer vor dem Schlafzimmer aus geduldig beim Schlafen zugesehen, bis ich aufwachte. Erst dann war er zu seiner allmorgendlichen Gefiederpflege hereingekommen, die normalerweise fünf bis zehn Minuten dauerte.

An diesem Morgen nun zupfte Tiko sanft mit Zunge und Schnabel zwei Stunden lang an meiner Nagelhaut und meinen Fingernägeln, während ich weiterdöste und von Dschungeln, Jaguaren und bunten, unter dem Blätterdach dahinhuschenden Papageien träumte. Nach dem Frühstück machte ich mich, noch verschlafen, an die Arbeit. Ich bin Professorin für Biologie an der Rutgers University; mein Spezialgebiet ist die Ornithologie. Tiko gehört der in Mittelamerika weitverbreiteten Art der Rotstirnamazonen an. Er hat mir unglaublich viel über das Verhalten dieser

Vögel beigebracht, aber das ist nicht der Grund, warum er seinen Platz bei mir zu Hause in meinem Arbeitszimmer hat. Ich genieße seine Gesellschaft, und im allgemeinen ist er ein ausgesprochen rücksichtsvoller Gefährte, der tapfer über mich wacht und nur hin und wieder einen kurzen Schrei ausstößt, um mich vor den Habichten zu warnen, die er draußen vor unserem Panoramafenster in Somerset, New Jersey, kreisen sieht.

Doch an diesem Frühlingsmorgen flog Tiko von seiner Stange, landete auf meiner Computertastatur, trippelte darüber und stupste meine Finger immer wieder davon weg. Nicht einmal Pinyon-Nüsse, die er über alles liebt, konnten ihn ablenken. Schon wenige Sekunden später war er wieder an meiner Seite. Er begann, leise miauende, lockende Geräusche von sich zu geben, die ich bis dahin noch nicht von ihm gehört hatte, und mir gleichzeitig flehend in die Augen zu schauen. Wenn ich wegsah, wurden diese Geräusche lauter, bis ich den Blickkontakt wiederherstellte. Dann kniff er mich sanft mit dem Schnabel – eine Art Papageienkuß, den ich bereits von den Beobachtungen der Vögel in freier Wildbahn her kannte. Schließlich legte er seinen Kopf flach auf den Schreibtisch, entblößte seinen Hals und verbarg den Schnabel im Gefieder.

Durch seine fahlgrünen Federn mit dem Hauch Stahlblau streichelte ich die zarte Haut an seinem Nacken. Diese Haut ist weicher als die eines neugeborenen Babys und fühlt sich sehr warm an. Eine solche Darbietung des Halses ist eine Geste äußerster Wehrlosigkeit: Habichte und andere Raubvögel stürzen sich darauf, wenn sie ihr Opfer töten wollen.

Nachdem das ein paar Tage lang so gegangen war, vermuteten mein Mann Mike, Doktor der Biologie und Humanmediziner, und ich, daß Tiko mir klassisches männliches Balzverhalten vorführte. Diese Vermutung bestätigte sich, als er begann, das Haus nach geeigneten Nistplätzen abzusuchen. Er inspizierte die dunklen, engen Stellen unter den Sesseln, unter dem Sofa und dem Fernseher, hinter den Büchern in den Regalen, zwischen dem Aktenschrank und der Liege in meinem Büro. Stumm und ganz und gar auf seine Aufgabe konzentriert, verbrachte er an jedem Ort nur ein oder zwei Minuten, bevor er wieder zurückflatterte, um über meine Computertastatur zu trippeln und meine Hand anzustupsen.

Ich wußte, daß mein Papagei und ich ein sehr enges Verhältnis zueinander hatten, aber wie eng, das sollte ich erst jetzt erfahren. Tiko bestimmte schließlich den engen Spalt unter der Anrichte zu »unserem« Nest. Die Anrichte ist aus rötlichem Kirschholz, ungefähr einssechzig lang und reicht mir etwa bis zur Taille. Sie hat drei niedrige Türen und dazu Schubladen für Besteck und Servietten. Ihre Unterseite befindet sich kaum fünf Zentimeter über dem Boden. Tiko drückte sich fast flach auf den Bauch, um darunterzuschlüpfen, und verharrte lange Zeit darunter. Weiß Gott, was er dachte. Als ich mich der Anrichte näherte, stieß er einen gutturalen Schrei aus.

»Hallo, Kleiner! Was machst du denn da unten?« Ich verwendete ihm gegenüber den Tonfall, für den ich mich auch bei einem fünfjährigen Kind entschieden hätte. Obwohl Tiko bereits mittleren Alters war – fünfunddreißig im Jahr 1990, zum Zeitpunkt der beschriebenen Situation –, zeigte seine Reaktion, daß er es mochte, wenn man mit ihm wie mit einem Kind redete und ihn auch so behandelte. Und wie wir noch sehen werden, waren sein Verhalten und seine Intelligenz auch im wesentlichen denen eines altklugen Dreijährigen vergleichbar.

Doch natürlich nur so lange, bis er der Herr im Haus

wurde, der leidenschaftliche Liebhaber, der Don Juan von Somerset. Nun wurden seine Schreie lauter, und er begann zu brummen; ein bißchen klang das wie das ferne Muhen von Kühen. Er lugte unter der Anrichte hervor, fixierte mich mit dem Blick, stöhnte verführerisch und zog sich wieder in sein dunkles Versteck zurück. Dann stürzte er sich plötzlich auf meine Zehen, die er wie ein Wilder putzte, hüpfte um meine Füße herum und huschte wieder ins Nest.

Ich weiß von meinen Beobachtungen der Papageien in freier Wildbahn wie auch im Labor, daß er das typische Verhalten männlicher Vögel an den Tag legte, die ihrer Partnerin das Nest zeigen wollen. Ich habe dieses Ritual auch einmal in La Selva, einem Regenwald in Costa Rica, erlebt. Mike und ich waren damals gerade zu den trockenen Tropenwäldern von Palo Verde unterwegs, um dort das Schutzanpassungsverhalten sich sonnender Schwarzleguane zu studieren, konnten aber der Versuchung, noch einen kleinen Abstecher zu Tikos wilden Brüdern zu machen, nicht widerstehen.

Wir quartierten uns in einer Forschungsstation der Organization for Tropical Studies (eine gemeinschaftliche Einrichtung unterschiedlicher Universitäten) ein, in deren Beirat ich Mitglied war. Unsere spartanisch eingerichtete Holzhütte befand sich direkt am Dschungelrand. Wir entzündeten Moskitolampen und legten uns in unsere Stockbetten, die an der Wand befestigt waren und sich deshalb nicht zusammenschieben ließen. Unter den dünnen Laken unterhielten wir uns noch wie immer über den Tag, bevor wir schließlich einschliefen.

Um der Hitze des Tages zuvorzukommen, brachen wir früh auf und arbeiteten uns langsam auf einem gewundenen Pfad vor. Der tropische Regenwald des Flachlandes bestand aus mehreren Vegetationsebenen. Eine dicke Laubschicht bedeckte den Dschungelboden, über dem sich die hohen, dichten Bäume erhoben. Wir hielten die Augen offen aus Furcht, einer tödlichen Gewöhnlichen Lanzenotter zu begegnen, einer der gefürchtetsten und gefährlichsten Schlangen in Mittelamerika und im tropischen Teil Mexikos. Anders als andere Schlangen, die sich zurückziehen, wenn ein Mensch sich ihnen nähert, greift die Gewöhnliche Lanzenotter sofort an. Ihr dunkles Sprenkelmuster ist auf dem Dschungelboden praktisch nicht zu sehen. Also ließen wir uns Zeit und blieben hin und wieder stehen, um unsere Ferngläser auf die Vögel zu richten, die unter dem Dach der Bäume herumflatterten.

So ging es ein paar Stunden lang. Wir sahen Schnurrvögel, Waldsänger und bunte Tangaren. Nach knapp fünf Kilometern weitete sich der dichte Wald, und wir befanden uns am Rand einer Lichtung, wo ein Sturm die höheren Bäume umgerissen hatte. Im Vergleich zu der Düsternis im Regenwald erschien diese Lichtung uns hell und luftig; die frühe Morgensonne zauberte helle Flecken auf die Baumstümpfe und jungen Triebe. Wir rochen vermoderndes Unterholz, nasses Laub sowie die süßlich faulenden Feigen neben uns auf dem Boden. Diese Feigen waren bräunlichschwarz, kleiner und weniger fleischig als unsere gezüchteten – ein Lieblingsnahrungsmittel der Papageien. Einige meiner Kollegen haben sie probiert; ihrer Aussage nach schmecken sie nicht so süß wie unsere. Die Luft war schwer vom Duft in der Regenzeit blühender Blumen. Kolibris taten sich gütlich an den hübschen Heliconien mit ihren gelb-orangefarbenen Blüten und an den Bromelien, die sich wie Girlanden durch das Blätterdach wanden.

Plötzlich wurde das Zirpen der Zikaden durch die Schreie eines Schwarms von ungefähr zwei Dutzend Papageien über uns unterbrochen. Die Vögel flogen in perfekter Formation paarweise mit nur wenigen Zentimetern Abstand in großer Geschwindigkeit. Mit ihren stumpfen grünen Schwänzen wirkten sie wie fürs Fliegen geschaffene, mächtige Pfeile – ganz anders als auf dem Boden mit ihrem torkelnd-watschelnden Gang. Das Ganze wurde begleitet von lautem Geschnatter, das mich an Tiko erinnerte. Eine plötzliche Sehnsucht nach ihm vermischte sich mit meiner Freude an seinen Brüdern in der freien Wildbahn, die hier ungehindert nach frischen Früchten und Blüten suchen konnten.

Mike und ich drückten uns in die Schatten am Rand der Lichtung und setzten uns, verborgen hinter den breiten Blättern eines Bananenbaums, auf einen umgestürzten Baumstamm. Ein Papageienpaar löste sich aus der Gruppe, kam im Sturzflug auf die Lichtung zu und landete auf einem Baumstumpf an ihrem Rand. Wir fragten uns, ob sich in dem toten Stamm vielleicht ein alter Nistplatz der beiden befand. Wilde Papageien sind scheu; wenn sie unsere Anwesenheit bemerkt hätten, wären sie sofort in dem dichten Grün verschwunden, aber zum Glück entdeckten sie uns nicht. Papageien haben ein scharfes Gehör und sehen sehr gut, besitzen jedoch nur einen schwach ausgeprägten Geruchssinn. Wir mußten uns also lediglich ruhig verhalten. Mike und ich faßten uns gespannt an den Händen.

Auf der Lichtung war es sehr still. Das Papageienweibchen stand stumm und völlig bewegungslos da. Es beobachtete nur, wie das Männchen mit einer leicht nickenden Bewegung des Kopfes einen Schritt zur Seite machte, das eine Bein auf dem Ast, auf dem sie kauerten, ausgestreckt wie das eines Tänzers. Nachdem er ihr noch einen Blick zugeworfen hatte, hüpfte er zu einem kleinen Loch im Stamm. Er bewegte den Kopf hin und her, pickte vorsichtig am Rand des Loches, so daß sich ein kleines Stück Rinde löste, das er über die Schulter schleuderte, was ihm Gelegenheit gab, wieder zu seiner Partnerin zu schauen, die jede seiner Bewegungen beobachtete. Dann kehrte er langsam zu ihr zurück, mit geneigtem Kopf, die Nackenfedern ein wenig aufgestellt, wie ich es von Tiko in der Paarungszeit kannte. Als er sie schließlich erreichte, war sein Schnabel ganz gesenkt, und er hatte die Augen halb geschlossen.

Dann saßen die beiden ganz still da. Mike und ich waren erstaunt, wie das Männchen Tikos Verhalten, wenn er sich mir näherte, widerspiegelte. Offenbar waren die beiden schon seit längerem ein Paar, denn sonst hätte das Männchen nicht so schnell eine Geste der Wehrlosigkeit gezeigt. Wie ähnlich das alles doch dem Verhalten der Menschen war! Ich sah Mike an und dachte zurück an die euphorischen, oft aber auch schwierigen ersten Jahre unserer Ehe, als wir das bindende Vertrauen entwickelten, das diese wilden Vögel hier offenbarten.

Mit einem Seitenblick wandte sich das Weibchen nun dem Männchen zu und begann vorsichtig die Nackenfedern zu putzen. Er senkte dabei seine cremefarbenen Augenlider so weit, daß wir durch unsere Feldstecher nur noch einen schmalen Streifen seiner gelben Iris erkennen konnten. Bald darauf drehte das Weibchen den Kopf, hob einen Flügel leicht an und fing an, den Schnabel durch das eigene Nackengefieder zu ziehen, um dem Partner zu zeigen, daß er nun an der Reihe war, sie zu putzen.

Daraufhin rückte er näher an sie heran und streckte behutsam den Schnabel aus – eine Geste, die seine Absichten verdeutlichte, ohne sie zu bedrängen. Seine Diskretheit rührte mich. Obwohl sie ihm ganz klar gezeigt hatte, daß sie berührt werden wollte, bewies sein Verhalten – darf ich das so sagen? – Rücksichtnahme, so etwas wie Respekt.

Nun senkte das Weibchen den Kopf, bis der Schnabel den Ast berührte. Das Männchen begann, langsam ihre Federn zu putzen. Dabei nahm er jede einzelne vorsichtig in seinen gekrümmten Schnabel und befreite sie so von Staub und Schmutz. Zu diesem Zweck holte er mit dem Schnabel aus einer Drüse am Schwanzansatz eine kleine Menge Öl, mit dem er ihre Federn einfettete. Dieses Öl ist sehr fein, leicht und geruchlos und somit kaum wahrnehmbar. Es verleiht dem Gefieder Geschmeidigkeit und Widerstandskraft und sorgt dafür, daß die Fahnen der Schäfte ineinandergreifen und Feuchtigkeit abhalten. Fast alle Vögel haben dieses Öl, weil ihre Federn nicht nur dem Fliegen, sondern auch dem Kälteschutz dienen.

Das Männchen putzte das Weibchen viel länger als sie ihn (in der Tierwelt gilt die klare Regel, daß das Männchen fürsorglicher ist als das Weibchen). Dabei ließ sie den Kopf mit völlig geschlossenen Augen zufrieden auf dem Ast ruhen. So ging das eine ganze Weile: Das Männchen ließ den Schnabel rhythmisch durch ihr Gefieder gleiten, und sie verharrte dabei absolut bewegungslos wie in Trance. Es war nichts Animalisches an dem ausgedehnten Werbungsritual dieser beiden Vögel, sondern eher etwas Feines, Zartes, das kleinste Gefühlsnuancen ausdrückte.

Plötzlich hielt das Männchen inne. Das Weibchen öffnete die Augen und wandte den Blick zum Himmel. Mike und ich sahen uns verdutzt an. Dann hörten wir ganz deutlich die Schreie herannahender Papageien. Doch genauso schnell, wie sie gekommen waren, verschwanden sie auch wieder.

Das Männchen wandte sich erneut dem Weibchen zu, aber der Zauber war verflogen.

Mike und ich waren enttäuscht, daß wir die weitere Entwicklung der Balz nicht miterleben konnten, doch als Wissenschaftler wußten wir, daß wir Glück gehabt hatten, überhaupt so viel zu sehen. Papageien in freier Wildbahn zu beobachten, ist oft nicht möglich: Sie sind ständig unterwegs und leben hoch oben in den Bäumen, nur einen Flügelschlag vom Himmel entfernt.

Nun putzte sich das Weibchen mit kräftigen Strichen selbst das Gefieder. Das Männchen ließ dabei den Rand der Lichtung nicht aus den Augen, wo Raubkatzen auftauchen konnten. In ihrem Verhalten spürte ich eine Ruhelosigkeit, als wollten sie sich gleich in die Lüfte erheben. Vielleicht erinnerten sie sich wieder daran, daß nun, am frühen Morgen, die beste und ruhigste Zeit war, in den Baumwipfeln Futter zu suchen, denn jetzt, vor der späteren Hitze des Tages, gab es noch nicht so viele Haubenadler, die sich von den Aufwinden der warmen Luft emportragen ließen und nach Papageienbeute Ausschau hielten. Also erhoben sich die beiden ohne einen weiteren Blick auf den möglichen Nistplatz und flogen in großer Höhe davon.

Auf dem Weg zurück zu unserer Hütte wandelte sich meine Begeisterung über das beobachtete uralte Balzritual der wilden Papageien in Wehmut. Das war etwas, was Tiko nie würde erleben können. Hinderten Mike und ich ihn daran, seine wilde Natur voll und ganz auszuleben? Über diese Frage unterhielten wir uns in jener Nacht bei Laternenschein in unserer Hütte, umgeben von den Geräuschen des Regenwalds. Tief in unserem Innern wußten wir, daß es Tiko im Tropenwald gefallen würde, aber uns war auch klar, daß es für ihn den sicheren Tod bedeutete, wenn wir ihn freiließen. Er wäre nie in der Lage, Futter zu finden oder Raubvögeln zu entgehen. Selbst wenn es ihm gelänge, die Regeln dieser völlig neuen Umgebung zu erlernen, würde er es möglicherweise nicht schaffen, seine Zuneigung für mich auf eine andere Partnerin zu übertragen, und ohne Partnerin würde er das Leben unerträglich finden. Armer Papagei, lachten wir ein wenig schuldbewußt, daß er sich ausgerechnet in eine Ornithologin mittleren Alters verlieben mußte!

Wenn ein Papagei oder Ara sein Herz verschenkt, ändert sich daran sein ganzes Leben lang nichts mehr. Für diese Treue gibt es zahlreiche Beweise. Der angeblich letzte wildlebende Spix-Ara zum Beispiel, ein Männchen, verband sich mit einem Weibchen einer anderen Art, und die beiden konnten zusammen keine Jungen bekommen. Also ließen Wissenschaftler einen in Menschenobhut lebenden weiblichen Spix-Ara im Territorium des Männchens, dem letzten verbliebenen Waldgebiet in der Nähe des São Francisco River in der nordbrasilianischen Provinz Bahia, in der Hoffnung frei, er würde sie als Artgenossin erkennen, seine Partnerin verlassen, mit dem neuen Weibchen brüten und so eine neue Spix-Ara-Population begründen. Denkste! Liebe und Treue waren stärker als die von den Wissenschaftlern arrangierte Verbindung. Das früher in Menschenobhut lebende Weibchen verschwand irgendwann, sehr zum Kummer aller Beteiligten.

Papageien sind genauso wählerisch wie Menschen: Sie scheinen sich in der Partnerwahl hauptsächlich von der Persönlichkeit des anderen leiten zu lassen. Bei Papageien ist es nichts Ungewöhnliches, sich mit Angehörigen des gleichen Geschlechts zusammenzutun. Diese homosexuellen Paare absolvieren die gleichen Werbungs- und Paarungsrituale wie heterosexuelle.

Doch Papageien sind nicht die einzigen Vögel, die gleichgeschlechtliche Verbindungen eingehen. Weibliche Möwen in Kolonien mit einem so unausgeglichenen Geschlechterverhältnis, daß sich kein männlicher Partner finden läßt, tun sich beispielsweise mit anderen Weibchen zusammen. Eine, manchmal sogar beide Partnerinnen, kopulieren jedoch heimlich mit einem Männchen. Hinterher legen sie ihre Eier in ihr eigenes Nest und wechseln sich ab beim Brüten und bei der Aufzucht der Jungvögel.

Mike und ich verließen La Selva am nächsten Morgen, um die Schwarzleguane zu beobachten. Eines der Ergebnisse dieser Studie war, daß die Alarmreaktion der Leguane durch unsere Augen ausgelöst wurde. Als ich eine Maske mit aufgemalten großen schwarzen Augenringen überzog, schreckten die Leguane noch in sehr viel größerer Entfernung hoch als vorher. Ich mußte immer wieder an Tikos ausdrucksvolle Augen denken: Sie blitzten auf, wenn er wütend war, oder betrachteten mich intensiv, wenn er sich mir besonders nahe fühlte.

Ich spürte meine Verantwortung ihm gegenüber; er ist auf mich angewiesen in puncto Futter, Schutz und Gemeinschaft. Die wilden Papageien von La Selva hingegen können sich innerhalb von Reservaten frei bewegen. Allerdings stehen auch sie unter dem Schutz von Menschen, die Wilderer und Holzfäller vom Regenwald fernhalten. Tiko, der Herr der Stange in unserem Zuhause in Somerset, symbolisiert das Dilemma, in dem sich die Tierwelt auf dem ganzen Globus befindet, höchst augenfällig: Ihre Zukunft liegt in unseren Händen.

Das Papageienpaar in La Selva hatte sein Liebesspiel abgebrochen, bevor das Männchen das Weibchen dazu bringen konnte, in das Loch in dem Baumstumpf zu schlüpfen, das er für sie gefunden hatte. In der Welt der Papageien wählen die Männchen oft das Nest aus, während die Weibchen entscheiden, ob sie akzeptieren oder nicht.

Unsere Anrichte in Somerset war zwar nicht gerade ein Loch in einem Baum, aber Tiko hatte sie sich ausgesucht, vielleicht, weil sie sich so nahe bei der Küche befand. Während ich die Mahlzeiten zubereitete, konnte ich ihm von dort aus schmeichelnde Worte zurufen. Die Anrichte hatte außerdem den Vorteil, daß man sie von der Arbeitsfläche in der Mitte des Raumes, wo ich Gemüse schnitt und unser Essen kochte, gut sehen konnte. Möglicherweise gab mein häufiger Blickkontakt mit Tiko, wenn er sich vor seinem Nistplatz zeigte, schließlich den Ausschlag. Ich war jedenfalls glücklich, daß er eine so praktische und leicht einsehbare Stelle ausgewählt hatte. Sein Werbungsverhalten faszinierte mich; als Wissenschaftlerin war ich nun in der ungewöhnlichen Position, Tikos Rituale nicht nur beobachten, sondern sogar an ihnen teilhaben zu können.

Eines Abends, als ich das Essen zubereitete, packte Tiko ein Stück Zeitung vom Eßtisch und zerrte es zur Anrichte. Was will er denn damit? fragte ich mich. Er hielt die Zeitung mit einem Fuß fest, zerkleinerte sie mit seinem Schnabel und trug einen Teil der Schnipsel in das Nest. Als er wieder auftauchte, gab er ein knurrend-brummendes Geräusch in meine Richtung von sich, flitzte in die Küche, putzte aufgeregt meine Zehen, raste unter die Anrichte zurück und gurrte mir von dort aus verführerisch zu. Wie hätte ich ihm da widerstehen sollen? Schließlich war ich dankbar, daß er eine Zeitung gewählt hatte, um unser »Bett« herzurichten, und nicht die Papiere, die in meinem Büro überall offen herumlagen.

Ich streckte mich neben unserem Nest auf dem Boden aus. Der unverkennbare, muffige Papageiengeruch drang unter der Anrichte hervor und vermischte sich mit dem des staubigen Teppichs. Tiko beschleunigte seine Rufe. Er klang aufgeregt, hoffnungsvoll, fast leidenschaftlich. Sein Wunsch, meine Aufmerksamkeit auf sich zu ziehen, rührte mich.

»Hallo, Kleiner!« sagte ich. »Ist das Nest schön?«

Die Zärtlichkeit in meiner Stimme ließ ihn aufgeregt hin und her laufen. Zwischendurch blieb er stehen und putzte mit dem Schnabel vorsichtig die Ränder des Teppichs. Ich fragte mich, wie ich darauf reagieren sollte, und ließ versuchsweise die Hand in den Spalt zwischen Anrichte und Boden gleiten. Tiko stürzte sich sofort darauf, putzte eifrig meine Finger und berührte sie sanft mit seiner Zunge. Als ich meine Hand zurückzog, hastete er heraus, starrte mich an und gurrte, bis ich die Finger wieder in das Nest steckte.

Seine harte Zunge fühlte sich sanft und weich an auf meinen Fingerspitzen. Er liebkoste meine Finger auch mit dem offenen Schnabel. Seine Berührung war zärtlich, fast schon sinnlich. Die leise gurrenden Geräusche, die er von sich gab, sagten mir, daß er völlig ekstatisch war. Zu meiner Überraschung stellte ich fest, daß ich die Situation als heikel empfand.

Ich war auf einer Farm aufgewachsen und hatte schon als Kind mitbekommen, wie die Sache mit der Fortpflanzung funktionierte. Als Biologin hatte ich viele Stunden mit der Beobachtung des Sexualverhaltens von Vögeln, Säugetieren und Reptilien verbracht. Bisher hatte ich Tikos Werbung um mich als charmant und faszinierend empfunden, auch wenn sein ständiges Buhlen um Aufmerksamkeit manchmal ein bißchen anstrengend war. Doch als er seine Zunge unter der Anrichte über meine Finger gleiten ließ, wurde mir zum ersten Mal klar, wie ernst es ihm war, und das fand ich irgendwie entnervend. Ich erregte ihn. Meine Gefühle für ihn waren herzlich, aber auch ein wenig vage, schwer zu beschreiben. Ich zog mich in meine Rolle als Wissenschaftlerin zurück, beobachtete sein Verhalten und beschloß, es später zu analysieren. Doch ich war unsicher, als hätte ich ein altes Tabu verletzt. Die Geräusche, die Tiko jetzt von sich gab, waren kehlig, fast wie ein Schnurren, und seine Zunge glitt eifrig und ganz, ganz sanft über meine Fingerknöchel.

Ich hatte nicht gemerkt, daß Mike ins Zimmer gekommen war, aber ich hörte ihn sagen: »Was machst du denn da, Joanna?« Ich zog rasch die Hand zurück, als Tiko sich mit gesenktem Kopf, die Flügel ein wenig ausgebreitet, auf Mikes Füße stürzte. Mike war unglücklicherweise barfuß; er sprang weg, als Tikos Schnabel auf seine Zehen niedersauste.

»Alles okay, Schatz«, beruhigte ich Mike. »Tiko hat mir bloß den Hof gemacht.«

Als Tiko meinen liebevollen, beschwichtigenden Tonfall hörte, der normalerweise allein ihm vorbehalten ist, erhob er sich vom Boden, flog ohne Vorwarnung auf Mikes Gesicht zu und begann, seine Ohren und seinen Hals zu attackieren. Als Mike sich schließlich nach oben zurückzog, huschte Tiko erneut unter die Anrichte und stieß klagende und brummende Laute aus, zweifellos in der Hoffnung, daß ich meine Hand wieder in »unser« Nest stecken würde.

In jener ersten Paarungszeit (und auch in allen folgenden) war Tiko höllisch eifersüchtig auf Mike, besonders wenn dieser sich mir zärtlich näherte. Schon eine Umarmung von Mike veranlaßte Tiko, sich mit Drohrufen auf Mikes Schulter niederzulassen, von wo aus er an seinen Haaren zupfte und an seinem Ohr knabberte. Wenn Mike sich dann nicht von mir löste, wurde aus dem Knabbern ein blutiger Biß.

Leidenschaftlichere Annäherungsversuche Mikes brachten Tiko völlig aus der Fassung. Wenn Mike beispielsweise meinen ausgestreckten Körper küßte, landete Tiko auf seinem nackten Rücken und pickte wie wild auf ihn ein. Er hörte nur kurz auf, um mir in die Augen zu sehen und meine Haare zu putzen. Dann flatterte er aufgeregt im Zimmer herum, kehrte wieder auf Mikes Oberkörper zurück, lief darauf herum, schrie laut und pickte, bis wir uns voneinander lösten, um ihn zu beruhigen.

Bei unseren intimen Begegnungen war Tiko aus unserem Schlafzimmer ausgesperrt. Dann flog er in den am weitesten davon entfernten Raum, und wenn ich ihn für die Nacht in seinen Käfig brachte, fand ich ihn dort aus dem Fenster starrend vor. Dieses Zimmer wurde der Ort, an dem er sich nur aufhielt, wenn Mike und ich uns bei verschlossener Tür in unserem Schlafzimmer befanden. Wenn ich allein war, wartete er geduldig vor der Tür, bis ich herauskam.

Viele meiner Freunde, die ebenfalls Papageien haben, berichten von ähnlichem Verhalten ihrer Hausgenossen, wenn sie Zärtlichkeiten austauschen oder – noch schlimmer – miteinander schlafen. Sie geben sich alle Mühe, bei ihren Papageien nur ja keinen Verdacht aufkommen zu lassen, daß sich solche »Indiskretionen« ereignen. Genau wie ich setzen sie ihren Vogel für die Nacht in seinen Käfig, und zwar so weit wie möglich von ihrem Schlafzimmer entfernt. Dabei gurren sie ihm Koseworte zu. In der Dunkelheit schläft der Papagei dann, ohne zu ahnen, daß sein »Partner« es nicht tut. Es ist unklar, ob Papageien eifersüchtig sind oder nur ihren Beschützerinstinkten folgen, aber das Ergebnis ist das gleiche. Es bleibt kein anderer Weg, als sie aus dem Zimmer zu verbannen.

Ich finde Tikos Possen in der Paarungszeit meist amüsant, doch Mike leidet oft sehr darunter. Hin und wieder entschlüpft ihm ein verzweifelter oder verärgerter Seufzer, wenn Tiko entsetzt aufschreit und sich auf ihn stürzt, sollte er sich erdreisten, nur mit einem Handtuch um die Hüften nach dem Duschen in der Tür zu meinem Arbeitszimmer zu erscheinen.

Aber zum Glück nimmt Mike Tikos Verhalten gelassen. Seine wissenschaftliche Neugierde und seine Zuneigung zu Tiko sind deutlich stärker als die Unannehmlichkeiten, die Tikos besitzergreifendes Wesen ihm bereiten. Und auch Tiko mag Mike sehr gern. Seine Bisse sind anfangs immer flüchtig; erst wenn Mike ihm keine Beachtung schenkt, wird es schmerzhaft, und selbst dann scheint er damit keinen dauerhaften Schaden anrichten zu wollen. Mike hat immer noch beide Ohren. Tiko versucht, sein schlechtes Benehmen oft dadurch auszugleichen, daß er sich auf Mikes Schulter setzt und ein Pfeifduett initiiert. Das tut er nur mit ihm. Er pfeift eine Melodie, und Mike wiederholt sie. Wenn es sich um ein Stück handelt, das sie kennen, pfeift Mike einen Ton oder zwei und hält inne. Tiko setzt die Melodie dann nahtlos fort. Besonders gut scheint Tiko Cembalo-Musik aus dem Barock zu gefallen (Scarlatti ist sein Lieblingskomponist), und sein Repertoire ist enorm. Er besitzt die fast schon unheimliche Fähigkeit, Mikes Pfeifen zu imitieren: Wenn ich die Augen schließe, kann ich es kaum von dem seinen unterscheiden.

In den verbleibenden Tagen jenes Frühlings versuchte Tiko immer wieder, meine Hand unter die Anrichte zu lokken. Aus schlechtem Gewissen, Neugierde und Zuneigung zu ihm ließ ich mich manchmal dazu verführen. Irgendwann begann er dann, mich mit vorwurfsvollen Blicken zu bedenken, weil ich keine Anstrengungen unternahm, meinen ganzen Körper in unser Nest zu quetschen. Anfang Juli war seine Brutzeit dann vorbei, seine Leidenschaft verebbte, und wir kehrten alle zu unserem normalen Leben zurück.

In der nächsten Paarungszeit wußte ich nicht, was ich zu erwarten hatte. Als es April wurde, gab Tiko sich wieder besonders aufmerksam. Jeden Morgen verlangte er ausgiebige Gefiederpflege im Bett, griff Mike bei der geringsten Provokation an und schlüpfte immer, wenn ich in der Küche war, unter die Anrichte.

An einem Frühlingsabend saß er auf dem Kühlschrank, während ich die Sauce für die Spaghetti zubereitete. Nach einer Weile flatterte er auf die Arbeitsfläche herunter und berührte vorsichtig mit der Zunge ein Stück Zwiebel, um herauszufinden, ob es sich als Futter eignete.

»Trau dich, Kleiner. Probier's ruhig!«

Durch meinen Tonfall ermutigt, knabberte er an dem Zwiebelstückchen und wandte sich dann der grünen Paprika zu, die ich gerade schnitt. Ich war so auf meine Vorbereitungen konzentriert, daß ich sein Verschwinden erst später bemerkte. Plötzlich drangen leise, lockende Laute aus der Rückenlehne des schwarzen Vinylsessels im Wohnzimmer, genauer gesagt, aus einem etwa zwölf Zentimeter breiten Loch darin. Auf dem Boden lagen überall Vinylstückchen herum. Woher hatte Tiko gewußt, daß der Sessel innen hohl war? Und warum hatte er sich für einen neuen Nistplatz entschieden? Hatte ich mich zu wenig für die Anrichte interessiert?

»Tiko, Kleiner, was machst du denn da drin?« Sofort schoß sein grüner Kopf aus dem Loch heraus. Ohne mich aus den Augen zu lassen, riß er ein Stück der Polsterung heraus und schleuderte es auf den Boden. Was sollte ich sagen? Was für eine Kraft! Vermutlich wollte er mich mit seinem Eifer beeindrucken. Er zerrte noch ein bißchen an dem Sessel herum und kletterte dann mit einem lauten Lockruf, der wohl bedeuten sollte: »Folge mir!«, in die Tiefen des Lochs zurück.

Als ich die Hand in die Rückenlehne steckte, ertastete ich einen großen Hohlraum und schließlich den Holzrahmen sowie die schmalen Leisten, die die Armlehnen stützen. Beim Eintauchen in diese dunkle Höhle bekam ich eine Gänsehaut. Im Innern des Sessels war die Luft warm und abgestanden. Irgendwann spürte ich erleichtert den unteren Boden, aber von Tiko keine Spur. War ihm etwas passiert? Hatte er sich in dem Innenleben des Sessels verfangen?

Ich warf einen Blick in das Loch, konnte jedoch nichts sehen. »Tiko, wo steckst du?« Allmählich machte ich mir Sorgen.

Da hörte ich aus dem Innern des Sessels seinen Ruf. Schließlich ertastete ich ihn im hintersten Winkel der Sitzfläche, zwischen den Federn und der Polsterung. Er wandte sich meiner Hand zu und fing an, meine Finger zu putzen.

Tiko war offensichtlich begeistert von unserem neuen Nest und zeigte sich immer wieder darin. Fleißig erweiterte er den Eingang, und es war sinnlos, ihn davon abbringen zu wollen. Ich konnte nur hoffen, daß er sich auf diesen Nistplatz beschränken und nicht wieder einen neuen bauen würde.

Immer wenn ich mich im Wohnzimmer oder in der Küche aufhielt, stürzte er sich sofort auf den Sessel und schleuderte triumphierend große Stücke der Polsterung auf den Boden. Dabei sang er mit schwindelerregend hoher Stimme mal leiser, mal lauter und beendete das Ganze mit einem langen Triller. Eines Abends machte er etwas Seltsames. Statt schnurstracks auf das Loch zuzurennen, kam er mit steifen Schritten auf mich zu, den Kopf vorgereckt, das Nackengefieder aufgeplustert. Er bewegte Hals und Schnabel ruckartig und pickte zwischen diesen würgenden Bewegungen am Boden. Das Würgen wurde ausgeprägter; sein Kopf ging schnell vor und zurück. Mit dem Schnabel führte er Bewegungen aus, als wollte er etwas hochbringen; ein ersticktes Glucksen drang aus seiner Kehle. Ich geriet in Panik. Was hatte er verschluckt? Wie sollte ich ihm helfen?

Sofort machte ich mich auf die Suche nach Mike, den ich schließlich im Garten fand. Als ich zusammen mit ihm ins Wohnzimmer zurückhastete, sahen wir, daß Tiko mittlerweile in aller Seelenruhe seine Schwanzfedern putzte. Sobald er mich erblickte, begann er wieder zu würgen und torkelte wie ein Betrunkener in Richtung Nistplatz. Das Ganze war also offenbar Teil seiner Werbung um mich; ihm fehlte nichts.

Mike wußte, daß es besser war, wenn er wieder nach draußen ging. Ich hingegen stellte mich hinter den Sessel, in dessen Rückenlehne Tiko nun saß. Er putzte sanft meine Finger, stellte das Nackengefieder auf, machte wieder diese würgenden Bewegungen und stieß dabei leise Geräusche aus. Dann würgte er halbverdaute Pinyon-Nüsse in meine Hand – ein echtes Zeichen der Zuneigung, weil er nichts mehr liebt als diese Nüsse. Schließlich sonderte er eine milchige Substanz auf meine Finger ab, während er sie sanft putzte. Mich entzückte das klebrige Zeug nicht gerade, und so zog ich die Hand zurück.

Aber gleichzeitig war ich verblüfft: Tiko demonstrierte seine starke emotionale Bindung an mich. Viele Vögel praktizieren dieses Werbeverhalten.

Es ist üblich bei Vögeln, bei denen sich beide Eltern um ihre Jungen kümmern. Das Männchen füttert das Weibchen vor dem Legen der Eier und manchmal auch während des Brütens, weil sie nicht nur Nahrung für sich selbst, sondern auch für die Eier braucht, die sie schnell hintereinander legen muß. Sonst sind die Jungen unterschiedlich groß, die Größeren fressen den Kleineren das Futter weg, und am Ende überleben nur wenige.

Das Männchen füttert das Weibchen, damit es möglichst früh Eier legt. So haben die Jungen Zeit, an Gewicht zuzunehmen und selbst die Futtersuche zu lernen, bevor – je nach Art und Gebiet – Trockenzeit, Winter oder Vogelzug beginnt. Außerdem hilft dieses Verhalten dem Weibchen auch zu beurteilen, wie gut das Männchen während der Brutphase Futter für die Jungen herbeischaffen kann.

Anders als die meisten anderen Vogelarten praktizieren männliche Papageien dieses werbende Partnerfüttern das ganze Jahr über; es hat nicht nur mit Sex und Fortpflanzung zu tun, sondern auch mit Beziehungspflege. In dieser Hinsicht sind Papageien den Menschen sehr ähnlich: Auch wir schenken unseren Partnern unabhängig von der Jahreszeit unsere Aufmerksamkeit oder sollten es zumindest tun. Höchstwahrscheinlich versuchte Tiko, mich zu füttern, weil er unsere Beziehung festigen wollte, nicht, weil er vorhatte, mich zu mästen, bevor ich Eier legte.

Egal, wie oft Tiko halbverdautes Futter auf meine Hand würgte oder Mike verjagte – ich war als Partnerin eine totale Blindgängerin. In unserem Nest lagen keine Eier. Doch Tiko verlor nie das Interesse an mir und stürzte sich jedesmal, wenn ich mich in der Nähe des Sessels im Wohnzimmer aufhielt, darauf, um mich von dort aus mit Lockrufen dazu zu animieren, daß ich die Hand in unser Nest steckte, in dem sich bereits hochgewürgtes Futter für mich befand. Das mag für uns Menschen abstoßend klingen, aber wir sollten daran denken, wie ähnlich unsere Reaktion der eines kleinen Kindes ist, das zum erstenmal von einem Zungenkuß hört. In der Welt der Papageien ist das Hochwürgen von Futter ein Beweis von Zuneigung und Vertrautheit, der ausschließlich dem Partner vorbehalten bleibt. In unserem Wohnzimmer in Somerset wirkte das Ganze wie der Höhepunkt des Vorspiels, wie das Präludium zu der endgültigen Vereinigung, doch in der Wildnis ist dieses Verhalten viel komplexer und nicht nur auf die letzten Phasen vor dem Koitus beschränkt.

Da Tiko eine richtig reagierende Partnerin fehlte, kopulierte er nie. Das schien ihm keine größeren Probleme zu machen; er blieb immer freundlich und gutmütig. Wenn ich auftauchte, flog er jedesmal bereitwillig auf meine Schulter und putzte zufrieden meine Haare, um mir zu zeigen, daß alles in Ordnung war.

Alle Papageienarten kopulieren auf die gleiche Weise. Dies in freier Wildbahn zu beobachten, ist ausgesprochen schwierig, weil sie so scheu sind. Auch im Labor hatte ich es erst nach vielen Jahren geschafft, zwei Pfirsichköpfchen beim Kopulieren zu beobachten. Ich füllte ihre Käfige mit Pflanzen, die mich ein Vermögen kosteten, aber am Ende zahlte sich die Investition aus. Die Mauer aus Pflanzen zwischen uns ließ sie meine Gegenwart vergessen, und sie paarten sich tatsächlich.

Das Weibchen initiierte den Akt, indem es sich an den Partner herandrückte, der einen Fuß auf ihren Rücken stellte, während er sich mit dem anderen an der Stange festhielt. Sie senkte daraufhin den Körper, hob die Schwanzfedern und verbarg Kopf und Nacken im Körpergefieder. Dann flatterte sie leicht mit den Flügeln und gab einen leisen, gackernden Ton von sich. Er ließ seinen Fuß auf ihrem Rücken ein Stück weiter nach hinten gleiten und schwang seine Schwanzfedern unter die ihren, so daß ihre beiden Geschlechtsteile, die Kloaken, sich berührten. Während sie sie aufeinanderpreßten, hob und senkte er wiederholt die Schwanzfedern, um seine Samenflüssigkeit in ihren Körper zu drücken.

Tiko hat das nie erleben können. Wie bereits erwähnt, habe ich schon mehrmals mit dem Gedanken gespielt, ein Weibchen für ihn zu besorgen, aber Papageien, die eine so enge Beziehung zu Menschen aufgebaut haben, verachten normalerweise andere Papageien. Freunde haben mit später erworbenen zweiten Papageien schreckliche Erfahrungen gemacht: Die beiden Vögel können sich nicht ausstehen, kreischen sich die ganze Zeit an und müssen in unterschiedlichen Räumen untergebracht werden. Papageien sind emotional labil. Tikos Beziehung zu mir aufzubrechen und ihn zu einer neuen mit einem weiblichen Papagei zu animieren, wäre sehr riskant und würde außerdem einen gewaltigen Zeitaufwand erfordern.

In Menschenobhut »paaren« männliche Vögel sich oft mit den unterschiedlichsten Objekten. Wir hatten einmal einen Silberkuhstärling, den Mike als Jungvogel aus der argentinischen Pampa gerettet hatte, indem er ihn aus einem Nest gleich neben der Straße holte, über das kurz darauf eine Mähmaschine walzte. Das Nest wurde zerstört, der Muttervogel suchte sich einen sichereren Ort zum Nisten. (Bei der Mutter handelte es sich um einen Schwarzschenkelstärling. Kuhstärlinge legen ihr Eier immer in die Nester anderer Vögel. Man nennt das »Parasitismus«.) Silberkuhstärlinge gibt es von den Westindischen Inseln bis nach Argentinien und seit kurzem auch in Nordamerika, wo sie in Florida nisten. Sie sind angriffslustig, streitsüchtig und potentielle Schädlinge, doch Mikes Vogel war die reine Freude.

Jedes Frühjahr stürzte er sich auf praktisch alles, was sich ihm im Fünfundvierzig-Grad-Winkel darbot. Auch mein nackter Fuß wirkte verführerisch auf ihn, wenn ich in seiner Nähe damit auf und ab wippte und ihn ermunternd hob. Wenn der Vogel bereit war, ihn zu besteigen, pickte er heftig nach meinem Fuß oder Handgelenk, bis ich die geeignete Position eingenommen hatte, hüpfte dann darauf, wackelte mit dem Hinterteil und sonderte einen Samenklecks ab. Nach einer Weile hat man genug von solchem Verhalten. Zum Glück ist Tiko nie so weit gegangen. Ich wüßte auch nicht, wie ich reagieren würde, wenn er versuchte, meine Hand zu besteigen. Natürlich bin ich mit Herz und Seele Ornithologin, aber so etwas wäre vielleicht doch zu befremdlich.

Seit jenem ersten Frühling beginnt für Tiko immer im April die Paarungszeit, und er macht sich auf die Suche nach einem geeigneten Nistplatz. Er vergißt die alten nie und kehrt immer wieder dorthin zurück, entdeckt aber auch ständig neue, vielleicht weil sich der des Vorjahres als nutzlos erwiesen hat. Er hat in fast jedem Zimmer einen besonderen Nistplatz unter einem Möbelstück, sei es eine Frisierkommode, ein Stuhl, Regal, Schreibtisch oder eine Anrichte. In freier Wildbahn benutzen Papageien jedes Jahr wieder dieselben Nistplätze, solange diese nicht von Raubtieren heimgesucht werden. Tiko verhält sich in seinem eigenen »Tropenwald« in Somerset ganz ähnlich. Da ich seine Nester aber nie wirklich akzeptiere, sucht er in der Hoffnung, irgendwann doch noch eines zu finden, das mich zufriedenstellt, immer neue.

In den letzten Jahren ist Tikos Paarungszeit länger geworden; sie reicht nun schon weit in den Sommer hinein. Vermutlich sollte ich mich geschmeichelt fühlen, aber das bedeutet auch, daß Mike sich die Hälfte des Jahres mir gegenüber zurückhalten und in Tikos Gegenwart so etwas wie einen platonischen Freund spielen muß. Das ist selbst für das kleinbürgerliche Somerset eine wunderliche *ménage à trois*.

Doch es war nicht immer so. Im Grunde hat es ziemlich

lange gedauert, bis Tiko Vertrauen zu mir faßte. Und so seltsam sich das auch anhören mag: Später fand ich heraus, daß sein Wunsch, sich mit mir zu paaren, keineswegs ein Zeichen für die allertiefsten Gefühle war, zu denen er fähig ist. Tiko hat mir viel über Vögel im allgemeinen und Papageien im besonderen sowie die Beziehung des Menschen zum Reich der Tiere beigebracht. Außerdem habe ich durch ihn erst wirklich gelernt, was es heißt, ein Mensch zu sein. Vorher jedoch mußte ich den wahren Charakter der Beziehungen zwischen Mensch und Papagei kennenlernen.

Als Tiko zu uns kam, glaubte ich, ich sei es, die ihn besitze. Aber das stellte sich als großer Irrtum heraus. Ich gebe es zu: Ich hatte nicht die geringste Ahnung und mußte eine Menge lernen. Wenn ich heute auf die Anfänge zurückblicke, frage ich mich, wie ich je so verblendet gewesen sein konnte.

Kapitel Zwei

Die Reise nach Norden

Ich hatte schon Jahre, bevor Tiko zu mir kam, von ihm gehört. Er lebte in Florida bei zwei Schwestern im Ruhestand, deren Jiddisch er sich angeeignet hatte und mit denen er alle Mahlzeiten teilte. Unsere Nachbarin Josie (Tochter der einen Schwester und Nichte der anderen) erfreute mich nach ihren Floridareisen immer, oft ein wenig mitgenommen, mit Geschichten über Tikos Gebaren. Er sprach ihrer Aussage nach ein Papageienjiddisch, das niemand so recht verstand. Kreischte er »*Oy gewalt!*«, wenn die Schwestern sich entzückt über seinen Charme und seine Schönheit äußerten? So sicher konnte sich da niemand sein.

»Ich glaube, ich weiß, wo das Problem liegt«, sagte mir Josie einmal. »Seit meine Mutter mich damals dazu gebracht hat, mit ihm zum Tierarzt zu gehen, kann er mich nicht mehr leiden. Bei meinem letzten Besuch ist dann alles aus dem Ruder gelaufen.« Mike und ich bekundeten über den niedrigen, rebenbewachsenen Zaun, der unsere Gärten voneinander trennt, unsere Anteilnahme.

Im Sommer 1983 schließlich kam es zum endgültigen Bruch zwischen Tiko und Josie. Josie hatte gerade ihr Bett gemacht und freute sich auf ein ruhiges Frühstück mit ihren Angehörigen, doch da flatterte Tiko in ihr Zimmer und stürzte sich geradewegs auf ihren Kopf. Sie wich zurück, bedeckte das Gesicht mit einem Laken und schlug nach ihm. Tiko aber duckte sich wie Joe Louis, flog weg, beschrieb unter der Zimmerdecke ein paar Kreise und sauste dann wie ein Raubvogel herab und unter den dünnen Stoff, um seinen harten Schnabel – eine kompakte Epidermisschicht um einen Knochenkern – in den empfindlichsten Teil ihres Ohres zu versenken.

Kein Wunder, daß sie erschreckt aufschrie, als das Laken sich rot färbte.

»Das klingt ja nach Hitchcock!« sagte ich, als sie mir die Geschichte erzählte.

»Ich war völlig hilflos«, berichtete Josie. »Meine Mutter hat Tiko gepackt und in seinen Käfig gesetzt. Von seiner Stange aus hat er mich dann triumphierend angeschaut. Ich schwör's euch, sein Blick war voller Haß.«

»Und wenn du mit ihm gesprochen, ihm mit dem einen oder anderen jiddischen Ausdruck geschmeichelt hättest, um ihn zu besänftigen?« fragte ich, obwohl ich wußte, daß sich ein Papagei, der einen nicht leiden kann, im allgemeinen nicht mehr umstimmen läßt. Papageien haben ein ausgesprochen gutes Gedächtnis, und es ist schwer, die Gründe für ihre Vorurteile herauszufinden und zu widerlegen. Außerdem mußte ich gestehen, daß ich teilweise auf seiten dieses furchtlosen, temperamentvollen Vogels war. Der Himmel allein wußte, warum Tikos Abneigung gegen Josie nun in einen offenen Krieg ausgeartet war, aber sein Verhalten hatte jedenfalls zur Folge, daß er nach jenem Zwischenfall während ihrer weiteren Floridabesuche im Käfig bleiben mußte.

Ich hörte Josies Geschichten immer mit Spannung. Sie wußte, daß Vögel, besonders Papageien, meine Leidenschaft sind. Die Liebe zu diesen Tieren stammt noch aus Kindertagen. Als kleines Mädchen schlenderte ich oft durch die Wälder hinter der Farm unserer Familie in Mohawk Valley, New York, und beobachtete begeistert die großen Amerikanischen Graureiher, die, völlig bewegungslos auf einem Bein stehend, den Blick über das Wasser schweifen ließen, um Karpfen oder Welse zu erspähen. Ich konnte kaum glauben, daß diese würdevollen, reglosen Geschöpfe tatsächlich lebendig waren und den Kopf so weit vorstrecken konnten, ohne umzufallen. Irgendwann schoß der Schnabel dann unvermittelt vor und schnappte einen zappelnden Fisch. Daraufhin warf der Reiher den Fisch so lange in die Luft, bis er mit dem Kopf nach unten zeigte. Dann legte der Vogel den Kopf in den Nacken und schlang den Fisch mit einem Schluck hinunter. Und wieder wartete er völlig reglos oder breitete ohne Vorwarnung die großen rauchfarbenen Schwingen aus, stieß sich mit den Beinen ab und erhob sich mit ein oder zwei mächtigen Flügelschlägen in die Luft, wo er dann dahinglitt wie ein Drachen.

Auch dem lauten Hämmern der Helmspechte konnte ich nie widerstehen. Es lockte mich tief in die Hartholzwälder hinein, die sich über dem Fluß erhoben. Ich folgte den Geräuschen in der Sommerhitze unter den leicht im Wind bebenden grünen Blättern über mir. Die Baumstümpfe hier waren voller Furchen und Löcher, die der Schnabel des Spechts auf der Suche nach Käfern und Larven geschlagen hatte. Der Vogel wirkte fast ein bißchen förmlich mit seinem schwarz-weißen Federkleid, das von einer roten Haube auf dem Kopf gekrönt wurde. Manchmal fragte ich mich, wie die Spechte es schafften, so fest mit dem Schnabel gegen das Holz zu klopfen, ohne daß ihr Gehirn dabei Schaden nahm. (Inzwischen weiß ich, daß ihr Schädel so beschaffen ist, daß er eine ganze Menge Druck aushält.)

Meine Mutter Janette zeigte mir zwischen den Rohrkolben eine erste Rohrdommel. Sie stand reglos da, den Schnabel zum Himmel gereckt, die braungestreifte Brust eine perfekte Tarnung. Manchmal beobachtete ich, wie die Rohrdommeln eine ganze Stunde lang statuenhaft verharrten, noch länger als die Reiher. Diese Reglosigkeit habe ich bei meinen Tierbeobachtungen in der freien Wildbahn übernommen. Sie gehört zu meinem Beruf, zu meiner Methodik. Die Dommeln waren so gut getarnt, daß es Ewigkeiten dauerte, bis ich sie aufspürte, wenn ich nicht gerade das Glück hatte, daß sie zufällig beim Fischen waren.

Ich freute mich an der ausdauernden Energie des Spechts, an der Stille und dem Geschick der Reiher. In der Grundschule schwänzte ich, um die Scharen von Krähen auf den Feldern zu beobachten, ihre Neugierde und ihren Einfallsreichtum zu bestaunen. Im Sommer gehörte es zu meinen Aufgaben, sie zu Pferd von den Gemüsefeldern meines Vaters zu verjagen. Ich ritt dann frühmorgens bis spätabends auf dem Vollblut, das mein Onkel Louie uns gegeben hatte, um die Felder, doch die Schwärme glänzend schwarzer Vögel erhoben sich immer nur kurz in die Luft.

Besonderes Vergnügen bereiteten mir die Ringschnabelmöwen, die im Herbst auf dem Flug nach Süden über unsere Farm hinwegzogen und im Frühjahr wieder zurückkehrten. Einem kleinen Mädchen wie mir gaben die kreischenden Schwärme, die dem Pflug auf der Suche nach Würmern folgten, Rätsel auf: Woher kamen sie? Wohin wollten sie?

In den fünfziger Jahren, als ich in der Mittelstufe war, brachte ich immer wieder verletzte Vögel mit nach Hause – junge Schreiregenpfeifer, Wanderdrosseln, Rotschulterstärlinge, Sperlinge und Ammern. Ich nahm sie in mein Zimmer mit, setzte sie vorsichtig in einen mit weichen

Lappen ausgelegten Schuhkarton und gab ihnen Futter und Wasser, bis sie sich genug erholt hatten, um freigelassen zu werden. Manche starben; ich begrub sie feierlich im Wald. Ihr Grab schmückte ich mit einem Stein, auf den ich »Wanderdrosselküken«, »Rotschulterstärling« oder »Singammer« schrieb. Wenn ich dem Vogel alles Gute gewünscht und ihn mit Erde bedeckt hatte, setzte ich mich schweigend neben das Grab und trauerte um meinen kleinen Freund. Obwohl noch so jung, waren mir Sexualität, Geburt, Tod, Trauer und Leid in meiner Kindheit nicht fremd; all das gehörte zu meinem Leben auf der Farm.

Meine Familie beobachtete mein Tun ein wenig befremdet, mischte sich aber nie ein. Viele der Vögel, die ich mitgebracht hatte, erholten sich wieder, und ich trug sie zu der Stelle zurück, wo ich sie gefunden hatte, öffnete den Schuhkarton und sah ihnen zu, wie sie sich in die Luft erhoben. Die kurze Trauer über ihren Abschied verwandelte sich immer in tiefe Freude über ihre Gesundung und ihre wiedergewonnene Freiheit.

Als ich im Gymnasium war, zeigte mein Vater Melvin mir ein Schreiregenpfeifer-Nest, und später entdeckte ich dann selbst Schreiregenpfeifer- und Drosseluferläufer-Nester unter den Kürbis- und Tomatenpflanzen meines Vaters. Ich beobachtete fasziniert, wie die Männchen und die Weibchen sich beim Brüten abwechselten. Wenn die Jungen dann schlüpften, markierte ich sie mit farbigem Filzstift, folgte ihnen über die Felder und notierte mir ihren Aufenthaltsort auf einer einfachen Karte. Sie konnten praktisch sofort nach dem Schlüpfen laufen und lernten die Futtersuche, indem sie ihren Eltern nachgingen. Obwohl sie sich immer im Schutz der höheren Gräser aufhielten, gelang es mir, auf ihrer Spur zu bleiben. Es begeisterte mich, wenn sie ihre ersten Flugversuche unternahmen, und ich war traurig, wenn sie sich im Herbst auf den Weg nach Süden machten.

Mein Interesse an den Vögeln intensivierte sich während des Studiums noch. Ich schrieb meine Doktorarbeit an der University of Minnesota über das Verhalten der Möwen, und ich hatte selbst etliche Vögel als Haustiere, die sich als wunderbare Gefährten erwiesen. Doch Anfang der achtziger Jahre mußte ich mich voll und ganz auf meine soeben beginnende Karriere an der Rutgers University konzentrieren – ich entwickelte neue Kurse über Tierverhalten, Ökologie und Evolution sowie ein Forschungsprogramm über das Sozialverhalten von Vögeln und Säugetieren. Mein Beruf und meine damals noch junge Ehe mit Mike ließen mir weder die Zeit noch die Energie, mich um einen gefiederten Hausgenossen zu kümmern.

Auch aus diesem Grund freute ich mich so über Josies Geschichten von Tiko. Ich stellte ihn mir als ziemlich mürrischen, angriffslustigen und willensstarken Vogel vor, der unten in der subtropischen Wildnis von Zentralflorida über einen Haushalt mit zwei älteren jüdischen Damen wachte, die ihn abgöttisch liebten.

Doch 1984 änderte sich Tikos Welt von Grund auf. Josies Mutter starb und ließ ihn und Libby allein zurück. Noch Wochen nach Fredas Tod suchte Tiko vergeblich all jene Stellen im Haus auf, an denen sie sich gern aufgehalten hatte: ihren Lieblingssessel, den Küchentisch, an dem sie zahllose Mahlzeiten miteinander geteilt hatten, und den Spiegel an ihrer Frisierkommode. Er verstummte allmählich und flatterte auch immer weniger herum. Der leise gurrende Laut, der Zufriedenheit signalisierte, war seltener und seltener zu hören. Er wirkte verwirrt wie ein Kind, wenn eine geliebte Person verschwunden ist, niedergeschlagen wie ein Erwachsener, der einen Verlust erlitten hat. Tiko schien zu trauern, obwohl Libby ihm mehr Zeit widmete als früher mit Freda zusammen und obwohl er Libby liebte.

Nach einer Weile hellte sich seine Stimmung ein wenig auf, und er pickte auch wieder kleine Bröckchen von Libbys Teller. Wenn sie ihm Kopf und Nacken kraulte, schloß er sogar manchmal voller Wonne die Augen.

Doch dann wurde die fünfundachtzigjährige Libby krank.

Josie schlug vor, sie solle in ein Pflegeheim im Norden umziehen. Libby sah ein, daß es vernünftig war, ihre Nichte ganz in der Nähe zu haben, wollte sich aber zu deren Bestürzung nicht von Tiko trennen, der ihr bereits seit mehr als fünfundzwanzig Jahren Gesellschaft leistete. Obwohl Tikos Angriff auf Josie bereits ein Jahr her war, erinnerte sie sich noch gut daran. Doch der Vogel sollte auf jeden Fall mit nach Norden.

Tante Libby weigerte sich, mit dem Flugzeug zu reisen – zu viel *mishegas* dort oben, sagte sie –, außerdem wollte sie Tiko den Transport im Frachtraum nicht zumuten. Also buchte Josie Schlafwagenplätze bei Amtrak. Außerdem fiel ihr die Aufgabe zu, einen neuen kleineren Käfig zu kaufen, mit dem sich eine Zugreise leichter bewältigen ließ. Sie bemühte sich sogar, ihm zu erklären, was sie vorhatten. Eingedenk meines Ratschlags zerbrach sie sich den Kopf auf der Suche nach dem wenigen Jiddisch, das sie beherrschte.

»Tiko, *bubbeleh*, ich weiß, daß dein neuer Käfig ein bißchen klein ist, aber wenn wir erst in Jersey sind, kaufe ich dir einen richtigen Palast.« Tiko schien ihr freundlich zuzuhören, bis es Zeit für ihn wurde, seinen Platz im Käfig einzunehmen. Normalerweise hielt man ihm zu diesem Zweck eine Stange hin, auf die er dann meist bereitwillig stieg. Doch nun weigerte er sich nicht nur bei Josie, sondern zum erstenmal auch bei Libby. Nicht einmal mit seinem Lieblingsfutter ließ er sich in den Käfig locken. Statt dessen flatterte er wie wild im Haus herum, und als Josie ihn verfolgte (Libby fing indes zu ächzen an und preßte die Hand gegen die Brust), wurde er immer aufgeregter. Bilder fielen von den Wänden, Vasen kippten um, Papiere wirbelten durch die Luft. Hin und wieder ruhte er sich kurz auf der Rückenlehne des Sofas oder auf dem Kühlschrank aus, aber nichts und niemand konnte ihn dazu bewegen, sich in den kleinen Käfig zu begeben. Er schien zu begreifen, daß er irgendwann sowieso darin landen würde, aber wozu die Eile? Schließlich erinnerte er sich zu allem Überfluß auch noch an sein gespanntes Verhältnis zu Josie, flog dicht über dem Boden auf sie zu und ihr dann direkt ins Gesicht. Sie duckte sich weg und entging so knapp einem weiteren schmerzhaften Biß.

Daß er sie nicht erwischt hatte, schien ihn noch wütender zu machen. Er flatterte auf eine Vorhangstange und stürzte sich von dort aus erneut auf sie. Josie packte ein großes Handtuch, rang ihn damit zu Boden und steckte das Bündel kurzerhand in den Käfig. Dort wühlte er sich aus dem Handtuch, glättete sein zerzaustes Gefieder und bedachte sie mit drohenden Blicken.

Nun stülpten sie einen Wäschesack über den Käfig, in dem er während der Reise bleiben sollte, und fuhren mit dem Taxi zum Bahnhof. Jetzt, da es dunkel war, blieb Tiko stumm, und sie nahmen ihre Plätze in dem Abteil ein, das sie für die lange Fahrt reserviert hatten. Josie kümmerte sich um ihre Tante, die – vermutlich durchaus berechtigte – Zweifel hinsichtlich des Lebens im Pflegeheim anmeldete. Ihre Nichte hatte genug mit ihr zu tun und war froh, daß Tiko im Käfig den Schnabel hielt.

Irgendwann gelang es ihnen sogar, unbehelligt von den

College-Studenten, die nach den Ferien wieder nach Hause fuhren, und den aufgeregten Kindern, die gerade aus Disney World kamen, ein wenig zu schlafen. Zum Mittagessen wurden sie von einem hochnäsigen Schaffner geweckt, der die Bordküche mit ihren Meeresfrüchtegerichten in den höchsten Tönen lobte, doch sie winkten ab und aßen statt dessen das Brathähnchen, die Brötchen und das Obst, die sie von zu Hause mitgebracht hatten.

»Ich habe keinen rechten Hunger mehr«, sagte Libby nach einer Weile. »Vielleicht möchte Tiko was von dem Hühnchen.«

»Ich kann's probieren, wenn du möchtest, aber eigentlich hat er genug Wasser und Futter.«

»Schau lieber trotzdem nach. Er ist so verdächtig ruhig.«

Ohne große Begeisterung und sehr, sehr vorsichtig nahm Josie den Wäschesack herunter und sah in den Käfig, in dem der Papagei auf seiner Stange saß, ohne ihr Beachtung zu schenken. Er hatte die Augen geschlossen und wiegte sich sanft im Rhythmus des fahrenden Zuges.

»Es scheint alles in Ordnung zu sein«, sagte Libby zu ihrer Tante. »Er wollte das Hühnchen nicht.«

Tiko blieb während der achtundzwanzigstündigen Fahrt nach Norden, auf der die Palmen und Orangenhaine allmählich von einer düsteren Winterlandschaft abgelöst wurden, stumm. Josie hoffte – sagt sie heute –, daß der Vogel die Reise gut überstehen würde. Er schien jedenfalls ziemlich hart im Nehmen zu sein. Lediglich vom Rattern des Zuges ließ er sich zu einer Geräuschimitation inspirieren. Hin und wieder öffnete Josie den Käfig, um Licht hineinzulassen und dem Vogel Futter zu geben. Wenn sie annahm, daß niemand ins Abteil kam, ließ sie den Käfig eine Weile offen.

Sobald sie den Wäschesack darüberzog, verstummte Tiko. Im Regenwald wird es bei Sonnenuntergang gefährlich, und die Vögel, die dort vor allerlei Räubern Angst haben müssen, hören auf zu singen und zu zwitschern. Doch Tikos Stille hatte auch etwas zu tun mit den merkwürdigen Geräuschen und Gerüchen, mit der Bewegung des Zugs und dem Wissen, daß er gegen seinen Willen umgesiedelt wurde. Das hatte ihn in einen Schockzustand versetzt.

Ein Papagei fühlt sich in einem engen Käfig noch unwohler als ein Hund, weil er *ständig* unterhalten werden und häufiger als ein Hund fressen muß und obendrein, anders als der Hund, rein tagaktiv ist. Josies Sorge um ihre Tante sowie ihre schlechten Erfahrungen mit Tiko ließen sie vergessen, daß sie eigentlich während der ganzen Fahrt mit ihm hätte sprechen müssen. Viel wesentlicher als das, was sie sagte, wäre dabei der Tonfall gewesen. In Freiheit lebende Papageien murmeln ihren Partnern immer etwas zu und reagieren selbst auf kleinste Veränderungen der menschlichen Stimme.

Und so mußte Tiko einen Tag und eine Nacht und noch einen halben Tag lang mit zahlreichen Zwischenaufenthalten, dem Geräusch von Schritten ganz in der Nähe, mit allen möglichen fremden Stimmen und Gerüchen, selbst in einem kleinen Käfig gefangen, reisen. Ich kann mir gut vorstellen, wie er zusammengekauert auf seiner Stange saß, sich sanft hin und her wippend allmählich in Trance brachte und sich dabei fragte, wohin er gebracht wurde und warum.

Kurze Zeit, nachdem sie wieder in Somerset gelandet war und ihre Tante in dem Heim untergebracht hatte (in dem Haustiere, obwohl sie den Insassen vermutlich sehr gut getan hätten, nicht erlaubt waren), lud Josie Mike und mich zum Abendessen ein. Bei dieser Gelegenheit sah ich Tiko zum erstenmal. Damals wußte ich noch nicht, wie sehr diese Begegnung mein Leben verändern würde.

Als wir Josies Haus durch die Hintertür betraten, hörten wir fast sofort einen vertrauten Laut – den unheimlichen, faszinierenden Schrei einer Amazone, laut und rauh, tiefer als der aller anderen Papageien, abgesehen von dem der Aras. Wir beschleunigten unsere Schritte und gingen die Treppe hinauf.

Josie begrüßte uns mit einem Lächeln. »Ich kann's kaum erwarten, daß ihr ihn kennenlernt.«

Durch die Küche kamen wir in das kleine Eßzimmer, das von mehreren großen Topfpflanzen mit bis zum Boden herabhängenden Blättern beherrscht wurde. Josie gab sich offenbar die allergrößte Mühe, so etwas wie einen Dschungel für Tiko bereitzustellen. Auf einem Hocker stand ein kleiner Käfig. Wir sahen sofort, worüber Tiko sich so aufgeregt hatte – unter dem Käfig saßen stumm die beiden großen Pudel von Josie und starrten ihn an. Es war nicht ganz klar, ob sie Tikos Geschnatter zu entschlüsseln versuchten, oder ob sie ihn schon als ihre nächste Mahlzeit einplanten.

Ich blieb in kurzer Entfernung vom Käfig stehen und betrachtete den mittelgroßen Papagei, dessen Gefieder im Licht in unterschiedlichen Grüntönen schimmerte. »Der ist ja wunderschön«, flüsterte ich. Sein Bauch war blaßgrün, die Flügel olivfarben, die Wangen schillernd grün. Seine Stirn hingegen leuchtete rot, und auf jedem Flügel hatte er einen kleinen roten Fleck. Die Oberseite seines Kopfes sowie seine hinteren Nackenfedern waren blaßblau, die äußersten Schwanzfedern gelbgrün mit ein bißchen Rot, die mittleren Schwanzfedern tiefgrün und die Flügelspitzen schwarz.

»Hallo, Tiko«, sagte ich. Ich sprach absichtlich nicht mit sanfter, zärtlicher Stimme, obwohl es mir schwerfiel, ganz neutral freundlich zu bleiben. Ich hatte mir vorgenommen, jede Geste und jeden Tonfall zu vermeiden, die er als Zuneigung interpretieren könnte. Ich wußte, daß er das Gefühl hatte, von Josies Mutter und Tante im Stich gelassen worden zu sein, und ich wollte nicht dafür verantwortlich sein, daß er das gleiche Gefühl hatte, wenn wir wieder gingen. Also gab ich mich zurückhaltend und mied jeglichen Blickkontakt, auch wenn mich dieses Verhalten schmerzte.

Er saß aufgeplustert und mit eingezogenem Kopf ganz verloren in der hinteren Ecke des Käfigs, doch seine Augen wirkten wach und aufmerksam.

»Er ist wirklich wunderschön«, flüsterte ich Mike nun zu, als Josie mit einer Schale Papageienfutter (Körner, Nüsse, Kix und Cheerios) auf den Käfig zutrat. Tiko machte grunzend einen Satz nach vorn. Dabei funkelten seine Augen vor Zorn; die Pupillen zogen sich zusammen, während die leuchtende Iris größer wurde. In der einen Sekunde waren seine Augen schwarz mit gelbem Rand, in der nächsten schon leuchteten sie rot. Papageien lassen ihre Augen nur so leuchten, wenn sie aus der Fassung geraten oder aggressiv sind. Das ist eine Vorwarnung, daß gleich ein Angriff kommt, oder heißt doch zumindest: »Nimm mich lieber ernst.« Ich war höchst überrascht: Diesen Vogel hatte man aus seiner vertrauten Umgebung gerissen und ihm alles genommen, was er liebte, und dennoch war er in der Lage, die Frau, die ihm das Futter brachte, mit seinen Augen anzufunkeln, nur weil er sie nicht besonders gut leiden konnte. Ich war sofort Feuer und Flamme für dieses Tier, das so viel Mumm bewies.

»Ich besorge ihm morgen einen größeren Käfig«, sagte

Josie, als wir uns an den Eßtisch setzten. Das klang, als wolle sie sich entschuldigen. »Daheim in Florida hatte er einen viermal größeren.« Sie wollte nur das Beste für Tiko, fand aber einfach keine gemeinsame Basis mit ihm. Josie liebte Tiere, das bewies ihr Umgang mit ihren Pudeln, die sie immer streichelte, wenn sie mit ihnen sprach. Doch wie die meisten Menschen wußte sie nicht, daß Vögel ähnlich viel Aufmerksamkeit benötigen. Sie kam sich albern vor, wenn sie mit einem Papagei, der sie so offensichtlich nicht leiden konnte, liebevoll sprach.

Nachdem die Pudel verschwunden waren, verstummte Tiko. Er wirkte gedankenverloren. Vielleicht dachte er über die seltsame Sprache der Hunde nach, vielleicht auch darüber, daß er nun bei einer Frau gelandet war, die er für seine Feindin hielt, oder aber über das unerklärliche Verschwinden der beiden Schwestern, die er liebte. Er tat nichts, um unsere Aufmerksamkeit auf sich zu lenken, aber trotzdem ertappte ich Mike mehrfach dabei, wie er lächelnd zu ihm hinübersah. Er war also genauso hingerissen von Tiko wie ich.

»Wißt ihr«, sagte Josie, »in dem Pflegeheim dürfen die Leute keine Vögel haben. Falls Libby sich nicht mehr so weit erholt, daß sie bei mir wohnen kann ... meint ihr, daß ihr dann Tiko nehmen könntet?«

Mike und ich lächelten uns an.

»Hoffentlich wird Libby wieder gesund«, sagte ich, obwohl ich mir nicht so sicher war, daß ich das ganz ehrlich meinte. »Aber wenn's wirklich anders kommen sollte, nehmen wir ihn gern.«

Hinter Tikos aggressiver Fassade verbarg sich ein hochintelligentes Geschöpf mit unbeugsamem Willen. Ich hatte das Gefühl, daß er in der Umgebung, die ich ihm bieten konnte, alle seine Fähigkeiten entfalten und sich zu jenem treuen und liebevollen Begleiter entwickeln würde, der er für Josies Mutter und Tante gewesen war. Vielleicht war das Überheblichkeit meinerseits, aber ich glaubte, ihm mit meinem Wissen als Ornithologin jene Aufmerksamkeit zukommen lassen zu können, nach der er sich sehnte. Als ich seinen Schmerz und seine Einsamkeit spürte, fühlte ich mich an meine Kinderzeit erinnert, in der ich immer wieder verletzte Vögel mit nach Hause gebracht hatte, um sie zu pflegen und später freizulassen. Tikos Verletzungen waren jedoch psychischer, nicht physischer Natur, und er war in Menschenobhut zur Welt gekommen. Ihn im Regenwald von Costa Rica auszusetzen, wäre sein sicherer Tod gewesen. Mike und ich wußten, daß Tiko uns, sollten wir ihn bekommen, ein Leben lang begleiten würde, in guten wie in schlechten Zeiten, in Gesundheit und in Krankheit. Aber an jenem Abend beim Essen zögerten wir keinen Augenblick, Josie unser Versprechen zu geben.

Wieso entscheiden wir uns für bestimmte Bindungen? Warum lassen wir uns auf Beziehungen ein, die unser ganzes Leben prägen? Mike und ich hatten nicht einmal darüber diskutieren müssen, ob wir Tiko in unsere Familie aufnehmen wollten. Zum größten Teil lag das daran, daß wir beide Vögel lieben, und diese gemeinsame Liebe ist eine wichtige Basis unserer Ehe. Als Mike und ich unsere Beziehung begannen, hatte er einen Silberkuhstärling namens Moomoo, von dem ich schon erzählt habe, der Vogel, der alles zu begatten versuchte, was sich ihm darbot. Mikes Zuneigung für Moomoo empfand ich als etwas Wunderbares und sehr Seltenes bei einem Mann, und sie trug dazu bei, daß wir uns ineinander verliebten. Ich lernte Mike 1973 bei einem Treffen der American Ornithologists' Union in Cape Cod kennen. Dort wanderten wir zusammen in den Dünen und suchten nach seltenen Zugvögeln.

Dabei wurden wir gute Freunde, weil wir uns beide nicht nur für die Ornithologie, sondern für alles in der Natur interessieren. Viele Jahre lang besuchten wir uns gegenseitig an unseren Forschungsstätten und entdeckten schließlich in Mexiko unsere Liebe füreinander. Ich hatte keine Eile mit dem Heiraten. Das lag nicht daran, daß ich mir im Hinblick auf Mike unsicher gewesen wäre, sondern eher an meiner Grundskepsis der Institution Ehe gegenüber. Doch er war traurig darüber, daß wir nicht heirateten, und so gab ich schließlich nach. 1981 schlossen wir den Bund fürs Leben auf der zweitausend Jahre alten Dzibilchaltún-Pyramide auf der mexikanischen Halbinsel Yucatán. Ich habe es nie bereut.

Mike hatte für seine Dissertation Lerchenstärlinge und Kuhstärlinge in Argentinien beobachtet, und nach der Rettung Moomoos vor den Straßenarbeitern schmuggelte er das kleine schwarze Bündel an der Quarantäne vorbei ins Land, wo wir alle zusammen fröhlich in Somerset, New Jersey, lebten. Moomoo flog uns und unseren Kindern Debbie und David im ganzen Haus nach. Wenn ich nach unten ging und mich auf den Hometrainer setzte, begleitete er mich und bezog Stellung auf dem Fensterbrett, von wo aus er die Vögel im Garten beobachtete. Doch eines Tages öffnete Mike, der nicht wußte, daß Moomoo sich bei mir im Zimmer aufhielt, die hintere Tür, und der Vogel flog hinaus. Obwohl Mike ihm noch nachrief »Nein, Moomoo, nein!« erhob er sich, ohne einen Blick zurückzuwerfen, in die Luft. Wenn ein Vogel, der sein ganzes Leben in Gefangenschaft verbracht hat, freikommt, fliegt er eine Weile herum und sieht sich in der Gegend um. Meist findet er dann den Weg nach Hause nicht mehr. Vermutlich war das auch bei Moomoo der Fall.

Mike war am Boden zerstört. Tagelang suchte er im

Garten nach Moomoo und rief vom Dach aus nach ihm, in der Hoffnung, daß der Vogel ihn hören würde. Ich konnte kaum etwas tun, um ihn zu trösten. In regelmäßigen Abständen brachte ich ihm etwas zu essen und zu trinken; manchmal nahm er es, manchmal nicht. Im großen und ganzen aber ließ ich ihn in Ruhe. Moomoo war damals zwölf, also schon alt für einen Silberkuhstärling. Als er nicht zurückkehrte, tröstete Mike sich mit dem Gedanken, daß er wenigstens seine letzten Monate noch in Freiheit hatte verbringen können. Wir trauerten um ihn und mußten uns dann voll und ganz auf unseren Beruf konzentrieren. Wir hatten überhaupt keine Zeit, an einen neuen Vogel zu denken. Bis Tiko in unser Leben trat.

Wie versprochen kaufte Josie einen richtigen Palast für Tiko, sozusagen das Rolls-Royce-Modell unter den Vogelkäfigen, mit einer vergoldeten Stange, Spielzeug, Glöckchen und einem Spiegel. Aber all das interessierte ihn nicht. Sogar der Spiegel, der doch seiner Eitelkeit hätte schmeicheln müssen, ließ ihn kalt. Die Pudel hielten immer noch unter dem Käfig Wache und beäugten ihn mit gelegentlichem Bellen. Papageien in Menschenobhut freunden sich oft mit Hunden an, folgen ihnen, reiten manchmal sogar auf ihrem Rücken. Tiko erwiderte das Bellen seiner Haustiergenossen mit einer wunderbaren Imitation. Aber die Hunde sahen ihn nur einen Moment fragend an, um sich dann wieder die Schnauze zu lecken.

Eines Tages begann Tiko dann zu kreischen, wie so viele gekränkte Amazonen in Gefangenschaft. Es war ein markerschütternder, trauriger Verzweiflungsschrei, der gar nicht mehr enden wollte, sein Versuch, den Dämon der Einsamkeit zu vertreiben. Ich hörte ihn immer, wenn ich aus dem Haus trat und im Garten arbeitete. Er verfolgte mich sogar noch ein ganzes Stück die Straße hinunter. Tikos Papageienstimme hätte im Tropenwald dazu gedient, kilometerweite Distanzen zu überbrücken; hier durchdrang er mühelos Josies Wände.

Ich wußte, daß dieses Kreischen ein Zeichen seiner Einsamkeit war. Josie arbeitete den ganzen Tag, so daß Tiko niemanden hatte, der mit ihm sprach. Trotz alledem verhielt ich mich Tiko gegenüber weiterhin distanziert. Das lag nicht nur an meiner Befürchtung, daß er andernfalls glauben könnte, ich hätte mich mit ihm verbündet und ihn dann wieder verlassen, sondern auch an meiner Überzeugung, daß eine solche Beziehung sich nicht übers Knie brechen ließ. Ein Papagei ist einfach nicht wie ein Hund. Hunde werden so aufgezogen, daß sie bei jedem Anerkennung suchen. Bei Papageien ist das anders. Bei ihnen muß man sich Zeit lassen. Man muß sich ihr Vertrauen erst verdienen. Papageien wollen selbst bestimmen, mit wem sie sich anfreunden und wie schnell. Wenn man sie drängt, führt das zu Angst oder Aggression. Sie können ziemlich jähzornig werden. In der Wildnis habe ich schon beobachtet, wie sie ganz friedlich ihr Gefieder putzen, und plötzlich gehen sie ohne erkennbaren Grund aufeinander los.

Selbst wenn ich mich mit ihm hätte anfreunden wollen, hätte ich zu dem Zeitpunkt noch nicht die Hand in seinen Käfig gesteckt. Das wäre eine unverzeihliche Grenzüberschreitung gewesen, fast so, als stecke man den Kopf in ein fremdes Auto, nachdem der Fahrer sein Fenster heruntergekurbelt hat, um eine Frage zu beantworten.

Wenn ich Josie in den nächsten Monaten besuchte, schaute ich immer auch bei Tiko vorbei. Jedesmal waren seine Federn stumpfer geworden, und er wirkte immer lethargischer und mürrischer. Seine Verzweiflung nahm zu. Josie schien es ebenfalls nicht gutzugehen. »Ist er krank?« fragte sie mich. »Ich weiß, daß er meine Mutter, Libby und Florida vermißt. Er frißt nichts mehr, rührt nicht mal die frischen Erdbeeren und Himbeeren an, die ich ihm auf dein Anraten gegeben habe. Du weißt ja, daß ich nicht gerade verrückt nach ihm bin, aber meiner Mutter zuliebe möchte ich, daß es ihm gutgeht. Was soll ich bloß machen?«

»Es ist alles in Ordnung. Er ist nur ein bißchen einsam.« Und nach einer Weile fügte ich hinzu: »Vielleicht würde es ihm Spaß machen, ein bißchen herumzufliegen.«

»Dann stürzt er sich doch sofort wieder auf mich!«

»Tja, dann solltest du wenigstens hin und wieder mit ihm reden.« Das war nicht als Vorwurf gedacht, aber sie wirkte trotzdem verletzt.

»Ich weiß nicht, wie ich mit dem Vogel reden soll. Außerdem kann er mich nicht leiden.«

»Nun, vielleicht lernt er das noch«, log ich.

Ich versprach ihr, bald wieder vorbeizukommen und nach Tiko zu schauen.

Am nächsten Nachmittag rief sie mich an. »Joanna, komm schnell, ich habe Angst, daß Tiko sich weh tut!«

Ich eilte sofort zu ihr hinüber. Sie führte mich zum Eßzimmer, hinter dessen Tür ich das Schlagen von Papageienflügeln vernahm. Dann hörte ich das Geräusch von zersplitterndem Glas.

»Wie ist denn das passiert?« fragte ich, obwohl ich das eigentlich gar nicht so genau wissen wollte.

Es stellte sich heraus, daß Josie dem Rat der weisen Ornithologin im Nachbarhaus gefolgt war, die Pudel ausgesperrt und Tiko aus dem Käfig gelassen hatte. Inzwischen, so hatte sie sich eingeredet, hatte er doch bestimmt seine Feindseligkeit ihr gegenüber vergessen. Schließlich brachte sie ihm nun schon seit Monaten Futter und Wasser. Außerdem hatte sie ihm einen Luxuskäfig besorgt, ihm jeden Tag von ihren Erlebnissen erzählt, auch wenn sie sich dabei lächerlich vorkam, und immer sein schönes Gefieder und seinen Scharfsinn gelobt. Das alles hatte doch sicher seine Abneigung gegen sie abgebaut. Aber weit gefehlt. Als erstes hatte er sie in seiner neugewonnenen Freiheit ins Ohr gebissen. Sie war entsetzt gewesen über seine Boshaftigkeit, aus dem Zimmer geflohen und hatte die Tür hinter sich geschlossen. Schon bald jedoch war ihr Gekränktsein über die Undankbarkeit des Vogels Zorn gewichen, als sie hörte, wie Tiko da drinnen ihr Eßzimmer umgestaltete. Aber dann hatte sie sich, anständig wie sie ist, Sorgen gemacht, denn inzwischen war deutlich zu vernehmen, wie er hektisch gegen die Wände stieß und im Zimmer herumflog. Wieder einmal erinnerte alles an Hitchcock: das wahnsinnige Schlagen von Flügeln, das verzweifelte Flattern. Tikos Wut setzte sich ungemindert fort, während wir hilflos an der Tür standen.

»Warum?« fragte Josie, sichtlich erschüttert.

»Er ist völlig außer Rand und Band«, sagte ich. »Überreizt. Und außerdem kennt er den Raum nicht.«

»Was sollen wir jetzt machen?«

»Wir können nicht viel tun. Er ist zu aufgeregt.«

»Wird er sich denn nicht verletzen?«

»Nein, ihm wird nichts passieren.« Ich erinnerte mich an eine Möwe, die einmal durch mein Haus geflattert war, wobei ein Reifen auf sie fiel. Dieses Ereignis hatte sie offenbar so traumatisiert, daß sie zwei Monate lang stumm blieb, aber sonst hatte sie keinen Schaden davongetragen. Ich beschloß trotzdem, die Geschichte für mich zu behalten.

Ganz allmählich wurde es hinter der Tür ein wenig ruhiger. Bevor ich ging, drückte ich den Lichtschalter des

Eßzimmers herunter, der sich glücklicherweise außen befand. Später am Abend rief Josie mich an, um mir mitzuteilen, daß Tiko bei Anbruch der Dunkelheit in seinen Käfig zurückgekehrt sei. Nach einer Weile war sie dann auf Zehenspitzen hineingeschlichen und hatte die Käfigtür verschlossen. Dies war der letzte Ausflug, den Tiko im Haus machen durfte.

Als ich in den folgenden Tagen bei Josie vorbeischaute, machte Tiko immer wieder seine kleine Runde: die Stange entlang, an der Käfigseite hoch und schließlich, kopfüber hängend, quer über die oberen Stäbe. Mit Hilfe seiner Krallen und seines Schnabels bewegte er sich erstaunlich behende. Manchmal war er so schnell, daß die klackenden Geräusche mich an einen herannahenden Zug erinnerten, dann wieder wurde er ganz langsam und schien fast vergessen zu haben, was er tat. Wenn er nicht gerade auf und ab lief, starrte er ins Leere.

Ich sah ihm fasziniert bei seinen endlosen Runden zu. Dieses Hin und Her, eine nervöse Gewohnheit bei Tieren in Gefangenschaft, beginnt als Mittel gegen die Langeweile, kann sich jedoch zu einer Psychose entwickeln. Wenn das Tier befreit wird oder eine andere Umgebung erhält (das kann ein größerer Käfig sein, ein Artgenosse oder einfach nur Spielzeug), kehrt es im allgemeinen wieder zum Normalzustand zurück.

Im Frühling kam Tiko in die Mauser; die leuchtend roten Federn an seiner Stirn machten matt orangefarbenen Platz. Der bläuliche Schimmer verschwand von seinem Kopf, und einige der intensiv grünen Federn wurden durch olivgraue ersetzt. Die stumpfen Farben waren ein sicherer Hinweis auf seine schlechte Ernährung. In Florida hatte er gespeist wie ein Fürst und alle wichtigen Nährstoffe erhalten. Hier jedoch schenkte er dem Essen, das Josie ihm anbot – aus Trotz oder Depression –, keine Beachtung. Er schien sich im Hungerstreik zu befinden gegen die Ungerechtigkeiten, die ihm widerfahren waren. Offenbar wollte er Josie für den Verlust der beiden alten Damen und seines Zuhauses in Florida bestrafen.

Nun bewegte er sich immer weniger im Käfig, und sein Kot sammelte sich auf einem Haufen. Er kauerte sich mit hängenden Flügeln, aufgeplustertem Gefieder und eingezogenem Kopf in eine Ecke. Er hörte auf, das, was sich draußen abspielte, interessiert zu beobachten. Am Morgen war seine Stimme nur noch kurz und leise zu hören. Es war, als ahne er, daß er bald wieder im Dunkeln sein würde, denn verständlicherweise deckte Josie seinen Käfig zu, um ihn zu beruhigen, wenn er wieder einmal langanhaltende markerschütternde Schreie ausstieß.

Tiko unterschied sich da nicht von anderen Papageien. Diese Vögel sind ausgesprochen gesellig: Wenn sie kein Gegenüber haben, kommt es genau wie beim Menschen zu akuten Symptomen der Depression. Sie fressen und spielen nicht mehr, werden aggressiv und ziehen sich zurück. Ihr Gefieder wird stumpf. Längere Depressionen führen zu Streß, der endloses Putzen der Federn zur Folge haben kann. Manche Papageien rupfen dabei so viele Federn an einer einzigen Stelle oder am ganzen Körper heraus, daß man die nackte Haut sieht. Papageien hassen Veränderungen. Bei einigen Vögeln verursacht bereits eine kleine Ernährungsumstellung, ein neuer Tagesablauf oder auch ein anderer Käfig obsessives Putzverhalten. Natürlich gibt es Papageien, die so etwas nicht depressiv, sondern aggressiv, macht, und andere verkraften solche Veränderungen ganz gut.

Menschen, die mit Papageien zusammenleben, werden mir zustimmen, daß man irgendwann lernt, was sie denken und fühlen. Das stellt Verhaltensforscher wie mich vor ein Dilemma. Unsere Ausbildung erzieht uns eigentlich zu einer Abneigung gegen anthropomorphe Urteile. Früher einmal hielt ich es für Dilettantismus, Tieren menschliche Gedanken, Gefühle und sprachliche Ausdrucksmöglichkeiten zuzuschreiben. Aber im Lauf der Jahre hat sich meine Einstellung geändert. Mittlerweile halte ich es für mindestens genauso dumm, wenn man Tieren diese Fähigkeiten automatisch abspricht. Ich staune im Gegenteil sogar darüber, daß jemand an den emotionalen Reaktionen von Tieren wie Hunden, Katzen, Pferden und besonders Papageien auf ihre Umwelt zweifelt oder in Frage stellt, daß sie sich über ihre Situation und die Leute, mit denen sie es zu tun haben, ihr eigenes Bild machen. Ihre Gefühle und Gedanken lassen sich meiner Meinung nach an ihrem Verhalten ablesen. Viele Wissenschaftler werden das natürlich für anthropomorphisierend und pseudowissenschaftlich halten, aber Menschen, die mit einem Papagei zusammenleben, werden keine Sekunde daran zweifeln, daß sie Gedanken und Gefühle haben, die unseren ähneln.

Obwohl wir uns besonders in der westlichen Kultur gern als autonome Individuen verstehen, ist doch die soziale Komponente tief in uns verwurzelt. Ich weiß nicht, was bei mir zuerst da war, das intuitive Begreifen, was es bedeutet, ein Mensch zu sein, oder meine Forschungsarbeit der letzten beiden Jahrzehnte, die mir klargemacht hat, daß das Sozialverhalten eine wesentliche Rolle im Leben der Tiere spielt, ihnen beim Überleben hilft und zu ihrem Wohlbefinden beiträgt. Sie sind uns ähnlich. Ihr Selbstgefühl, ihre Identität, wird in hohem Maß von der Gruppe bestimmt. Das wird bei keinem Tier deutlicher als beim Papagei. In dieser Hinsicht ist Tiko immer noch mein bester Lehrer, denn bei uns zu Hause in Somerset habe ich

Gelegenheit, sein Verhalten zu beobachten, das dem der Vögel in freier Wildbahn entspricht. Seine Werbung um mich ist nur ein Beispiel dafür, wie Papageien ihr soziales Leben organisieren. Ihre Beziehungen sind stabil und langfristig angelegt. Sie leben in Schwärmen mit eng verbundenen Großfamilien, die jahrelang zusammenbleiben. Sie sind ihr ganzes Leben, das auch in Menschenobhut sechzig bis siebzig Jahre währen kann, monogam. Und den größten Teil der Zeit verbringen sie mit ihrem Partner. Nur hin und wieder trennen die Brutpflichten sie: Das Männchen macht sich auf die Suche nach einem Nest; ein Partner brütet die Eier aus, während der andere Futter für den Partner und die Jungen heranschafft. Bei dieser Futtersuche wechseln die beiden sich ab.

Lebenslange Monogamie ist bei Vögeln weitverbreitet; es gibt sie bei Gänsen, Reihern, Ibissen und den meisten Seevögeln (ab und an trennt sich ein Paar, wenn es keinen Erfolg bei der Aufzucht der Jungen hat). Ich finde es rührend, daß diese Vögel wie die Papageien in größerem Ausmaß als zum Beispiel Schimpansen, Paviane oder Gorillas lange monogame Beziehungen eingehen. In dieser Hinsicht sagt uns das Studium von Papageien und vielen anderen monogamen Vögeln mehr über uns selbst als die Beschäftigung mit Primaten.

Innerhalb einer Brutzeit sind sogar neunzig Prozent aller Vogelarten monogam. Weil aber kleine Vögel nur zwei bis drei Jahre alt werden, verlieren sie oft ihren Partner nach einer Saison und sind so gezwungen, sich einen anderen zu suchen.

Abgesehen von einem gewissen Gefühlswert, den wir ihr gern zuschreiben, hat die Monogamie, wie sie bei langlebigen Vögeln vorkommt, auch einen großen evolutionären Vorteil. Wenn ein fest gebundenes Paar die Brutzeit beginnt, gelingt es ihm weit häufiger, seine Jungen erfolgreich aufzuziehen, als Vögeln, die noch nach einem Partner suchen müssen. Paare brauchen keine Zeit und Energie für die Werbung aufzuwenden, was bedeutet, daß sie früher brüten können, und das heißt wiederum, daß ihre Jungen vor dem Winter oder der Trockenzeit oder dem Flug nach Süden mehr Gewicht zulegen können. Vögel, die bereits Junge miteinander aufgezogen haben, sind ein eingespieltes Team. Sie wissen genau, wieviel Zeit jeder mit dem Ausbrüten verbringen und wie oft er sich auf Futtersuche begeben muß. Ich habe mich häufig gefragt, wie Papageien entscheiden, wer welche Schicht übernimmt. Das scheint ganz ähnlich zu sein wie bei Menscheneltern: Auch sie müssen sich darüber einigen, wer die Kinder ins Bett bringt oder ein krankes Kind mitten in der Nacht tröstet. Bei Papageien gibt es bei der Aufzucht der Jungen keine festgelegten Geschlechterrollen, jedes Paar entwickelt seinen eigenen Rhythmus. Natürlich dauert das eine Weile, und so haben die fest gebundenen Paare einen Vorteil. Vielleicht sollte ich erwähnen, daß der evolutionäre Vorteil der Monogamie auch in der Entwicklungsgeschichte des Menschen eine Rolle gespielt hat: Die Aufzucht von Kindern war allein nicht möglich; dazu brauchte man zwei Elternteile. Selbst heute noch ist die Erziehung eines Kindes für einen allein ziemlich schwierig.

Möglicherweise hatte Tiko eine engere Bindung zu Libby, weil Freda ihn hin und wieder neckte – Papageien lassen sich nicht gerne necken. Doch als der kalte Novemberwind die letzten Blätter von den Bäumen riß und der Winter begann, wurde auch sie immer hinfälliger, und 1986 starb sie schließlich. Damit hatte Tiko die letzte Verbindung zu Florida verloren. Er blieb einsam in seinem Käfig zurück und hatte keine Ahnung, warum die beiden alten Damen nicht mehr wiederkamen. Am liebsten wäre ich gleich auf ihn zugegangen, aber ich wußte, daß das keinen Sinn hatte, wenn ich bald darauf wieder verschwände. Vielleicht würde er mir dann nie wieder vertrauen.

Kurz nach Libbys Beerdigung rief Josie bei uns an, um uns zu sagen, daß wir Tiko haben könnten, wenn wir wollten. Ich war froh, daß seine Leiden nun ein Ende haben würden. Allerdings kam mir auch zum erstenmal der Gedanke, daß er mittlerweile vielleicht schon zu krank war, um sich wieder zu erholen. Außerdem fragte ich mich, ob es ihm gelingen würde, seine Zuneigung auf Mike und mich zu übertragen und sich wieder an eine neue Umgebung zu gewöhnen.

Trotzdem war es für mich ganz klar, daß wir ihn nehmen würden. Wir verbrachten mehrere Tage damit, unser Haus papageiensicher und so dschungelähnlich wie möglich herzurichten. Wir kauften einen Rhododendron und einen Feigenbaum. Wir brachten Stangen an und räumten einiges um. Dinge, die herunterfallen konnten, stellten wir auf den Boden. Und dann waren wir endlich bereit. Wahrscheinlich, so dachten wir, wäre es einfacher für Tiko, wenn ich ihn allein abholte – Papageien reagieren im allgemeinen auf Frauen positiver als auf Männer –, und so ging ich voller Vorfreude hinüber zu Josie.

Jetzt endlich konnte ich mich Tiko anders nähern. Er würde mit mir nach Hause kommen, und zwar für immer. Auch Josie war erleichtert, denn sie wußte, daß der Vogel Liebe und Aufmerksamkeit brauchte, die sie ihm nicht geben konnte. Und natürlich war sie froh, ihn nicht mehr im Haus zu haben.

Ich setzte mich neben Tikos Käfig und legte den Finger an den Rand der Stäbe, so daß er ihn erreichen konnte.

»Mach das lieber nicht«, sagte Josie. »Er beißt dich, und das tut ganz schön weh, das kannst du mir glauben.«

Ich schenkte ihrer Warnung keine Beachtung. »Tiko, mein Kleiner«, schmeichelte ich ihm. »Ich bin da, um dich nach Hause zu holen.«

Er raste auf seiner Stange auf mich zu. Ich widerstand dem Impuls, den Finger wegzuziehen. Josie schrak zurück.

Ich wußte, daß diese erste nähere Begegnung wesentlich war. Obwohl ich das Risiko einging, verletzt zu werden, mußte ich mich ungeschützt zeigen. Wenn er jetzt beschloß, mich nicht zu mögen, änderte sich daran unter Umständen nie wieder etwas.

Er hielt nur wenige Zentimeter von meinem Finger entfernt inne und sah mir in die Augen; wir bewegten uns beide nicht. »Schöner Papagei, schöner Tiko«, murmelte ich. »Wir werden Freunde.« Die Sekunden vergingen, und ich redete weiter. »Du wirst es gut haben bei uns, mein Kleiner. Bei uns kannst du frei herumfliegen. Unser Haus wird dir gefallen. Hab keine Angst. Komm, Tiko, komm zu mir.«

Nun mußte er entweder zu mir an die Stäbe kommen oder sich ans andere Ende des Käfigs zurückziehen. Meine Aufgabe war es, ihm die Wahl zu überlassen.

Er wandte sich langsam meinem Finger zu, bis sein Schnabel ganz nahe war. Dann senkte er unvermittelt den Kopf. Aber anstatt mich zu beißen, beugte er sich so tief, daß sein Schnabel die Stange berührte. Seine Nackenfedern stellten sich auf. Josie kicherte erleichtert. Jetzt erst merkte ich, daß auch mein Herz vor Aufregung wie wild geschlagen hatte. Ich hatte die Prüfung bestanden, den Finger nicht weggezogen, da hatte sich seine Aggression in etwas anderes verwandelt. Er hatte den ersten Schritt getan, mir seinen verletzlichen Nacken dargeboten. Und jetzt wartete er.

Ich streckte den Finger aus und begann, immer noch mit ihm flüsternd, vorsichtig seinen Kopf und Nacken zu kraulen. Er gab dabei so leise Laute von sich, daß ich sie kaum hören konnte, aber ich wußte, alles würde gut werden.

»Erstaunlich«, sagte Josie. »Meine Mutter hat ihm immer den Nacken kraulen dürfen. Ich hätte nicht gedacht, daß ich das noch mal sehen würde.«

Tiko kam näher, drückte sich sanft gegen die Stäbe des Käfigs und senkte den Kopf. Ich streichelte sanft seinen Nacken, spürte seine Verwundbarkeit, wußte, was da passierte – ich ließ mich auf ein Geschöpf ein, das vielleicht noch fünfzig Jahre leben würde. Erneut stieß er leise Rufe aus und beugte sich wieder in die Mitte des Käfigs. Ich hatte mich ihm vorgestellt, und er hatte mich, ausgehungert nach Zuneigung, wie er war, in seine Welt eingelassen. Nun deckte ich den Käfig langsam mit dem Laken zu, das ich zu diesem Zweck mitgebracht hatte, und erklärte ihm dabei alles mit sanfter Stimme: »Wir müssen nach Hause, Tiko. Du kommst jetzt ganz zu uns. Ich decke deinen Käfig zu, damit du vor dem Wind geschützt bist. Es ist nicht weit.«

Natürlich verstand er kein Wort von dem, was ich sagte, aber an meinem Tonfall hörte er, daß alles in Ordnung war. Ich ging langsam die Treppe mit ihm hinunter und durch den Schnee. Es war bitterkalt, und es wehte ein starker Wind. Der Schnee war mehrere Zentimeter hoch, der Weg rutschig. Ich redete ununterbrochen mit Tiko. »Alles in Ordnung, Tiko. Halt dich an deiner Stange fest. Wir sind fast da.« Er stieß einen kurzen, fragenden Ruf aus und verstummte dann. Meine kostbare Fracht im Arm, stieg ich vorsichtig die eisigen Stufen zu unserer Haustür hinauf.

Kapitel Drei

Ein Papagei im Haus

Ich ging sofort in unser Arbeitszimmer, ohne den Mantel auszuziehen, den Käfig immer noch im Arm. Mike kam die Treppe hinter mir herauf.

»Na, wie ist's gelaufen?«

»Gut«, sagte ich über die Schulter gewandt. »Er hat zugelassen, daß ich den Finger in seinen Käfig stecke.«

Ich war ziemlich außer Atem, als ich den Käfig mit dem Vogel schließlich auf dem Platz abstellte, den Mike und ich in unserem Arbeitszimmer im obersten Stock für Tiko freigemacht hatten. Jetzt war die Stunde der Wahrheit gekommen – die große Enthüllung. Koseworte vor mich hin murmelnd, zog ich wie ein Zauberer ganz langsam das Laken vom Käfig. Tiko blinzelte in die Wintersonne, die zwischen den kahlen Ästen der Bäume draußen durch das große Südfenster ins Zimmer fiel.

Sobald er sich an die Helligkeit gewöhnt hatte, sah er sich um. Unser Arbeitszimmer nimmt das gesamte obere Stockwerk unseres Hauses ein. Darin befinden sich eine Liege, vier Schreibtische, Hunderte von Büchern, Aktenschränke sowie zahllose Stapel von Papieren, wie nicht anders zu erwarten bei zwei Wissenschaftlern, die selten an weniger als fünf oder sechs Projekten gleichzeitig arbeiten.

Dazu kommen Andenken aus aller Herren Länder: die grüne Steinfigur eines Papageitauchers von einem Studenten; eine Maske, die mein Bruder Roy im Alter von acht Jahren geformt hat; ausgestopfte Vögel und andere Tiere; ein Papageienmobile; mundgeblasenes Glas aus Murano; Pfeilspitzen, die ich beim Tomatenpflücken mit meinem Bruder Mel und meiner Schwester Tina auf dem Grundstück meiner Eltern gefunden habe; eine Krokodilmaske aus Holz; ein Audubon-Druck von maisfressenden Bootsschwänzen (der mich an meine Kindheit erinnert). Dies also würde Tikos neues Zuhause sein. (Später sollte er in Debbies Zimmer ziehen, als diese zum Studium wegging. Debbie und David verbrachten den größten Teil der Zeit ohnehin bei ihrer Mutter, Mikes erster Frau, und waren nur am Wochenende und in den Ferien bei uns. Als Tiko in unsere Familie kam, war David schon im Teenageralter und ging viel aus, und Debbie besuchte das College, was bedeutete, daß sie sich sowieso nicht oft blicken ließen.) Wir waren der Ansicht, daß das Arbeitszimmer, in dem wir so viele Stunden verbrachten, der beste Platz für Tikos Käfig wäre – hier konnte er sich zurückziehen und doch in unserer Nähe sein.

Tiko beäugte die neue Umgebung, während Mike und ich in gebührendem Abstand in schmeichelndem Ton mit ihm sprachen und dabei wie stolze Eltern strahlten. Irgendwie mußte ich herausfinden, wann Tiko bereit wäre, seinen Käfig zu verlassen. Also legte ich den Finger wieder zwischen die Stäbe. Wenn er sich darauf stürzte oder mich biß, wußte ich, daß er noch keine Lust hatte, irgend etwas zu unternehmen. Ich spürte, wie Mike hinter mir innerlich zusammenzuckte, aber er rührte sich nicht und gab keinen Ton von sich. Ich beobachtete Tiko genau, um festzustel-

len, ob er Mikes Angst bemerkte, doch offenbar war das nicht der Fall. Ihn beschäftigte der menschliche Finger, der da in sein Reich eingedrungen war, viel mehr. Tiko lief über seine Stange heran und schien zuhacken zu wollen, doch dann breitete er leicht die Flügel aus, senkte den Kopf und begann mit seinem messerscharfen Schnabel, vor dem Josie solche Angst gehabt hatte, ganz sanft an meinem Finger zu knabbern. Urplötzlich war aus dieser Furie der Lüfte ein sanftes Lamm geworden.

Mike applaudierte mir leise, während ich Tikos harte Zunge spürte, wie sie an den Konturen meiner Fingernägel entlangfuhr, und seinen Schnabel, der sich ganz leicht auf meiner Haut bewegte. Wir verharrten eine ganze Weile so. Es war nicht die geringste Unsicherheit oder Anspannung dabei; er schien ganz dazusein, ohne jede Hektik. Schließlich zog ich vorsichtig meinen Finger weg, schlüpfte aus Mantel und Mütze und wartete noch ein paar Minuten, bis ich die Käfigtür öffnete und meine Hand hineinschob. Ohne zu zögern kletterte er auf meine nach oben geöffneten Finger, und ich trug ihn zu einer freistehenden Stange auf einem kleinen Holztisch. Am Ende hatten wir eine flache, viereckige Fläche für sein Futter angebracht, auf der sich Cheerios, frische Erdbeeren, Apfelstückchen, Salat und Karotten befanden. Er beäugte das Angebot neugierig. Dann machte er sich über die Erdbeeren her und ließ nur eine einzige Scheibe übrig. Ein Salatblatt schleuderte er in die Luft. Als es zufällig wieder auf der Schale landete, begann er heftig darauf einzuhacken. Er probierte die Karotten und verdrückte den größten Teil der Apfelschnitze. Die Cheerios, die er anfangs noch etwas mißtrauisch betrachtet hatte, nahm er nun eins nach dem anderen in die Kralle und verzehrte sie. Er schien sie als Nachspeise zu sehen. Nach sechs Monaten mit Josies Papageienfutter hatte er offenbar Appetit auf eine herzhafte Mahlzeit.

Den Rest des Abends arbeiteten Mike und ich an einem gemeinsamen Projekt, den letzten Kapiteln eines Buches über die Flußseeschwalbe. Tiko beobachtete uns dabei von seiner Stange aus. Wir bemühten uns, ihm nicht zu viel Aufmerksamkeit zu schenken, weil wir es für klüger hielten, wenn er die Geschwindigkeit, mit der er sich an die neue Umgebung und an uns gewöhnte, selbst bestimmen konnte. Als es Zeit für die Nachtruhe wurde, hielt ich ihm eine Stange hin, wie Libby und Freda es jahrelang in Florida getan hatten. Er kletterte ohne große Umstände darauf, und ich trug ihn hinüber zu seinem Käfig. Er hielt sich zuerst mit dem Schnabel und dann nacheinander mit den langen, kräftigen Zehen (zwei vorne und zwei hinten) seiner Füße an der Stange darin fest. Dann richtete er sich auf und betrachtete mich mit unverwandtem Blick. Hier würde er aufrecht stehend schlafen, die Zehen fest um die Stange gekrallt, den Kopf in den weichen, duftigen Nackenfedern vergraben, die dünnen, saurierartigen Augenlider nicht ganz geschlossen, wie in der freien Wildbahn, jederzeit bereit, sofort wegzufliegen, falls Gefahr drohte.

»Schlaf gut, Tiko, mein Kleiner. Bis morgen früh.«

Er bewegte sich nicht von der Stelle, sah mich nur an. Höchstwahrscheinlich würde er seinen Käfig während der Nacht nicht verlassen, aber ich machte die Tür trotzdem zu. Schließlich wollte ich nicht riskieren, daß er doch herauskam und sich in der fremden Umgebung verletzte. Er bewegte sich nicht, was ich als Zufriedenheit interpretierte. Wenn er hin und her gelaufen wäre, hätte das Kummer oder Unbehagen bedeutet.

Mike und ich gingen, ebenfalls zufrieden mit uns und unserem neuen Hausgenossen, im Stockwerk darunter zu

Bett. In dem dunklen, stillen Haus mit seinem neuen Bewohner war plötzlich ein fremdartiger neuer Geist spürbar, ein Hauch des Regenwaldes. Nur noch das Licht von draußen drang fahl orangefarben herein. Auf den Straßen war es still, doch in der Ferne hörte ich die Personen- und Lastwagen auf der Autobahn. Irgendwann wurde Mikes Atem leise und gleichmäßig. Doch meine Gedanken kamen auch in der Dunkelheit nicht zur Ruhe.

Hatte ich wirklich begriffen, worauf ich mich einließ, als ich mich um Tiko bemühte? Wie würde ihm das Leben mit zwei ständig beschäftigten Hochschullehrern gefallen, und wäre er in der Lage, sich an ihren absurden Tagesablauf zu gewöhnen, an ihre Lehrtätigkeit, ihre Forschungsarbeit und die damit verbundenen längeren Abwesenheiten? Die letzten sechs Monate hatte er ohne jede Ablenkung, ohne die Möglichkeit, frei zu fliegen, verbracht. Das war mit Sicherheit nicht spurlos an ihm vorübergegangen. Er war ein Papagei mittleren Alters, der mich am Ende dann vielleicht doch nicht so gut leiden konnte und möglicherweise noch fünfzig Jahre in Unzufriedenheit vor sich hatte. Ich holte tief Luft. Nein, auch wenn es mein ganzes Leben dauern sollte, ich würde mir sein Vertrauen verdienen. Als ich diesen Beschluß gefaßt hatte, konnte ich mich entspannen.

Am nächsten Morgen wurde ich durch einen einzigen, durchdringenden Papageienschrei aus dem Schlaf gerissen. Mike war wie üblich schon Stunden vor mir aufgestanden und werkelte unten in der Küche herum. Ich stieg müde die Treppe zum Arbeitszimmer hinauf und legte den Finger zwischen die Stäbe, damit Tiko ihn erreichen konnte. Er knabberte daran und schien es gar nicht mehr erwarten zu können, aus seinem Käfig herauszukommen.

Der erste Tag, den wir von morgens bis abends miteinander verbrachten, war ein Samstag; ich hatte Tiko bewußt an einem Freitag abgeholt, damit wir ihn das ganze Wochenende über im Auge behalten konnten. Er saß auf seiner Stange neben Mikes Schreibtisch, einem schmalen, am Lampenständer befestigten Stab aus Ahornholz. Von dort beobachtete er nicht nur seine Umgebung, sondern auch Mike und mich, während wir an beiden Enden des Zimmers arbeiteten. Irgendwie gab mir das ein beruhigendes Gefühl. Gelegentlich schloß er die Augen oder versteckte den Kopf in den Nackenfedern und döste ein wenig. Es schien ihn nicht zu stören, wenn Mike oder ich das Zimmer kurz verließ, doch als wir einmal, ohne nachzudenken, gemeinsam eine Pause machten, stieß er einen Schrei aus, glitt von seiner Stange herunter und watschelte uns sofort nach. Seine langen Krallen verfingen sich im Teppich, und fast wäre er hingefallen. Doch schon bald hatte er sich wieder gefangen und folgte uns.

Er lief ziemlich breitbeinig, mit einwärts gerichteten Zehenspitzen, bewegte sich aber erstaunlich schnell. Wir wußten nicht, ob er Angst hatte, allein gelassen zu werden, oder ob die Neugierde ihn trieb. Wie dem auch sei, er marschierte jedesmal, wenn wir einen neuen Raum betraten, vom einen Ende zum anderen, als wolle er ihn vermessen. Dabei kletterte er über alle Hindernisse und schaute hinter jedes Möbelstück, als suche er nach einem Versteck oder einem Schlafplatz. Wir gaben ihm Gelegenheit zu einem Rundgang, dann kehrten wie gemeinsam ins Arbeitszimmer zurück.

Als mein knurrender Magen mich schließlich daran erinnerte, daß es Zeit zum Essen war, erhob ich mich von meiner Liege. Ein Schreibtisch hat mir aufgrund meiner kleinen Statur und einer Wirbelsäulenkrümmung nie gutgetan. Aber auf einer Liege konnte ich, mit ein paar Kissen im Rücken, die Beine ausgestreckt, immer ganz bequem und längere Zeit arbeiten. Ich rief also: »Mike, Tiko, kommt, jetzt gibt's was zu essen.«

Tiko schien sofort zu verstehen, was ich gesagt hatte, denn er breitete die Flügel aus und stieß sich von der Stange ab, als wolle er sich in die Luft erheben. Doch statt dessen landete er flatternd auf dem Teppich. Offenbar hatte er vergessen, wie das Fliegen ging. Es war ein schrecklicher Augenblick. Er sah mich kurz an, senkte sofort den Kopf, drückte das Gefieder eng an den Körper, schien vor meinen Augen kleiner zu werden. Seine Haltung drückte Beschämung aus. Ich hatte Mitleid mit ihm und wandte den Blick ab, um ihn nicht weiter in Verlegenheit zu bringen. Seine Flugmuskulatur war nach Monaten im Käfig verkümmert, genau wie bei einem bettlägrigen Patienten die Beinmuskeln. Die Flugmuskeln eines Vogels befinden sich nicht in den Flügeln, wie man vielleicht annehmen würde, sondern in der Brust. Sie sind im Brustbein verankert. Von dort aus wachsen hauptsächlich Sehnen in die Flügel, die mit dem leichten, aber kräftigen Oberarmknochen und den Unterarmknochen verbunden sind. Bei entsprechender Übung würde sich Tikos Muskulatur wieder kräftigen. Ich konnte nur hoffen, daß dieser erste mißglückte Flugversuch ihn nicht von weiteren abhalten würde. Schließlich wußte ich, daß es für ihn lebenswichtig war, sich mit der gleichen Leichtigkeit und Eleganz im Haus bewegen zu können, mit der seine Vorfahren und Artgenossen durch die Tropenwälder Mittelamerikas flogen.

»Immer mit der Ruhe, Tiko«, sagte ich. »Eins nach dem anderen.« Wir gingen das Risiko ein, ihn allein im Arbeitszimmer zu lassen, und begaben uns ins Eßzimmer. Er folgte uns nicht. Als wir nach einem Mittagessen in nachdenklicher Stimmung zurückkehrten, saß er wieder auf seiner Stange, die er über eine Holzleiter erreicht hatte, und verspeiste ein Cheerio, ohne uns Beachtung zu schenken.

In jener Woche sagte ich alle Konferenzen und Sprechstunden ab und kam sofort nach dem Unterricht nach Hause. Inzwischen war ich in meiner wissenschaftlichen Karriere soweit etabliert, daß ich mir diese Freiheit nehmen konnte, obwohl ich niemandem den Grund für meine Abwesenheit erklärte. Meine Arbeit erledigte ich trotzdem, nur eben zu Hause. Tiko und ich fanden schon bald einen Rhythmus, bei dem wir uns beide wohlfühlten. Ich arbeitete auf der Liege im Arbeitszimmer, wo er zu mir kommen konnte, wenn er wollte. Es stand ihm aber auch frei, sich in seinen Käfig zurückzuziehen. Ich konnte etwas tun, mich jedoch gleichzeitig mit Tiko unterhalten – »Alles in Ordnung, Tiko? Komm ruhig zu mir, wenn du möchtest.« –, damit er sich an meine Stimme gewöhnte. Einmal watschelte er zum Bett herüber und versuchte, an der Tagesdecke hochzuklettern. Doch an der glatten Oberfläche hatte er keine Chance: Er fand keinen Halt und rutschte immer wieder auf den Boden. Nachdem ich einen kleinen afghanischen Läufer über die Decke gebreitet hatte, an dem er sich mit Schnabel und Klauen festhalten konnte, gelang es ihm, wie ein Bergsteiger zu mir heraufzuklettern. Als er oben war, setzte er sich auf einen Stapel Papiere, keine zwanzig Zentimeter von mir entfernt. Von Zeit zu Zeit ließ er seine Stimme hören. Er schien in zusammenhängenden Sätzen zu sprechen, mit seiner eigenen Papageiengrammatik. Vielleicht war es das Pidgin-Jiddisch, von dem Josie mir erzählt hatte. Einmal glaubte ich, ihn sagen zu hören: »Gib mir einen Cracker«, doch bevor ich reagieren konnte, war er schon zu seiner Futterschale gewatschelt. Er sagte auch ganz deutlich »Nein!«, wenn er etwas nicht fressen wollte. Manchmal begrüßte er mich mit einem »Hallo!«, wenn ich das Zimmer betrat.

Wir verwöhnten ihn täglich mit einer Auswahl verschiedenster Früchte und Gemüse, damit er die Nährstoffe wiederbekam, an denen es ihm bisher gemangelt hatte. Er weigerte sich bei uns nie zu fressen, doch schon bald fiel uns etwas Merkwürdiges auf: Tiko fraß drei oder vier Tage lang immer ein und dasselbe – zum Beispiel Salat oder Melone –, verschmähte es dann aber und wandte sich dafür Karotten oder Äpfeln zu. Warum tat er das? Leider spielte er zunächst mit dem Futter, das er nicht fraß, und schleuderte es dann auf den Boden. Auch in der Wildnis lebende Papageien fressen ziemlich schlampig. Doch Tiko warf die Nahrung mit einer solchen Heftigkeit herum, daß wir den Verdacht hatten, es könnte einen besonderen Grund haben. – Vielleicht hatten Papageien ja auch so etwas wie »Flegeljahre«?

Als Biologen war uns natürlich klar, daß wir aus Tikos Sicht in seine Welt aufgenommen worden waren und nicht umgekehrt. Menschen erwerben Tiere, und diese müssen dann – gefangen in unseren Häusern, mit uns und unserem Tagesablauf zurechtkommen. Die Katze, die das Sofa ruiniert, ist nicht »böse« oder aggressiv und hat auch nichts gegen die betreffende Wohnzimmereinrichtung. Sie muß nur ihre Krallen schärfen, die ständig nachwachsen. Man braucht ihr lediglich einen Kratzbaum zu kaufen, und schon läßt sie die Möbel in Ruhe. Ähnlich wie bei der Beobachtung von Tieren in freier Wildbahn versuchten Mike und ich, die Welt aus Tikos Perspektive zu sehen. Wir bemühten uns, seine Motive zu ergründen. In gewisser Hinsicht war unser Zuhause in einem amerikanischen Vorort zum wilden Tropenwald von Tikos Vorfahren geworden, und Mike und ich dienten ihm als Großfamilie, als

Schwarm. In jener ersten Zeit führte er uns in sein komplexes Freß- und Schwarmverhalten ein. Später lernten wir noch so manches mehr.

Die ersten Monate mit Tiko waren für uns eine erstaunliche Erfahrung. Er war unglaublich neugierig auf alles, was wir machten, und erforschte jedes Zimmer bis in den letzten Winkel. Zuvor hatte ich nie einen Vogel gehabt, der vollkommen in meinen Haushalt integriert war, und mir wurde bewußt, daß sich mir jetzt die Gelegenheit bot, Tikos Verhalten in einer Umgebung, in der er sich voll und ganz zu Hause fühlte, über einen längeren Zeitraum aus wissenschaftlicher Sicht zu beobachten. Das Verhalten der Papageien innerhalb ihres Schwarms hatte mich überall interessiert, wo ich die Möglichkeit zur Beobachtung hatte – im brasilianischen Regenwald am Amazonas, in der Nähe von Tikal in Guatemala, auf der mexikanischen Halbinsel Yucatán. Wenn ein Angehöriger des Schwarms beschließt, einen Baum zu verlassen, erhebt sich der gesamte Schwarm in die Luft. Dabei rufen die Papageien laut, damit alle zusammenbleiben. Tiko tat vom ersten Tag bei uns genau das gleiche. Er saß ruhig bei Mike und mir, seinem Schwarm, bis wir in einen anderen Raum gingen. Dann plötzlich wurde er aktiv, kletterte auf den Boden und watschelte uns nach.

Aber es gab auch Komplikationen. Eines Morgens, als ich das Arbeitszimmer verließ, folgte Tiko mir nicht. »Ich gehe jetzt«, erklärte ich ihm. Er blinzelte mich von seiner Stange aus an. »Was ist denn los? Kommst du nicht mit?« Tiko begann, seinen Schnabel heftig an der Stange zu reiben, einen Fuß mit geöffneter Kralle zu heben und dabei ein klackendes Geräusch mit dem Schnabel zu machen – bei Papageien ein Zeichen für Nervosität oder einen Stimmungswechsel. Aber ich dachte nur an mein Frühstück, außerdem war ich ohnehin schon zu spät dran. Wo lag das Problem? Ich hatte Angst, daß Tiko sich verletzen würde, wenn ich ihn allein ließe. In meiner Verzweiflung ging ich zu ihm und hielt ihm die Hand hin. Er betrachtete sie mit drohendem Blick und verengter Iris. Schließlich stieß er einen kurzen verärgerten Schrei aus und machte einen Satz nach vorn.

»Wag es ja nicht, nach mir zu schnappen, Tiko. Komm, rauf auf die Hand, wir müssen runter.«

Doch da stieß er, schnell wie eine Kobra, zu und erwischte meinen Zeigefinger. Anfangs war ich nur überrascht über seine Schnelligkeit und einigermaßen betroffen über seine Wut, doch dann wurde ich selbst wütend, weil ich mich verspätet hatte; aber schließlich war ich bestürzt, weil ich ihn nicht verlassen wollte, wenn er zornig auf mich war. Die beiden Wunden, die er mir zugefügt hatte, bluteten. Zum Glück waren sie nicht tief und lagen nah beieinander, was bewies, daß Tiko nicht allzu verstimmt war. Papageien unterscheiden sich durch ihren beeindruckenden Schnabel (die obere gebogene Hälfte paßt genau auf die untere) sowie ihre kräftige Kiefermuskulatur, mit der sie selbst noch die härteste Nuß knacken, von den meisten anderen Vögeln, abgesehen von den Greifvögeln. Wäre Tiko wirklich wütend gewesen, hätte er mit diesem Schnabel weit mehr Schaden anrichten können.

Tiko war in der Anfangszeit oft übellaunig, kreischte und schnappte und hackte und biß, und ich muß zugeben, daß das auch mich häufig verärgerte. Mehr als einmal brauchte ich einfach zu lange, um die Zeichen richtig zu deuten. Ein vorgereckter Hals oder ein plötzlicher Satz auf mich zu waren beispielsweise eine klare Vorwarnung. Und da Tiko sich oft selbst nicht so sicher war, was er wollte, waren auch seine Botschaften mehrdeutig, so daß ich sie ein ums andere Mal falsch verstand.

Unsere Gefechte begannen im allgemeinen dann, wenn er etwas haben wollte, von dem er wußte, daß er es nicht haben durfte (zum Beispiel kaute er gern an Bleistiften herum, die nicht nur Blei, sondern auch giftiges Cadmium in der gelben Farbe enthielten), oder wenn er sich weigerte, sich dorthin zu bewegen, wo er hin sollte. Ich versuchte, ihm den Bleistift wegzuziehen, aber er hielt das andere Ende fest. Darauf folgte ein Tauziehen, bei dem ich mich bemühte, ihm klarzumachen, wie gefährlich Bleistifte für ihn sein konnten, und er gleichzeitig an dem Stift zerrte und mich wütend ansah. Irgendwann lernte ich dann, ihn mit einer Pinyon-Nuß abzulenken, was er vielleicht von vornherein vorgehabt hatte. Zu Beginn unserer Beziehung ahnte ich nicht, daß er mir nach und nach die unterschiedlichsten Dinge beibringen würde, aber im nachhinein ist mir das subversive Muster klar. Wenn es mir nicht gelang, ihn zu überreden, daß er mir folgte, hielt ich ihm die Stange hin, die er entweder völlig ignorierte oder attackierte oder auf die er nur kletterte, um heftig mit dem Schnabel darauf herumzuhacken. Er hatte einen unglaublich starken Willen und wollte das, was er wollte, sofort.

Die meisten Menschen wünschen sich ein friedliches, gesittetes Haustier. Es wäre sicher interessant, die Gründe dafür zu analysieren. Erzeugt eine wohlerzogene Katze im Besitzer die Illusion von Kontrolle, wenigstens über einen Teil seines Lebens? Ein solches Tier schenkt seine Liebe und Hingabe bedingungslos; es widerspricht nicht, und wenn es sich ordentlich benimmt, belohnt sein Besitzer es möglicherweise mit Zuneigung. Mir hingegen sind immer schon Haustiere lieber gewesen, die sich eine gewisse

Wildheit bewahrt und sich nicht bedingungslos meinem Willen gebeugt haben.

Außerdem begriff ich durchaus, daß Tiko alles andere war als »ungezogen«; er verhielt sich einfach seiner Papageiennatur entsprechend. Da war es ein ganz schöner Schock festzustellen, daß es ihm von Zeit zu Zeit gelang, mich zur Weißglut zu treiben. Besonders ärgerte mich seine Weigerung, mich von einem Zimmer ins andere zu begleiten. Ich habe das Verhalten von Papageien innerhalb ihres Schwarms schon erwähnt, aber auch in der freien Wildbahn bleibt manchmal der eine oder andere eigensinnige Papagei zurück. Trotzdem brachte es mich aus der Fassung, wenn Tiko sich bei uns im Haus so verhielt. Hatte er Angst? Oder war ich diejenige, die sich fürchtete? Vielleicht machte ich mir nur zu große Sorgen, daß er sich verletzen könnte, wenn ich ihn allein ließe. Schränkte ich ihn in seiner Bewegungsfreiheit ein? Lehnte er sich gegen meine lästige Autorität auf? Egal, was es war: Tiko betrachtete jedenfalls meine Bemühungen, ihn zu locken, als Kampf, in dem jeder seinen Willen durchsetzen wollte, und möglicherweise hatte er damit gar nicht so unrecht.

Trotz meiner Entschlossenheit, seine Autonomie zu achten, habe ich damals vielleicht tatsächlich meine eigenen Bedürfnisse mit den seinen verwechselt. Möglicherweise hatte ich ja gar keine Angst davor, daß er sich verletzte, wenn ich ihn allein ließ, sondern sehnte mich nur nach seiner Gesellschaft. Und sobald ich begriffen hatte, daß ihm nicht so viel an meiner Gesellschaft lag, ging es mir wahrscheinlich nur noch darum, ihn dazu zu bringen, daß er sich meinem Willen beugte.

Ich glaube, das Klischee stimmt, daß wir Menschen uns als Krone der Schöpfung betrachten, wie es das Buch Genesis in der Bibel ausdrückt: »Sie sollen herrschen über die

Fische des Meeres, über die Vögel des Himmels, über das Vieh, über die ganze Erde und über alle Kriechtiere auf dem Land.« Für diese Ansicht ist jeder von uns empfänglich.

Meine Kindheit auf der Farm gab mir jedoch Anlaß, dieser Auffassung zu widersprechen. Wir mühten uns ab, die Natur zu beherrschen, schafften es aber nie. Greifvögel, Eulen und Füchse taten sich gütlich an den fünftausend Hühnern meines Vaters. Überschwemmungen und Hagelstürme vernichteten unsere Ernte. Eine mehrere Wochen andauernde Dürre konnte den Ertrag eines ganzen Jahres zerstören. Und von dem, was übrigblieb, holten sich die Vögel ihren Anteil. Auch das Studium trug dazu bei, daß ich nicht mehr bedingungslos an die Herrschaft des Menschen über die Natur glaubte. Die Evolution beweist, daß alle Lebewesen, die es heute noch auf unserer Erde gibt, genausogut auf deren Anforderungen eingestellt sind und mit ihnen genausogut zurechtkommen wie der Mensch. Doch trotz meiner Kenntnisse als Wissenschaftlerin, meiner Liebe zu den Tieren und meiner Kindheit auf der Farm war das Axiom der Herrschaft des Menschen über die Tiere auch in mir so fest verwurzelt, daß ich erst Tiko kennenlernen mußte, um eines Besseren belehrt zu werden. Er machte sich sofort an die Arbeit, brauchte aber eine ganze Weile, um mich zu bekehren.

Als ich noch dem Irrglauben anhing, daß ich die Herrin im Haus war, versuchte ich, Tiko wegen seines aggressiven Verhaltens zu disziplinieren. Aber einen Papagei kann man einfach nicht bestrafen, denn er gibt angesichts der Wut eines anderen nicht klein bei, und er reagiert auch nicht zerknirscht auf Tadel. Im Gegenteil: Er zahlt es einem mit gleicher Münze zurück. Irgendwann wurde mir bewußt, daß Tiko zwar in Gefangenschaft geboren, aber letztlich nur eine einzige Generation von der Wildnis entfernt war. Der Mensch hält den Papagei schon seit Jahrhunderten als Haustier, doch im Gegensatz zu Hund und Katze hat er ihn nie wirklich domestiziert. Es ist immer schon leichter für den Menschen gewesen, Papageien in der Wildnis zu fangen, als sie in Menschenobhut zu züchten. Diese tiefsitzende Wildheit selbst bei in Gefangenschaft geborenen Vögeln ist Teil der Faszination, die sie ausüben; sie macht die engen Bindungen, die sie mit Menschen eingehen, noch bemerkenswerter. In jenen ersten Tagen mußte ich oft voller Wehmut an Tikos enge Bindung zu Libby und Freda denken. Damals zweifelte ich oft daran, daß Tiko, Mike und ich je eine solche Nähe erreichen würden.

Am Wochenende oder wenn ich wußte, daß ich längere Zeit zu Hause verbringen würde, trug ich eine Brille, um meine Augen, und langärmelige Blusen, um meine Arme zu schützen. Außerdem achtete ich darauf, daß meine Haare die Ohren bedeckten. Es schien mir sinnvoll, Tiko nicht in Versuchung zu führen, auch wenn er bisher nie meine Augen angegriffen hatte. Auf die Ohren hingegen, besonders auf die meinen, stürzte er sich mit Vorliebe, weil er soviel Zeit auf meiner Schulter verbrachte. Wir waren uns nicht immer einig, wann er herunterklettern sollte. Ich brachte ihn zu seiner Stange und beugte mich in ihre Richtung, doch manchmal krallte er sich dann nur stärker an mir fest, kreischte oder fluchte in seinem seltsamen Papageien-Jiddisch und pickte nach meinem Ohr. In solchen Fällen war ich gezwungen, ihm die Stange hinzuhalten, auf die er irgendwann widerwillig kletterte und an der er dann statt an mir herumkaute. Zum Glück hinterließen seine Bisse in meinem Ohr keine Narben wie an meinen Unterarmen.

Schließlich fragte ich mich, ob er nicht doch bösartig sei.

Wenn er nach mir hackte, ging immer ein Stück meiner wissenschaftlichen Objektivität verloren. Mike und ich hatten anfangs angenommen, daß seine Feindseligkeit mit seiner neuen Umgebung sowie mit seiner neuen Abhängigkeit von uns zu tun hatte. Außerdem hatten wir das Gefühl, daß Aggressivität und Niedergeschlagenheit bei ihm durch seine Unfähigkeit zu fliegen noch gesteigert wurden. Trotzdem waren wir in jenen ersten Monaten ein Muster an Ruhe, Geduld und Verständnis. Vielleicht unterrichtete ich gerade oder arbeitete an einem Kapitel eines Buches oder war ganz vertieft (dachte ich zumindest) in die Lektüre eines Artikels, als ich merkte, daß ich mich eigentlich mit den verbliebenen Möglichkeiten zur Verbesserung unseres stürmischen Verhältnisses mit – wie wir damals noch glaubten – »unserem« Vogel beschäftigte.

Aber ich hatte nie Angst vor ihm, und das führte schließlich zur Entspannung. Bei manchen Tieren wächst die Aggression noch, wenn sie die Furcht des Gegenübers spüren. Experimente haben erwiesen, daß Menschen sogenannte »Furchtpheromone« absondern, die beispielsweise Hunde riechen können. Papageien haben nicht den feinen Geruchssinn von Hunden, erkennen Angst aber auf visueller Basis, wenn ihr Gegenüber sich zum Beispiel übervorsichtig bewegt, zurückweicht, die Hand oder den Kopf zurückzieht. Ich hielt wacker an der Überzeugung fest, daß Tiko sich schon irgendwann anpassen würde, wenn Mike und ich konsequent blieben und Tiko begriff, daß wir nicht fortgehen würden.

Es fiel mir nicht sonderlich schwer, ihm weiter meine Zuneigung zu schenken, denn sogar in unserer ersten schwierigen Zeit machte er mir viel Freude. Als Biologin bekomme ich immer wieder Impulse, der Welt mit Staunen und Neugier zu begegnen wie damals als Kind. Tiko war meine Verbindung zur wilden Seite unseres Planeten, zu den Wäldern seiner Vorfahren, zu den Geschöpfen, für die ich mich schon von Kindesbeinen an interessierte. Wenn ich ihn ansah, war ich manchmal zutiefst beeindruckt von seiner Kühnheit und seiner unstillbaren Neugierde. Doch dieses Gefühl wurde immer wieder beeinträchtigt durch die Kraft seines furchterregenden Schnabels und die Narben, die ich nach wie vor an beiden Armen trage.

In der bäuerlichen Kultur, in der ich aufwuchs, hielt man es für selbstverständlich, daß der Weg zum Herzen eines Mannes durch den Magen führte; gemeinsame Mahlzeiten sind in vielen Kulturen der Welt eine wichtige Grundlage des Familien- und Gemeinschaftslebens. Das gleiche galt für Tiko. Der Weg zum Herzen dieses Vogels schien ebenfalls durch seinen Magen zu gehen.

Er liebte Nüsse und Schokolade. Er wußte ganz genau, wo Mike seine Hershey's Kisses und die M&Ms versteckte. Wenn er etwas davon abbekam, freute er sich wie ein Schneekönig und belohnte uns mit Piepsern, Trillern und wunderschönen Rufen. Jedesmal, wenn wir uns in der Küche aufhielten, watschelte er zu dem Schrank mit den Süßigkeiten und klopfte mit dem Schnabel an die Tür. Ähnlich machte er es mit der Nußdose. Falls Mike und ich nicht reagierten, rannte er zuerst einen Meter nach links, dann einen nach rechts und legte schließlich erwartungsvoll den Kopf schräg. Wieso begriffen wir nicht, was er wollte?

Irgendwann merkten wir, daß er trotz seiner winzigen Ohren, die nur etwa den Durchmesser eines Bleistifts hatten und, von Federn verborgen, gleich hinter den Augen lagen, ausgesprochen gut hörte. Er bekam sogar mit, wenn Mike ein paar Räume weiter Schokolade auswickelte.

Mike erschrak jedesmal wieder über das Klacken der Krallen im Gang, bevor Tiko in die Küche stürmte. Normalerweise gab er Tiko einen von seinen Hershey's Kisses ab. Tiko wickelte die Süßigkeit dann mit der Zunge und dem unteren Teil des Schnabels aus, ganz ähnlich wie er Nüsse schälte. Aber ein Kiss war für ihn nur ein kleiner Appetithappen. Sekunden später sah er zu Mike auf und bettelte ihn aufs neue an.

Er hatte, wie bereits erwähnt, auch eine Schwäche für M & Ms, die er aus ihrer bunten Zuckerhülle holte, um an die Schokolade im Innern zu kommen. (Später erfuhr ich, daß Papageien in freier Wildbahn die papierdünne Schale von Körnern ablösen, weil diese einen höheren Anteil an giftigen Tanninen enthält.) Wir versuchten, die Süßigkeiten zu rationieren, weil zuviel Schokolade weder für Menschen noch für Vögel gut ist (allerdings habe ich sogar noch weniger Einfluß auf das, was Mike ißt). Dann stürzte Tiko sich auf uns, seine Reaktion, wann immer er nicht seinen Willen bekam. Falls das nichts nutzte, zog er sich schmollend in eine Ecke zurück und ignorierte uns. Wenn wir irgendwann den Raum verließen und er uns nachwatschelte, also das Objekt der Begierde nicht mehr sehen konnte, war alles vergeben und vergessen. Wenn wir jedoch gezwungen waren, an Ort und Stelle zu bleiben, zum Beispiel weil wir in der Küche kochten, konnte er endlos beleidigt sein.

Ich wurde nie müde, Tiko dabei zu beobachten, wie er seine neue Umgebung eroberte. Beispielsweise entdeckte er eine erstaunliche Methode, die Treppe hinunterzukommen, was ihm schwerer fiel als das Hochklettern. Er klammerte sich mit den Zehen am Rand der obersten Stufe fest und streckte den Schnabel so weit vor, daß er schließlich die darunter liegende erreichte. Obwohl die Stufen ziemlich hoch waren, zog er den rechten Fuß zu der Stelle nach, an der sich sein Schnabel bereits befand, so daß er sich nur noch mit dem linken Fuß an der oberen Stufe festhielt. Er erinnerte mich an jemanden, der noch mit einem Bein in einem Ruderboot steht, das andere aber schon an Land hat. Es sah so aus, als könnte er sich nie wieder aufrichten. Papageien und Spechte gehören zu den wenigen Vogelordnungen mit zygodaktylen Füßen (zwei Zehen zeigen nach vorn und zwei nach hinten), so daß sie sich ohne Schwierigkeit an Ästen festhalten, behende klettern und Gegenstände aufnehmen können. Trotzdem empfand ich es als sehr mutig, als er den linken Fuß löste und sich, den größten Teil seines Gewichts auf dem Schnabel, auf die untere Stufe plumpsen ließ. Zwar sah das ein bißchen unbeholfen aus, aber schon bald war er in der Lage, die Treppe fast so schnell hinunterzukommen wie ich.

Er konnte noch immer nicht fliegen, fand jedoch heraus, daß er es schaffte zu gleiten, vorausgesetzt, sein Ziel war niedriger gelegen als die Stelle, von der er sich abstieß. Nach kurzer Zeit glitt er meisterhaft von seinen Stangen auf den Boden oder vom Kühlschrank auf den Tisch. Nachdem er seine Flugmuskulatur ein paar Wochen lang trainiert hatte, war er schließlich kräftig genug für die Reise zwischen zwei Orten auf gleicher Höhe.

Eines Nachmittags goß ich mir gerade ein Glas Saft ein, als Tiko hereinkam. Durch leise Gurrlaute und sanftes Bearbeiten meiner Zehen gab er mir zu verstehen, daß er zur Arbeitsfläche getragen werden wollte, aber ich hatte beide Hände voll. »Warte einen Augenblick, mein Kleiner«, sagte ich zu ihm. Er ließ von meinen Zehen ab und schien über meine Bitte nachzudenken. Irgendwann war er es dann offenbar leid zu warten und stieß sich, heftig flügelschlagend, vom Boden ab. Ich hatte Angst, daß er es nicht schaffen würde, doch er landete schwer atmend direkt neben dem Saftbehälter. Er sah um sich und plusterte die Federn auf. »Toll, Tiko!« lobte ich ihn. Er fixierte mich mit festem Blick und marschierte dann stolz um den Saftbehälter.

Eine ganze Weile schaffte er nur kurze Distanzen und kam immer ganz erschöpft und atemlos bei seinem Ziel an, aber er war offensichtlich auf dem richtigen Weg. Ich hatte keine Sorge mehr, daß er kneifen würde, sondern freute mich schon auf den Tag, an dem er zum erstenmal voller Stolz durchs Haus fliegen würde.

In jenen ersten Wochen schien Tiko nicht so recht zu wissen, ob er mit Mike oder mit mir die engere Bindung eingehen oder sich auf uns beide einlassen sollte. So umwarb er uns beide, allerdings mit widersprüchlichen Signalen. Er senkte den Kopf, als wolle er sich den Nacken kraulen lassen, aber wenn einer von uns dann damit begann, hob er den Kopf sofort wieder und griff an oder zog sich mit einem kurzen, rauhen Kreischen zurück. Wenig später begann das Spiel dann von neuem.

Manchmal war er in Gesellschaft übellaunig, und aus unserer Rotstirnamazone wurde eine kleine Furie. Es war praktisch unmöglich vorherzusagen, was seinen Zorn entfachen würde. Er mochte Frauen im allgemeinen lieber als Männer, aber auch darauf konnte man sich nicht verlassen. Meine Schwester Tina zum Beispiel war ihm unsympathisch. Wenn sie mich zur Begrüßung umarmte, hatte das einen Angriff zur Folge, zum Glück nicht auf sie, sondern auf mich. Er schien eifersüchtig auf sie zu sein und zeigte seinen Zorn, indem er nach meiner Hand oder meinem Ohr pickte und sich auf mich stürzte. Nach solchen

Attacken flog er für gewöhnlich auf meine Schulter und nahm eine Strähne meiner Haare in den Schnabel, um sie zu putzen. Vermutlich sollte das heißen: »Ich hab's nicht so gemeint« oder »Schau mal, wie süß ich bin – du mußt mich doch einfach mögen.«

Mikes Mutter Anne hingegen mochte er von Anfang an. Die sanfte Anne setzte sich und unterhielt sich mit uns, ohne Tiko zu beachten. Das gefiel ihm. Obwohl sie kurze Haare hat – Tiko sind lange lieber –, fand er immer wieder eine Strähne, die er putzen konnte. Anne kann Jiddisch und versuchte, sein Kreischen zu deuten, schaffte es aber nicht. Vielleicht hatte er mittlerweile das bißchen Jiddisch, das er beherrschte, verlernt, seit er nicht mehr bei Josies Mutter und Tante war. Mikes humorvoller und jovialer Vater Alex ging sofort auf Tiko zu und versuchte, ihn aus der Reserve zu locken. Doch er bekam jedesmal eine Abfuhr. Das galt auch für Telefongespräche. Anne gurrte Tiko freundlich zu; auf Alex reagierte er nicht.

Ähnliche Probleme gab es bei Guy Tudor und Michelle LeMarchant, zwei unserer ältesten Freunde. In Michelle (die jahrelang selbst Tukane gehabt hatte) verliebte Tiko sich auf den ersten Blick, aber Guy, einen bekannten Künstler, der sich auf Gemälde und Zeichnungen von Vögeln spezialisiert hat, verachtete er. Natürlich verletzte das Guy. »Der Vogel ist neurotisch«, sagte er oft zu mir. Er versuchte, sich mit Süßigkeiten bei Tiko einzuschmeicheln, doch von ihm nahm er nicht einmal Schokolade.

Eine Konstante ließ sich jedoch in Tikos Sympathien und Antipathien erkennen: Er hatte eine Schwäche für Kinder, besonders für kleine Kinder. Als meine Neffen Jacob und Daniel größer wurden, verlagerte er seine Zuneigung auf Erik, Douglas und Ben und schließlich auf Beth, Emily und Andy. Bei Kindern wollte er immer auf der

Schulter oder auf dem Knie sitzen. Theodore Roosevelt besaß einen Hyazinth-Ara, der Tikos Vorliebe teilte. Dieser Ara kletterte ganz vorsichtig über die Kinder, die das Weiße Haus besuchten, was denjenigen unter ihnen, die das noch nie erlebt hatten, natürlich einen Heidenschrekken einjagte. Hyazinth-Aras sind so groß wie Adler und können mit ihrem kräftigen Schnabel, wie Roosevelt gern bemerkte, Kesselblech durchbeißen.

Auch wenn Tiko sich nicht aggressiv verhielt, war er oft unnahbar. Das überraschte mich nicht wirklich, denn wie in jeder Beziehung mußte man sich auch hier erst kennenlernen und gewisse Dinge klären. Ich hatte von Anfang an gewußt, worauf ich mich einließ. Wenn Papageien ausschließlich in Gesellschaft von Menschen leben würden, wären ihre Reaktionen auf uns anders. Wir züchten im allgemeinen die Wesenszüge der Tiere, die uns nicht passen, weg. Die wilden Vorfahren der Kühe in Indien sind im Grunde sehr aggressiv; hier jedoch haben wir friedliebende Nutztiere aus ihnen gemacht. Auch Papageien könnten wir so züchten, daß sie uns die Hausschuhe bringen und uns ein Gutenachtlied singen.

Obwohl Tiko sein ganzes Leben in Menschenobhut verbracht hat, ist er nicht domestiziert. Sein Temperament spiegelt das von vielen der 353 freilebenden Papageienarten, deren Größe von zehn Zentimetern (der Braunstirn-Spechtpapagei in Neuguinea) bis zu einem Meter und über 1,20 Meter Flügelspannweite (der Hyazinth-Ara in Brasilien) reicht. Tiko ist wie die meisten Amazonen knapp fünfunddreißig Zentimeter lang, viel größer also als Nymphensittiche und Wellensittiche, die ebenfalls zu den Papageien gehören, genau wie die Sperlingspapageien, Sittiche, Loris und Schmuckloris, die afrikanischen Unzertrennlichen, die Kakadus, die Keilschwanzsittiche und die neuseeländischen Keas und Eulenpapageien.

Viele Papageienarten suchen gelegentlich Futter auf dem Boden, besonders in Australien, doch nur drei sind ausschließlich Bodenbewohner. Es gibt lediglich zwei nachtaktive Papageien, beide sind vom Aussterben bedroht (der Eulenpapagei oder Kakapo in Neuseeland und der australische Erdsittich). Der Kakapo ist der schwerste Papagei der Welt; erwachsene Vögel wiegen im Schnitt knapp vier Kilo (Tiko bringt noch nicht einmal ein Pfund auf die Waage). Sie können nicht fliegen, setzen ihre gut ausgebildeten Flügel jedoch bei der Partnerwerbung ein und gleiten mit ihrer Hilfe von den Bäumen, auf die sie zuvor geklettert sind. Der Kakapo ist auch insofern ungewöhnlich, als er abgesehen von der Zeit der Balz, in der seine tiefe Stimme über die Moore schallt, wo die letzten Exemplare seiner Art sich aufhalten, meistens allein lebt.

Die meisten Papageien sind Vegetarier – viele kleinere Arten fressen Körner oder Früchte, während Schmuckloris lange, nach unten verjüngte Schnäbel entwickelt haben, mit denen sie besser an den Blütenstaub und den Nektar von Trompetenblumen, Eukalyptus und Myrtenheide herankommen. Papageien fressen auch Nüsse, Wurzeln, Flechten, Blätter und Rinde. Weniger verbreitet sind fleischfressende Arten wie zum Beispiel der neuseeländische Kaka, der sich hauptsächlich von Insekten und Insektenlarven ernährt. Dann wäre da noch ein echter Fleischfresser, der olivgrüne Kea, der in den schneebedeckten Bergen Neuseelands lebt. (Interessanterweise ist der Kea auch der einzige polygame Papagei.) Angeblich tötet er sogar Schafe, um an die Fettschicht um ihre Nieren heranzukommen. In Neuseeland erzählten mir mehrere Schafzüchter, sie hätten Keas dabei gesehen, wie sie auf dem Rücken eines Schafes landeten und durch Fell und Fleisch pickten, um die Nieren zu erreichen. Manche Keas hacken Lämmern die Augen aus. Deshalb werden Keas unbarmherzig verfolgt. Aber das sind alles Lügenmärchen, denn nur selten macht sich ein Kea tatsächlich über ein Schaf her. Und zum Glück gibt es bei uns in Somerset nur wenige Schafe. Außerdem hat Tiko bisher noch keine Vorliebe für Hammelfleisch entwickelt.

Papageien sind mit keiner anderen Vogelfamilie eng verwandt. Sie bilden sogar eine eigene Ordnung, die sogenannten Psittaciformen. Es liegt in der Natur der Taxonomie, daß die Anzahl und die Klassifizierung der Arten ständig im Fluß ist. Es ist gar nicht so leicht zu entscheiden, ob es sich bei einer Gruppe von Tieren tatsächlich um eine Art handelt (das heißt, daß sie sich nicht fruchtbar mit einer anderen Art kreuzen läßt). Die Evolution ist ein andauernder Prozeß. Manche Arten befinden sich im Übergang, und so ist es bisweilen schwierig, Daten über Kreuzungen zu erhalten. Das derzeit gängige Klassifikationssystem teilt die einundzwanzig Kakadu- und Nymphensitticharten in die Familie der Cacatuidae und die restlichen 332 Arten von Papageien, Keilschwanzsittichen, Aras und Loris in die der Psittacidae ein. (Manche Wissenschaftler trennen die zweiundfünfzig sich von Nektar ernährenden Arten Loris und Schmuckloris mit ihren hochspezialisierten Zungen von den Psittacidae und ordnen sie einer eigenen Familie, den Loriidae, zu.)

Der jüngste Fund eines Kakadu-Fossils aus dem frühen bis mittleren Miozän, einer Zeit vor ungefähr vierzig Millionen Jahren, im nordwestlichen Queensland, Australien, beweist, daß es sich bei den Papageien um eine uralte Art handelt, die sich seinerzeit in Australien entwickelte. Das älteste gefundene Papageien- oder Psittacidae-Fossil eines

Paleaopsittacus georgei ist ebenfalls etwa vierzig Millionen Jahre alt. Der Vogel lebte in Südengland und hatte ungefähr ein Drittel von Tikos Körpergröße.

Tiko und seine Artgenossen, die Amazonen, sind stämmige Vögel mit kurzem Schwanz und abgerundeten Flügeln, die sich wunderbar dazu eignen, durch dichte Wälder zu fliegen und in den Bäumen Futter zu suchen. Amazonen sind kräftig und können beim Fressen in allen Positionen an einem Ast hängen. Ihre dicke, fleischige Zunge und ihr kräftiger Schnabel dienen ebenfalls dazu, an die unterschiedlichsten Früchte und Nüsse heranzukommen. Die meisten Amazonen sind grün mit leuchtend roten, orangefarbenen oder blauen Flecken an Kopf oder Flügeln. Die Art, der Tiko angehört, die Rotstirnamazone, ist nur eine von sechsundzwanzig Amazonenarten. Ihr Lebensraum erstreckt sich vom südlichen Mexiko bis nach Ecuador, mit einer isolierten Population am Amazonas. Ihr wissenschaftlicher Name lautet Amazona autumnalis. In Büchern findet man meistens Abbildungen der mexikanischen Varietät, der Rotstirnamazone mit leuchtendgelbem Wangenfleck. Tiko gehört der Unterart Salvini, den Salvius-Amazonen, an, die man von Nicaragua über Costa Rica bis ins nördliche Südamerika antrifft. Salvini haben statt eines gelben einen leuchtend grünen Fleck an den Wangen.

Tikos Name stammt aus Costa Rica, wo die Menschen sich selbst als »ticos« bezeichnen. Das wiederum hat mit ihrer Gewohnheit zu tun, die Koseform »tico« an viele Wörter anzuhängen. Nach den Briefen, die ich in speziellen Vogelmagazinen gelesen habe, ist »tico« ein beliebter Name für Papageien. Meiner schreibt sich mit »k«, was offensichtlich ein Fehler ist, aber wenige Leute haben sich bisher daran gestört, und Tiko wird es wohl kaum erwähnen.

Die gemeinsame Geschichte von Mensch und Papagei ist lang. Der Homo sapiens tauchte vor etwa 130 000 Jahren in Zentralafrika auf. Die ersten Menschen jagten meist in der offenen Steppe, manche verschlug es jedoch auch in die Wälder. Dabei kamen sie höchstwahrscheinlich mit lärmenden Schwärmen afrikanischer Graupapageien in Kontakt, wunderschönen silbergrauen Vögeln mit einem roten Fleck auf dem Schwanz. Vermutlich fiel ihnen dabei die Begabung der Papageien auf, die Vögel und Säugetiere in ihrer Umgebung zu imitieren, und bestimmt faszinierte sie das. Ich kann mir gut vorstellen, wie ein Kind Futter für die hübschen, unterhaltsamen Geschöpfe auslegte und sie jeden Tag beobachtete. Möglicherweise wurde der erste Papagei so gezähmt.

Von diesem ersten Kontakt an war das Überleben der Papageien mit Menschen verbunden. Heute sind bunte Vögel in tropischen Ländern als Haustiere genauso weitverbreitet wie Hunde und Katzen in den Vereinigten Staaten und Europa. Das hat Auswirkungen auf die begrenzte Papageienpopulation in den Ursprungsländern, doch der Export stellt ein noch größeres Problem dar. Innerhalb von fünf Jahren wurden 4,2 Millionen Papageien legal exportiert, aber das ist angesichts des blühenden Schmuggels von Vögeln vermutlich nur ein Bruchteil der tatsächlichen Zahl. Amazonen, Graupapageien und Wellensittiche, die sich am besten als Haustiere eignen, sind besonders gefährdet.

Fast achtzig Prozent der Papageien aus der Neuen Welt, die in den Handel gelangen, sind heute für die Vereinigten Staaten bestimmt. Ungefähr 150 000 werden alljährlich über die mexikanische Grenze in die Staaten geschmuggelt, und das ist nur einer der möglichen Wege. Anfang der neunziger Jahre importierten die USA ganz legal mindestens 250 000 Papageien im Jahr (die Zahl habe ich einer Veröffentlichung des Worldwide Fund for Nature entnommen). Sie hatten einen Wert von mehr als 300 Millionen Dollar. Ungefähr vier Fünftel dieser Vögel stammten aus freier Wildbahn.

Zum Fangen von Papageien werden schreckliche Methoden eingesetzt, die ich in den Tropenwäldern überall auf der Welt selbst gesehen habe. 1969 zum Beispiel besuchte ich die Regenwälder von Surinam, einem kleinen Land an der Nordostküste von Südamerika. Ich hatte damals gerade mit den Vorbereitungen für meine Doktorarbeit begonnen. Obwohl ich mich darin mit Möwen beschäftigen wollte, faszinierte mich der Gedanke, Papageien in den Tropen zu beobachten. Und so hatte ich mich in den Weihnachtsferien auf die Forschungsreise nach Surinam begeben. Ich ging mit zwei Kollegen ein Flußufer entlang, die Augen auf das Blätterdach über uns geheftet, weil wir hofften, einen Blick auf den wunderschönen Hellroten Ara zu erhaschen. Dieser Vogel, einer der größeren Papageien, hat einen leuchtend scharlachroten Kopf und Körper, von denen sich blaugelbe Flügel und der blaue Fleck an der Schwanzwurzel abheben. Auf dieser Reise, die nun schon mehr als dreißig Jahre her ist, entdeckte ich meine Liebe zu den Amazonen.

Plötzlich sah ich ein Seil an einem Ast und wußte sofort, daß es sich um eine Papageienschlinge handelte. Bald schon fanden wir weitere. Der Papagei tritt auf dem Weg zu einer Frucht in die Schlinge, und wenn er sich dann auf dem Ast weiterbewegt, zieht sie sich irgendwann zu. Der Vogel pickt wie wild auf das Seil ein, aber das nützt nichts. In jedem Teil des Waldes gibt es immer nur ein paar früchtetragende Bäume gleichzeitig und auch nur einige Tage lang. Erst so wird diese Jagdmethode möglich. Die Früchte locken die Papageien an, und in der Nähe der Bäume warten oft die Jäger. Wir schauten uns nervös um, konnten jedoch keinen entdecken. Der Jäger, der diese Schlinge angebracht hatte, war offenbar ein ausgezeichneter Kletterer: Sie war viel zu weit oben, als daß wir sie hätten herunterholen können. Traurig gingen wir weiter. Das ist jetzt lange her, aber bei dem Gedanken an jene Schlinge bekomme ich immer noch eine Gänsehaut.

Es werden nicht nur Eier, junge und erwachsene Vögel aus der Wildnis geholt, um die Nachfrage zu befriedigen, sondern auch oft Nistbäume zerstört. Da die Zahl der verfügbaren Nistlöcher begrenzt ist, bedeutet das einen furchtbaren Verlust für die Papageienpopulation. Diese Methode habe ich ebenfalls persönlich erlebt.

Im März 1973 besuchte ich den peruanischen Regenwald auf dem Rückweg von einer Forschungsreise in Argentinien. Damals spielte ich immer noch mit dem Gedanken, Forschungen in den Tropen durchzuführen. Zusammen mit einem Freund erkundete ich eine potentielle Forschungsstelle an den östlichen Hängen der Anden, unterhalb von Machu Picchu, als wir im Wald einem Mann begegneten. Ich war auf der Suche nach einem Schwarzohrpapagei, einem stämmigen grünen Vogel mit feinem blauem Kopf, einem blauen Fleck hinter dem Auge, einem gelben auf dem Flügel sowie einem roten Unterbauch, von dem er den Artnamen *menstrus* hat. Ich fragte den Fremden, wo wir einen solchen Vogel finden könnten. Er hatte erst am Tag zuvor ein Pärchen gesehen. Wie sich herausstellte, verdiente er sich seinen Lebensunterhalt mit dem Fang junger Papageien. Weil es schwierig sei, ihre Nistlöcher zu erreichen, sagte er, fälle er kurzerhand die Bäume, in denen sie nisteten.

Der Gedanke daran machte mich ganz krank. Der Mann fällte hundertjährige Bäume, um an ein Nest mit drei oder vier Jungvögeln zu kommen; wenn sie auf den Boden stürzten und von ihren Eltern getrennt wurden, überlebte vielleicht ein einziger von ihnen. Doch ich versuchte, den Mann nicht zu verurteilen. Jäger in den Tropen verdienen durch die Lieferung eines gesunden Papageis oft mehr, als sie durch die Bewirtschaftung des Bodens erzielen würden, die traditionelle Art des Gelderwerbs dort.

Ich stellte ihm weitere Fragen. Das Seltsame war, daß er Papageien liebte und sogar einen als Haustier hielt. Er hatte Respekt vor ihnen, und sein Wissen über ihr Verhalten und ihren Lebensraum beeindruckte mich. Der schwierigste Teil seiner Arbeit, verriet er mir, sei es zu entscheiden, wann er den Baum fällte: Er mußte die Jungvögel fangen, bevor sie fliegen konnten, doch wenn der Baum zu früh umstürzte, waren sie nicht in der Lage, ohne ihre Eltern zu überleben. Der für ihn günstige Zeitraum war kurz, nur etwa zwei Wochen.

Diese bizarre Begegnung in Peru ereignete sich vor den weltweiten Bemühungen um den Schutz der Papageien. Heutzutage gehen Jäger und Wilderer vorsichtiger vor. Inzwischen wäre es schwierig, jemanden zu finden, der offen zugibt, Papageien zu jagen, und noch schwieriger wäre es, ihn dazu zu bringen, daß er über seine Tätigkeit spricht.

Tiko war natürlich in Gefangenschaft geboren, also brauchte ich mir keine Sorgen zu machen, daß man ihn als Jungvogel aus seiner natürlichen Umgebung im Regenwald gerissen hatte. Die Tatsache, daß er in Menschenobhut aufgewachsen war, machte es besonders aufregend für mich, als er einen gewaltigen Schritt in Richtung Unabhängigkeit, Freiheit und Mobilität unternahm.

Eines Abends saß ich auf meinem Trimmrad, und Mike

bereitete in der Küche das Essen zu. Tiko hatte mein Angebot, sich mir anzuschließen, ausgeschlagen, und so war er Alleinherrscher oben im Arbeitszimmer. Mittlerweile hatte ich aufgehört, ihn dazu zwingen zu wollen, daß er mich begleitete.

»Schatz«, rief Mike, »willst du lieber gebackene Kartoffeln oder Kartoffelbrei?«

»Lieber gebackene«, rief ich zurück. Wenig später nahm ich aus den Augenwinkeln eine Bewegung wahr: Tiko glitt mühelos durch die offene Tür ins Zimmer. Er umrundete die Ecke mit Hilfe seiner kurzen, runden Flügel, die eigens für solche Manöver konstruiert sind. Dann flog er mit kraftvollen Schlägen durch den Raum und landete voller Stolz auf dem Bücherregal direkt vor mir. Dabei stieß er einen leisen, gurrenden Laut aus.

Ich hatte mittlerweile aufgehört, in die Pedale zu treten. Tiko hatte auf seinem historischen Flug vom Arbeitszimmer einen kleinen Abstecher durch die Küche gemacht, und so kam nun auch Mike ins Zimmer gerannt.

»Tiko, das war genial, einfach toll!« freute ich mich. Es war, als sähe ich einem Kind bei seinen ersten Schritten zu. Nein, es war besser: Ich beobachtete ein Tier, wie es seine Freiheit wiedergewann.

Seine Flüge in den nächsten Wochen waren nicht nur für mich eine stetige Quelle des Vergnügens, sondern auch für ihn selbst. Ich sah ihm gern dabei zu, wenn er durchs Haus huschte, Gegenständen auswich, um Ecken bog, wie er es auch im tropischen Flachland von Costa Rica getan hätte. Sein Navigationsgeschick verbesserte sich von Tag zu Tag, bis er unmittelbar aufeinanderfolgende Kehren im rechten Winkel beherrschte. Er flog von Zimmer zu Zimmer, segelte elegant die Treppe hinunter und landete in einem der obersten Bücherregalfächer. Für mich war es vielleicht das

Aufregendste, ihn zu mir zu rufen und ihn zu beoachten, wie er ein paar Runden durchs Haus drehte und dann zielsicher auf meiner Schulter landete.

Als es Frühling wurde, wußte ich, daß Tiko seine frisch erworbenen Flugkünste gerne auch draußen ausprobiert hätte. Wenn Papageien im Garten gehalten werden, wie dies in den Tropen oft der Fall ist, bewegen sie sich nie allzuweit von dem Anwesen weg. Doch Tiko war im Haus aufgewachsen. Die Gefahr bestand nicht darin, daß er »wegfliegen« würde, sondern daß er den Weg nicht mehr zurückfand. Mike und ich sehen hin und wieder orientierungslos in den Straßen herumfliegende Papageien, die niemandem zu gehören scheinen. Ich wollte nicht, daß Tiko einer von ihnen wurde oder das Schicksal von Moomoo, Mikes Kuhstärling, erlitt, dessen Verschwinden uns so traurig gemacht hatte.

Manche Papageienbesitzer kappen die Flugfedern ihrer Vögel jedesmal, wenn sie in die Mauser kommen. Ein solcher Vogel kann klettern und gleiten, aber eben nicht mehr fliegen. Das Kappen der Flugfedern verhindert auch Malheurs im Haus – Papageien knallen schon mal gegen das Fenster, zerbrechen Spiegel, werfen Vasen oder Lampen um, landen in der Bratpfanne oder fallen sogar in die Toilette, wie es Tiko einmal passierte. Seitdem macht er einen weiten Bogen darum. Aber wir wollten ihm die Federn nicht stutzen, denn Tiko sollte so wild leben können, wie es in New Jersey für einen Papagei in Gefangenschaft nur irgend möglich war.

Ich ließ besondere Vorsicht walten angesichts der Geschichte von Paula und Ron Barfield, zwei Freunden aus der Nachbarschaft, die zwei Jahre zuvor übers Wochenende in die Neuenglandstaaten gefahren waren, um sich dort die herrliche Färbung des Herbstlaubs anzusehen. Sie hatten ihren Graupapagei Alex mitgenommen, der sie überallhin begleitet. Al war kaum älter als sechs Monate und einfach süß. Er lernte sprechen und konnte sehr zur Freude unserer Freundin schon »Paula« sagen. Die drei frühstückten auf der Terrasse des Hotels und genossen die Herbstsonne. Da entdeckte der Vogel einen Schmetterling und verfolgte ihn. Er war noch nie zuvor geflogen, und sobald er sich in die Luft erhob, wurde er von einer Windböe erfaßt und in das Geäst eines Baumes in der Nähe getragen. Er traute sich nicht mehr herunter und kreischte, kopfüber von einem Ast hängend: »Hallo, Liebling!« Paula und Ron hatten keine Möglichkeit, den Papagei zu erreichen. Eine zweite Windböe riß das arme Tier von dem Ast und trug es über die Bäume in den Himmel und außer Sichtweite. Ron und Paula blieben noch Tage in dem Hotel und durchkämmten die Wälder. Ohne Erfolg – sie sahen Alex nie wieder.

Also behielten wir Tiko im Haus und schufen ihm dort eine Welt, die ihn anregen und in der er sich wohlfühlen sollte. Seine Fähigkeit zu fliegen minderte seine Aggression und seine Feindseligkeit etwas, doch noch immer verhielt er sich oft distanziert. Mike und ich gaben uns große Mühe, Tiko besser zu verstehen. Manchmal hatten wir das Gefühl, als sei das eine Lebensaufgabe. Ich fragte mich häufig, ob wir je die enge Beziehung zuwege bringen würden, die ich mir so wünschte.

Kapitel Vier

Die Papageien meiner Vergangenheit

In jenem ersten Winter, in dem Mike und ich uns bemühten, harmonisch mit unserem neuen Hausgenossen zusammenzuleben, fragte ich mich manchmal, ob wir nicht doch zu spät in Tikos Leben getreten waren. Vielleicht war seine Beziehung zu Libby und Freda einfach zu eng gewesen, und das Vertrauen, das er einem anderen Menschen zu geben bereit oder in der Lage war, bliebe immer begrenzt. Außerdem machte ich mir Gedanken über meine eigenen Bedürfnisse. Tiko hörte nicht auf, mich zu faszinieren, und oft bewies er mir seine Zuneigung. Wieso wollte ich mehr? Ich begann, an den langen Winterabenden vor mich hin zu brüten, eine sinnlose Tätigkeit, die mich normalerweise ungeduldig macht.

Während meiner Jugend auf der Farm hatte ich keine Zeit zum Grübeln. Unser Leben drehte sich um das Handeln oder um Pläne zum Handeln. Ich glaube, daß meine wissenschaftliche Tätigkeit von meiner Kindheit auf der Farm profitiert hat. Wir mußten die unterschiedlichsten Pflanzen im Auge habe und alles, was im Zusammenhang mit ihrem Anbau, ihrer Pflege und schließlichen Ernte stand. Das Farmleben verlangte, daß wir uns ständig mit mehreren Projekten gleichzeitig beschäftigten. Wir muß-

ten improvisieren können, je nach Wetter und Marktlage. Aber wir durften auch nie das Endziel aus den Augen verlieren.

Diese Arbeitsweise habe ich auf die Wissenschaft übertragen. Die Leute sind oft erstaunt, wie viele Projekte ich zur gleichen Zeit anpacke, aber vermutlich sehe ich sie wie damals die komplexen Tätigkeiten auf der Gemüse- und Blumenfarm meiner Kindheit, die sich ständig wiederholten, aber immer auch wandelten. Wir lernten aus unseren Erfahrungen und probierten Neues aus. Vielleicht ist das der Hauptgrund, warum mein Vater mit neunzig Jahren heute noch das Feld bestellt. Er arbeitet jeden Tag zwölf Stunden, hat immer mehrere Projekte gleichzeitig laufen, sitzt niemals still, denkt und plant ständig und tut das alles mit Freude. Das hält ihn jung, und ich versuche, es ihm gleichzutun.

Deshalb brachte es mich in jenem ersten Winter ziemlich aus der Fassung, als ich mich dabei ertappte, wie ich in die Luft starrte und über meine lebenslange Leidenschaft für Vögel im allgemeinen und meine Beziehung zu Tiko im besonderen nachgrübelte. Tiko war nicht der erste Papagei, mit dem ich es zu tun hatte. Vor ihm hatte ich schon andere ins Herz geschlossen. Insgeheim verglich ich sie mit ihm, und leider muß ich zugeben, daß er dabei nicht gut abschnitt.

Eigentlich war es nicht vorgesehen, daß ich die wissenschaftliche Laufbahn einschlug. In der High-School besuchte ich erst einmal den Sekretärinnenzweig – es waren die fünfziger Jahre, und man vermutete, daß ich nach dem Schulabschluß und einer Weile als Sekretärin schon den Richtigen finden würde. Doch in der Mittelstufe kam ich plötzlich auf die Idee, einen Biologiekurs zu belegen. Mein

Beratungslehrer gab sich größte Mühe, mich mit den folgenden Worten von meinem Vorhaben abzubringen: »In dem Kurs sind sonst nur Leute, die aufs College wollen! Mit denen kannst du nie mithalten.« Doch meine Beharrlichkeit verblüffte ihn, und schließlich gab er nach.

Ich liebte den Kurs und bekam gute Noten. Miss Richards, an deren Namen ich mich aus gutem Grund noch erinnere, überzeugte schließlich den Schulleiter davon, daß ich selbst begabt genug sei, das College zu besuchen. Zur Überraschung, nicht zur Freude meiner Eltern schafften sie es, mir einen Platz an der State University of New York in Albany zu besorgen.

In Albany gab es das Studienfach »Feld-Ornithologie«. Ich konnte mein Glück kaum fassen, als ich im ersten Semester einen Kurs darin belegen durfte. Ich wohnte zu Hause und fuhr von dort aus zum College. Ich war nicht richtig in das quirlige Leben auf dem Campus integriert, fühlte mich aber auch nicht mehr zu meiner Familie gehörig, weil ich nicht wie früher am Farmleben teilnehmen konnte. Diese Zerrissenheit und die damit einhergehende Einsamkeit bewegten mich, mir einen Hausgenossen zuzulegen. In einer Tierhandlung in Albany entdeckte ich einen leuchtend blauen Wellensittich aus Australien, den ich nach einem Maultier aus einem geliebten Kinderbuch Lucinda nannte.

Lucinda, mein allererster Papagei, war wunderschön. Das winzige Tier paßte leicht auf meine Handfläche. Seine glänzenden Flügel waren stahlblau, und an Kopf und Hals hatte es einen leuchtend kanariengelben Fleck. Wellensittiche sind freundliche Tiere, und Lucinda war da keine Ausnahme. Wenn ich nach einem Kurs nach Hause kam, begrüßte sie mich mit aufgeregtem Zwitschern und Herumhüpfen. Ihr Ruf, der in der freien Wildbahn dazu diente, den Kontakt zu einem Vogel wiederaufzunehmen, der fort gewesen war, klang wie Trällern. Wenn sie mich aus einem anderen Zimmer zu sich holen wollte, stieß sie ein durchdringendes, zwei Noten umfassendes Kreischen aus. Sie hockte sich auf meine Hand und ließ sich auf meiner Schulter durchs Haus tragen. Wenn sie mir ihre Zuneigung beweisen wollte, pickte sie sanft nach meinem Finger oder Ohr. Sie geriet völlig außer sich, wenn ich zu Hause war und sie nicht aus dem Käfig ließ, obwohl sie laut Aussage meiner Eltern in meiner Abwesenheit gern darin blieb. Wenn ich nicht da war, diente der Käfig ihr als Zuflucht; sie verbrachte Stunden damit, auf ihrer Stange zu schwingen und an den dünnen Weidengerten und Apfelbaumzweigen zu knabbern, die ich ihr in den Käfig gehängt hatte. Sie lernte nie sprechen, konnte aber gut andere Vögel nachahmen. Oft saß ich über meinen Büchern und hörte plötzlich eine Krähe, einen Specht oder einen Blauhäher rufen. Wenn ich mich dann umsah, hatte Lucinda die winzige Brust vorgereckt, den Schnabel gen Decke gestreckt, und gab ihre Imitation voll Schwung und Witz zum besten. Manchmal reagierte sie auf den Ruf eines anderen Vogels, häufig jedoch sang sie nur so zum Spaß aus der Erinnerung. Auf diese Augenblicke führe ich meine Liebe zu Papageien zurück.

Erst als ich mein Studium der Biologie mit einem akademischen Grad abgeschlossen hatte, war meine Familie davon überzeugt, daß ich weiterstudieren sollte. Ich ging an die Cornell University, um mein Diplom in Zoologie und Didaktik zu machen. Lucinda starb kurz vor meinem Umzug. Ich trauerte um sie, wußte aber, daß eines Tages ein anderer Papagei ihre Stelle einnehmen würde.

Etwas später bekam ich dann einen Lehrauftrag am

State University of New York (SUNY) College in Buffalo angeboten, und im Alter von achtundzwanzig Jahren begann ich mein Graduiertenstudium über das Verhalten bei Tieren an der University of Minnesota. Minnesota wirkte exotisch und fremd auf mich. Bis dahin war ich nie weiter von zu Hause weg gewesen als in Boston. Meine Doktorarbeit beschäftigte sich mit der Franklin-Möwe, einem kleinen Vogel mit schwarzem Kopf und leuchtend rotem Schnabel und ebenso roten Füßen. Ende der sechziger Jahre wußte man noch wenig über diese Möwenart, und praktischerweise nisteten Tausende von Paaren nur etwa vier Autostunden entfernt von der Universität in den Sümpfen des nordwestlichen Minnesota.

Ich arbeitete seit ungefähr eineinhalb Jahren an meinem Projekt, als Sam, genau wie Tiko eine Rotstirnamazone, in mein Leben trat. Es war eine interessante Zeit damals: Tagsüber beobachtete ich die Möwen, in der Nacht leistete mir ein Papagei Gesellschaft. Anders als Tiko, ein in Menschenobhut aufgewachsener Vogel, war Sam zusammen mit Walt Graul, einem Schulfreund von mir, ins Land gekommen. Walt hatte ihn als Jungvogel in Mexiko erworben, und die beiden hatten vier Jahre zusammengelebt und ein enges Verhältnis entwickelt. Doch als Walt heiratete, protestierte der Papagei gegen die Anwesenheit der Braut im Schlafzimmer, indem er ihr Gesicht attackierte. Nach ein paar solcher Angriffe wurde Sam in den Käfig verbannt und durfte nur noch heraus, wenn Walts Frau nicht da war. Das Problem verschlimmerte sich, als die beiden ein Kind bekamen: Sam nahm Anstoß an der Zuneigung, die Walt seiner kleinen Tochter entgegenbrachte. Als das Mädchen drei war, überredete es seine Mutter, Sam aus dem Käfig zu lassen – das Ergebnis kann man sich vorstellen. Als der Vogel Mutter und Tochter angriff, wurde

Walt von seiner Frau ein Ultimatum gestellt: entweder der Papagei oder wir. Mein Freund machte sich die Entscheidung nicht leicht, doch am Ende verlor Sam, und er bot ihn mir an.

Ich gab mir Mühe, mich mit der angriffslustigen Amazone anzufreunden. Sam hatte bis dahin nicht sonderlich viel Erfahrung mit freundlichen Frauenstimmen gehabt und war ganz hingerissen, als er die meine hörte. Natürlich machte ich auch Punkte, weil ich ihn den größten Teil des Tages frei herumfliegen ließ. Er liebte es, sich außerhalb seines Käfigs aufzuhalten. Anders als Tiko zeigte er mir sofort seine unbedingte Zuneigung. Als Walt ein paar Wochen später zu Besuch kam, wurde er mit einem rauhen Schrei begrüßt, der ganz eindeutig hieß: »Bleib mir von der Pelle!« Die Anwesenheit Walts interpretierte Sam offenbar als Gefahr eines neuerlichen ausgedehnten Käfigaufenthalts. Walt wurde erstaunlich gut mit dieser Zurückweisung fertig und schaffte es sogar, sich über Sams Glück zu freuen.

Sam und ich zogen zusammen ans Rutgers' Institute of Animal Behavior, wo ich eine zeitlich begrenzte Dozentenstelle annahm und meine Forschungen über die Patagonische Lachmöwe fortsetzte, die in den Sümpfen der argentinischen Pampa nistet. Natürlich fragte ich mich, was ich mit Sam machen sollte, und versuchte, mir während unserer Fahrt von Minneapolis nach Newark, New Jersey, nicht anmerken zu lassen, daß unser Umzug wahrscheinlich letztlich die Trennung bedeuten würde. Sam liebte Autofahren und saß zufrieden in seinem Käfig, während wir durch die verschiedenen Landschaften rollten. Wenn es kühl genug war, kurbelte ich die Fenster herunter und öffnete den Käfig. Dann setzte er sich auf die Rückenlehne meines Sitzes und gab so laute Töne von sich, daß die Insassen anderer Autos ihn sogar bei geschlossenem Fenster hörten. Manchen Leuten jagte er auf diese Weise einen gehörigen Schrecken ein. Wenn er sich langweilte, knabberte er am Kragen meiner Bluse oder putzte eine Strähne meines Haares.

Da ich mich nur ein paar Wochen im Institut aufhielt, bevor ich nach Argentinien aufbrach, erschien es mir sinnlos, mich nach einer Wohnung umzusehen. Außerdem hatte ich gehört, daß Newark nicht gerade der sicherste Ort für eine alleinstehende Frau war. Also zogen Sam und ich in mein Büro im Institut. Dort fühlte ich mich sicher; Smith Hall war eine richtige Festung. Tagsüber blieb Sam ganz ruhig in seinem Käfig und beobachtete die Leute, die im Büro auftauchten, oder schlief ein bißchen. Doch in der Nacht öffnete ich die Tür seines Käfigs, und er flog so rasant wie ein gefiederter Ferrari durch die Flure. Manchmal mußte er geistesgegenwärtig ausweichen, um nicht mit Entgegenkommenden zusammenzuprallen. Es passierte nie etwas. Ich machte mir auch keine Sorgen, daß er sich verirren könnte – er schien sein Territorium jeden Tag nur ein wenig auszuweiten, als wolle er sich den Grundriß des Gebäudes genau einprägen.

Ich liebte diese Abendstunden, in denen nur wenige Leute unterwegs waren. Es herrschte Ruhe, und ich erledigte viel mehr Arbeit als während des Tages. Die Sicherheitskräfte, die ihre Runden im Haus machten, gewöhnten sich allmählich an mich und Sam. Wenn ich mitten in der Nacht Hunger bekam, begleiteten sie mich durch die unsicheren Straßen von Newark auf ein Roastbeef-Sandwich in ein Lokal der Gegend. Vermutlich war das für sie eine angenehme Abwechslung. Irgendwann begannen sie dann, Sam Leckerbissen mitzubringen, und so entdeckten wir seine

Vorliebe für Süßigkeiten. Sam und ich gesellten uns unsererseits zu den Sicherheitskräften, wenn diese ihre Pause im Konferenzzimmer machten, und Sam tat sich dabei an unseren verschiedenen Limonaden gütlich. Er schien eine Vorliebe für Cola zu haben, aber er trank aus allen Bechern, als wolle er damit beweisen, wer das Sagen hatte.

Ende September hatte er dann Zuneigung zu mehreren meiner Kollegen am Institut gefaßt, so daß ich mir keine Gedanken mehr zu machen brauchte, wenn ich nach Argentinien fuhr und ihn zurückließ. Rae Silver, die gerade ihre Doktorarbeit über Türkentauben schrieb, würde jeden Morgen in mein Büro gehen, mit Sam plaudern und ihm frisches Wasser und frisches Futter geben, normalerweise Körner, Erdnüsse, Früchte und Gemüse. Sam konnte zwar nicht sprechen, aber er würde Rae mit einer Reihe komplexer Rufe antworten. Am Abend würden die Sicherheitskräfte ihn oft in den Fluren fliegen lassen und ihn in seinen Käfig zurückbringen, wenn sie ihre Runden beendet hatten. Ich fuhr mit dem sicheren Wissen nach Argentinien, daß Sam in guten Händen war.

Entgegen allen guten Ratschlägen fuhr ich ohne Spanischkenntnisse nach Südamerika. Nur H. B. Tordoff, mein Doktorvater, versuchte nicht, mich von meinem Vorhaben abzubringen, weil er wußte, wie dickköpfig ich war. »Sie fahren sowieso, da kann ich Ihnen genausogut helfen«, sagte er und stellte mich Milt Weller und einigen anderen Ornithologen vor, die bereits in Argentinien gearbeitet hatten. Milt wiederum brachte mich mit Peter Miles in Kontakt, der sich ebenfalls sehr für Vögel interessierte und mir dabei half, in der Nähe seiner Viehfarm, seiner *estancia,* einen guten Platz zur Beobachtung der Möwen zu finden. Peters Vorfahren waren im neunzehnten Jahrhundert von

Großbritannien nach Argentinien gekommen. Er und andere Nachkommen dieser frühen Siedler besaßen nun viele der großen Ranches in der Gegend. Sie betrachteten sich selbst als Briten und sprachen Englisch.

Ich lebte in der Provinz Santa Fe, in der Nähe von Venado Tuerto, in einer verlassenen Gaucho-Lehmhütte ohne Türen und Fenster, wo mich lediglich Viscachas, große graubraune Nagetiere, und schwarze Schlangen besuchten. Ein alter Stacheldrahtzaun hielt die Kühe davon ab, bis zur Hütte vorzudringen, und verschaffte mir eine kleine Grünfläche, auf der ich meine Kleidung zum Trocknen aufhängen konnte. Dort bot sich außerdem ein Nistplatz für die Kanincheneulen, auf dem sie nicht Gefahr liefen, vom Vieh zertrampelt zu werden. Peter und seine Familie, meine nächsten englischsprechenden Nachbarn, lebten fast achtzig Kilometer entfernt. In der Nähe wohnten nur die Gauchos, die sich um die Viehherden ihres reichen Großgrundbesitzers kümmerten. Diese nahmen mich schon bald in ihre Familie auf, obwohl sie sich über die Gringo-Männer wunderten, die es zuließen, daß sich ein weibliches Familienmitglied allein so weit von der Heimat entfernte. Madre, die Gaucho-Matriarchin, fühlte sich verpflichtet, sich meiner anzunehmen; sie begleitete mich überallhin, nur nicht zu der Möwenkolonie in den Sümpfen.

Madres Sohn Gato, ein gutaussehender Junggeselle in meinem Alter, war besonders fürsorglich. Er lieh mir ein Pferd und ritt oft mit mir zur Möwenkolonie, um nach den Nestern zu sehen. Die Gauchos verbrachten viele Stunden damit, über das weite Grasland der Pampa zu reiten, und Gato kannte die versteckten Nistplätze von mehreren der Vögel, die ich beobachten wollte: Lappentaucher, Reiher und Goldschnepfen. Viele Reiher der Pampa gehörten der gleichen Art an, die wir auch in Nordamerika kennen, doch die Lappentaucher waren anders. Besonders faszinierte mich der schöne, scheue metallisch-graue Inkataucher.

Irgendwann erzählte ich meiner Gaucho-Familie dann schließlich von Sam und wie sehr er mir fehlte. Wenig später tauchte Gato mit einem jungen Nanday-Sittich bei meiner Hütte auf, einem kleinen grünen Papagei mit schwarzem Gesicht und einem Hauch von Blau an der Brust. Ich freute mich sehr über ihn und war gerührt von dieser Geste. Den Vogel nannte ich Sue.

Zu dem Zeitpunkt konnte ich immer noch nicht genug Spanisch, um zu verstehen, wie Gato zu dem Vogel gekommen war. Gatos Schwester Laura versuchte, es mir zu erklären, und nach einer Weile begriff ich, daß Sue aus dem Chaco-Gebiet, dem nördlichen Teil der Provinz Santa Fe, stammte, in die Gato mit dem Bus gefahren war, um sie von einem Freund zu holen, der sie aus einem gefällten Baum gerettet hatte. Dieser Baum, erzählte mir Laura, befand sich mehrere Kilometer vom nächsten Feldweg entfernt, doch die Gauchos, die viele Stunden damit zubrachten, auf der Suche nach verletzten Kühen oder kaputten Zäunen durch die Pampa zu reiten, kannten die Gewohnheiten der Tiere. Sobald Gato seine Freunde informiert hatte, daß er einen jungen Papagei brauchte, benötigte das ausgedehnte Netzwerk der Gauchos nur eine Woche, um einen aufzutreiben.

Ich selbst überbrückte die fast achtzig Kilometer Entfernung bis zu meinem englischen Gastgeber mit Hilfe einer Brieftaube. Sie sei besser als das antiquierte Telefonsystem, sagte Peter, an das ich ohnehin nicht angeschlossen war. Jede zweite Woche band ich der Brieftaube meine Einkaufsliste ans Bein und warf sie mit den besten Wünschen für die Reise in die Luft. Ein paar Tage später tauchte

Peter dann mit meinen Lebensmitteln, meiner Post und einer neuen Taube in seinem Jeep bei mir auf.

Sue war leuchtend grün und hatte ein schwarzes Gesicht und eine blaue Oberbrust, von der sich ihre roten Schenkel sowie die gelbliche Unterbrust und der Bauch deutlich abhoben. Ihr Schwanz war lang und spitz. Von der Schnabel- bis zur Schwanzspitze maß sie lediglich etwa dreißig Zentimeter. Sie war ein weiches, kuscheliges Geschöpf. Die ersten paar Tage schlief sie in einem Nest aus meinen weichen Baumwollblusen in einer kleinen Pappschachtel neben meinem Feldbett, und zwar auf dem Rücken, die Füße in die Luft gestreckt. Als ich sie zum erstenmal so sah, glaubte ich, sie sei tot. Ich rief nach ihr und rannte sofort zu ihr, um sie in die Hand zu nehmen, doch sie reagierte mit lautem Kreischen und funkelndem Blick, deutliche Zeichen ihrer Verärgerung darüber, daß ich sie so rüde geweckt hatte.

Nach ein paar Tagen waren ihre Beine wieder so kräftig, daß sie auf der Kante des umgedrehten Milchträgers, den ich als Nachttisch verwendete, sitzen konnte, und sie schlief nicht mehr auf dem Rücken. Nun vergrub sie den Schnabel im Nackengefieder und verbrachte die Nacht nur wenige Zentimter von meinem Kopf entfernt. Wenn die Morgensonne in die Hütte drang, kletterte sie von dem Milchträger in meinen Schlafsack und kuschelte sich neben meinen Oberkörper. Ich wachte dann von ihrem leisen Quieken auf, wenn sie es sich bequem machte. Sie war unglaublich liebevoll und zutraulich, anders als ältere Papageien, die im Regelfalle bereits Unabhängigkeitsbedürfnisse entwickelt haben. Ich war nicht die einzige, die sie unwiderstehlich fand. Laura und Gato brachten ihr Leckereien, wenn sie zu Besuch kamen, und sie flatterte manchmal fröhlich auf ihre Schulter, um sich zu bedanken. Besonders gern mochte sie das weiche, selbstgebackene Fladenbrot, das Laura meist als Geschenk dabeihatte.

Sue begleitete mich überallhin, nur nicht in die Sümpfe. Sie liebte die langen Ritte zu den Nachbarn und saß auf meiner Schulter, wenn ich über die Pampa galoppierte. Sie hielt sich dabei so fest, daß hinterher ihre winzigen Krallenabdrücke auf meiner Haut zu sehen waren. Sie liebte die Weizenmehlnudeln von Madre und ihren Töchtern (sie brachten mir später bei, wie man sie machte), die sie in einen Eintopf gaben. Wie die meisten jungen Papageien hatte auch Sue kaum Probleme mit neuen Leuten und kletterte von einer Schulter zur anderen. Nach ein paar Wochen hatte sie einige Wörter aufgeschnappt und benutzte sie ständig, wenn jemand in der Nähe war. »Hallo!« kreischte sie oder *»Pase!«* (Komm rein!), sobald jemand an der Tür auftauchte. Ihr gefiel die Art, wie Madre »Joanna!« brüllte, und sie ahmte ihren Tonfall so genau nach, daß ich mich einige Male täuschen ließ. Ihr Vokabular war begrenzt – sie hatte ein paar Wörter gehört, die ihr zusagten, und die schienen ihr zu genügen. Ich wurde nie müde, sie aus voller Brust »Joanna!« rufen zu hören, wenn ich am Abend zur Hütte zurückkehrte. Später lernte Sue dann, über mir zu fliegen, wenn ich über die Pampa galoppierte, und sie schrie dabei ihr rauhes »Kree-ah!«. Besser hätte ich das Gefühl der Freiheit, wenn ich unter dem gewaltigen Himmel über diese weiten Flächen ritt, auch nicht ausdrücken können.

Obwohl die Gauchos und Peter mir halfen, wo sie konnten, hätte ich mich in der Pampa vermutlich unglaublich einsam gefühlt, wenn Sue nicht da gewesen wäre. Wir wurden uns sehr vertraut, und ich lernte von ihr Unschätzbares über das wahre Wesen der Freundschaft, die auch die

Artengrenzen übergreifen kann. Der Trost, die Freude und die Ermutigung, die wir uns gegenseitig gaben, waren für mich wie ein Geschenk. Das hatte fast schon etwas Wunderbares. So fiel es mir unendlich schwer, Sue zurückzulassen, als fünf Monate nach meiner Ankunft der Zeitpunkt meiner Abreise kam. Es wäre sehr, sehr schwierig für sie gewesen, die Fahrt in die USA zu überstehen. Damals herrschte gerade die große Panik über die Newcastle-disease (die atypische Geflügelpest), und einen Papagei einzuführen, war so gut wie unmöglich. Ich hätte mir eine Importgenehmigung besorgen müssen, und dann wäre sie wochenlanger Quarantäne beim amerikanischen Zoll ausgesetzt gewesen. Der Sinn und Zweck dieser Quarantäne besteht natürlich darin, das Land vor Vogelkrankheiten zu schützen, nicht darin, dafür zu sorgen, daß die Vögel aus dem Ausland gesund bleiben. Viele sterben an Einsamkeit und Hunger, und dieser Gefahr wollte ich Sue nicht aussetzen.

Also ließ ich sie bei Gato. Sie mochten einander, und ich wußte, daß er sich gut um sie kümmern würde. Noch Monate nach meiner Rückkehr ins Institut erhielt ich Briefe von Gato, in denen er mir schrieb, wie sehr Sue mich vermißte, daß sie jeden Tag meinen Namen rief. Sie flog regelmäßig von ihm weg, und er fand sie dann, wie sie verloren auf dem Milchträger neben dem leeren Feldbett in meiner verlassenen Hütte saß. Sie begleitete ihn, wenn er sie holte, doch am nächsten Tag flog sie wieder kilometerweit über die Pampa und rief dabei »Joanna! Joanna!«.

Des einen Papageis Verlust war des anderen Gewinn. Sam freute sich, mich wiederzusehen, obwohl Rae sich gut um ihn gekümmert hatte. Er habe gefressen, seine täglichen Flugübungen gemacht und mit den Leuten geschäkert wie immer, erzählte sie mir. Allerdings war ich, das muß ich zugeben, froh, daß niemand meine Vorrangstellung bei ihm eingenommen hatte. Gleich nach meiner Rückkehr wich er mir nicht mehr von der Seite. Er blieb so dicht bei mir, wie es nur eben ging, und putzte meine Finger und Zehen manchmal stundenlang. Allmählich gewöhnten wir uns wieder an unseren alten Tagesablauf im Institut. Sam plapperte unaufhörlich vor sich hin und brachte mich von der Arbeit ab, indem er den Kopf unter meine Finger schob, um von mir gekrault zu werden. Wie früher blieb er tagsüber im Büro und flog in der Nacht durch die Flure. Und er begleitete mich überallhin.

Ein paar Wochen nach meiner Rückkehr fuhr ich zusammen mit Sam zur Beobachtung von Meeresschildkröten nach Little Beach Island vor der Küste von Jersey, in der Nähe von Brigantine. Die Forschungsstation der Universität war ein hübscher alter Posten der Küstenwache, der mittlerweile niedergebrannt ist. Sam gewann schnell das Herz meiner Kollegin, die ihm immer Leckereien mitbrachte. Darüber freute er sich, aber mit Leuten, die mein Zimmer in meiner Abwesenheit betraten, konnte er nicht viel anfangen. Von ihnen nahm er zwar die Leckereien, aber dann gab er ihnen deutlich zu verstehen, daß sie wieder verschwinden sollten. Dabei ging es meist ohne Biß ab – ein Kreischen mit nachfolgender Flugattacke reichten im Regelfalle schon.

Manchmal schlenderte ich vor Sonnenaufgang hinunter zum Strand, um Schildkröten zu beobachten, die im Sand nach geeigneten Nistplätzen suchten. Ich mußte zur Zeit der Flut dort sein, weil dann der Abstand vom Wasser zu den hohen Dünen, wo sie ihre Eier ablegten, am kürzesten war und sie aus den Fluten kamen. Ich machte mich auf den Weg, wenn es noch dunkel war, und wartete am Strand auf die Morgendämmerung. Wenn ich eine Schildkröte entdeckte, schlich ich ihr in so großem Abstand nach, daß sie nicht durch die Erschütterungen meiner Schritte auf mich aufmerksam wurde.

Sam gewöhnte sich nie an meine frühmorgendlichen Ausflüge. Wenn er aufwachte und ich nicht da war, kreischte er eine halbe Stunde lang ununterbrochen so laut, daß ich es noch über einen Kilometer entfernt hören konnte. Ich wußte, daß er mich zurückrief, wie ein Papagei in der Wildnis nach seinem Partner oder einem anderen Angehörigen seines Schwarms ruft, wenn er ganz allein aufwacht. »Wo seid ihr denn alle?« sollte der Schrei bedeuten. Er unterschied sich deutlich von dem, den Tiko immer bei Josie ausstieß, denn der hörte nicht auf, wenn sie den Raum betrat. Aber ich fürchte, diese feinen Unterschiede interessierten meine Mitbewohner nicht, die noch schliefen, wenn Sam sich zu Wort meldete.

Irgendwann kam ich auf die Idee, Jalousien an allen Fenstern anzubringen, so daß er glaubte, es sei noch Nacht, wenn er aufwachte. Wenn ich mich auf Zehenspitzen aus der Wohnung schlich, um Schildkröten zu beobachten, schlief er weiter. Bei meiner Rückkehr öffnete ich dann die Jalousien und war da, wenn er aufwachte. Das machte ihn glücklich, und die anderen Leute im Haus konnten ein bißchen länger schlafen.

Ich hatte einen Jahresvertrag beim Institut und nicht die geringste Ahnung, was ich im Herbst tun würde. Feste Stellen für Wissenschaftler waren damals ausgesprochen rar. Nixon hatte die Mittel von den National Institutes of Health und der National Science Foundation für aufstrebende Postgraduierte zusammengestrichen. Plötzlich stand eine ganze Menge hochqualifizierter Doktoren auf der Straße und suchte eine Anstellung. Außerdem waren in den

Naturwissenschaften nur wenige Frauen zu finden – eine Diskriminierung von Frauen galt damals als selbstverständlich, die Naturwissenschaften, trotz Madame Curie, als Domäne der Männer –, und ich hatte, ehrlich gesagt, die größten Bedenken hinsichtlich meiner Zukunft.

Als die Rutgers University in New Brunswick sich landesweit auf die Suche nach einem Spezialisten für Tierverhalten machte, riefen ihre Vertreter auch in meinem Institut an. Ich war mir ziemlich sicher, daß ich so gut wie keine Chance hatte. Doch zum Glück beschrieb mein Mentor Colin Beer, dem die Diskriminierung von Frauen völlig fremd war, mich als »die für Feldforschung über Tierverhalten geeignetste Person im ganzen Land«. Natürlich machte mich dieses Lob etwas verlegen, aber es schien zu wirken. Jedenfalls schlossen sich die anderen Männer Colins Urteil an, und ich bekam die Stelle.

Sam und ich zogen in jenem Herbst nach New Brunswick, und ich wurde Assistenzprofessorin für Biologie. Wieder richtete Sam sich in meinem Büro ein. Diesmal wohnte ich nicht in dem Raum, verbrachte aber den größten Teil der Zeit einschließlich der Wochenenden dort. Das Leben einer Assistenzprofessorin war kein Zuckerlecken. Damals gab es keine finanziellen Starthilfen, etwa für Laborausstattungen, keine freien Zeiten, in denen man ein Labor einrichten oder sich mit Stipendienanträgen hätte beschäftigen können, keine Assistenten für die Arbeit in den Labors für Ökologie. Heute ist schwer zu verstehen, wie damals alles strukturiert war, denn jetzt wird ein neuberufener Assistenzprofessor in Biologie die ersten ein oder zwei Jahre ganz von seinen Lehrverpflichtungen freigestellt. Ich hingegen mußte damals drei Kurse pro Semester halten, einzelne Graduierte betreuen, mich um Stipendien bewerben und gleichzeitig noch publizieren, weil das der einzige Weg war weiterzukommen. Als Assistenzprofessor muß man sich in den ersten fünf Jahren beweisen; schafft man das nicht, verliert man die Stelle. Ich mußte mein Bestes geben, freute mich aber über die Herausforderung, denn endlich hatte ich meinen Platz in der Welt gefunden und tat genau das, was ich tun wollte.

Doch gleichzeitig machte ich mir auch Sorgen. Die männlichen Kollegen schliefen nicht, und außerdem verlangte die Rutgers University mindestens drei Empfehlungsschreiben von namhaften Professoren anderer Universitäten, die mit meiner Arbeit vertraut waren. Frauen in der erforderlichen Position, die ein solches Empfehlungsschreiben für mich hätten verfassen können, gab es damals nicht. Mir war klar, daß mein Vorname viele der Männer von einer positiven Bewertung abhalten würde. Doch zum Glück war ich so vertieft in meine Arbeit, daß ich diese Probleme oft vergaß.

Auch für mich persönlich war es eine ereignisreiche Zeit, in der ich ganz verschiedene, interessante Freunde kennenlernte. Während meiner Studienzeit war ich ein halbes Jahr verheiratet gewesen, ein Experiment, das zum größten Teil deshalb scheiterte, weil wir beide Doktoren der Ornithologie waren und uns zur gleichen Zeit um die gleichen Jobs bewarben. Mein damaliger Mann fand eine Stelle in Washington, D. C., und ich stand vor der Entscheidung, ihm zu folgen oder mich um meine eigene Karriere zu kümmern. Weil ich noch jung war und die Ehe noch nicht alt, hinterließ diese Erfahrung damals keine allzu tiefen Narben. Mein Aufenthalt in Argentinien hatte mir aufregende Erlebnisse beschert, und im Augenblick genoß ich es sogar, Single zu sein und hart zu arbeiten. Außerdem hatte ich ja noch Sam.

Damals war er für mich das wichtigste männliche Wesen. Er hockte neben meinem Schreibtisch und beobachtete jede meiner Bewegungen. Den Rest der Welt ignorierte er fast völlig, abgesehen von einem Kollegen, den er zu verachten schien. Das amüsierte mich, denn ich mochte den Mann. Doch Sam reagierte jedesmal, wenn er auftauchte, feindselig. Dann lief er aufgeregt auf seiner Stange hin und her, die Flügel leicht vom Körper abgespreizt, den Kopf gesenkt und die Federn aufgeplustert. Vögel nehmen eine solche Haltung nur kurz vor dem Abflug, zur Abschreckung von Feinden oder vor einem Angriff ein. Ruhiger wurde Sam erst, wenn besagter Kollege mein Büro wieder verlassen hatte.

Woher wußte Sam, daß der Mann Böses im Schilde führte? Möglicherweise hatte er seinem Tonfall und seiner Körperhaltung negative Signale entnommen, die mir entgangen waren. Jedenfalls versuchte er, mich zu warnen, aber ich schenkte ihm keine Beachtung. Als ich dann eines Abends noch länger arbeitete, kam der Mann in mein Büro, packte mich um die Taille und küßte mich gegen meinen Willen. Aus den Augenwinkeln sah ich, daß Sam auf der Kante des Schreibtischs hin und her lief, den Schnabel vorgereckt, die Flügel ausgebreitet. Ich kreischte, Sam kreischte, aber niemand hörte uns. Der Kollege drückte mich gerade auf den Schreibtisch, als Sam auf meine Schulter flog und Wangen und Schläfe des Mannes mit Schnabelhieben traktierte. Der Kollege stieß einen Schmerzensschrei aus, versuchte, sein Gesicht zu schützen, und wich zurück. Sam verfolgte ihn kreischend und flügelschlagend. Nach einer Weile gelang es mir dann, den Angreifer zur Tür hinauszudrücken und sie hinter ihm abzuschließen.

Ich zitterte und bekam weiche Knie. Sam kehrte auf meine Schulter zurück und blieb, ohne sich zu bewegen, darauf sitzen. Nach ein paar Sekunden begann er auch zu zittern. Ich harrte Ewigkeiten in meinem Büro aus, ohne mich zu rühren. Das Gebäude war menschenleer, doch ich glaubte, Schritte auf dem Flur zu hören. Als ich an der Tür lauschte, meinte ich, Geräusche vom Fenster zu vernehmen. Weil ich Angst hatte, daß mein Kollege die Scheibe einschlagen könnte, rief ich die Sicherheitskräfte und bat sie, mich zu meinem Wagen zu begleiten. Ich erzählte ihnen, was passiert war, nannte aber den Namen des Mannes nicht. Sexuelle Belästigung war Mitte der siebziger Jahre an der Tagesordnung, und man konnte sich kaum dagegen wehren. Außerdem fürchtete ich, meine Chancen auf eine feste Stelle zu verspielen, wenn ich Anschuldigungen gegen einen älteren Kollegen erhob.

Am nächsten Tag kam der Kollege wieder zu mir, um sich mit betretenem Gesicht bei mir zu entschuldigen, aber für Sam war die Sache damit weder vergessen noch vergeben. Noch Jahre später lief er aufgeregt auf seiner Stange hin und her, wenn der Mann bei mir im Büro auftauchte. Einmal schoß Sam über ein Jahr nach dem Vorfall ohne Vorwarnung von seiner Stange auf ihn zu und hackte wütend nach seinem Gesicht und seinen Händen. Andere Kollegen waren erstaunt über Sams Feindseligkeit, und ich gab ebenfalls vor, sie nicht zu verstehen.

Alle brachten Sam Leckereien. Selbst wenn ich nicht da war, kamen Freunde und Kollegen vorbei, um ihn zu begrüßen. Er entwickelte Sympathien für Bert Murray und Charlie Leck, die sich beide mit der Ökologie und dem Verhalten von Vögeln beschäftigten. Sie waren oft da, normalerweise bewaffnet mit Erdnüssen und Trauben, Brezeln und Karottenstreifen. Gegen Ende des Tages, wenn sich keine Studenten mehr im Gebäude aufhielten, flog

Sam durch die Flure, beschrieb Kehren und drehte auf dem Rückweg zu meinem Büro Pirouetten.

Wenn ich morgens zu spät kam, begann Sam zu kreischen. Meine Kollegen lernten schnell, daß er sich beruhigte, wenn sie die Tür zu meinem Büro öffneten, weil er dann dachte, ich sei da. Er ließ sich auch besänftigen, wenn er etwas zu fressen bekam. Er wurde von allen verwöhnt. Schon bald trauten meine Kollegen sich, ihn aus dem Käfig zu lassen, selbst wenn die Bürotür offen stand. Dann setzte er sich darauf und beobachtete die Studenten draußen auf dem Gang. Wenn ich jedoch am späten Nachmittag immer noch nicht auftauchte, hielt er die Zeit für gekommen, seinen Unmut zu äußern, und zwar indem er systematisch die Bücher zerlegte, die aufgeschlagen auf meinem Schreibtisch lagen. Er riß die Seiten in ordentliche, etwa eineinhalb Zentimeter breite Streifen und verteilte sie im Raum. Wenn er besonders verärgert über meine Abwesenheit war, kletterte er an meinen Regalen herum und biß Stücke aus den Büchern. Einmal fraß er ein paar Seiten eines Artikels, was hoffentlich keine Kritik an meiner Arbeit war. Er hatte genug Kraft, um dünne Bände von den Regalen zu ziehen. Wenn ich dann von einem Wochenende auf der Farm meiner Eltern zurückkam, erwartete mich eine Lochstreifenparade in meinem Büro. Ich war gleichzeitig wütend und amüsiert, hatte aber auch ein schlechtes Gewissen. Sam machte so etwas nur, wenn ich ihn zu lange allein ließ.

Jeden Winter erkältete Sam sich, und ich sorgte mich um ihn. Ich wußte genau, wie anfällig Vögel für Atemwegserkrankungen sind, und wenn ich meine Instrumente mit Lösungsmitteln reinigte oder meine Vogelmodelle lackierte, schloß ich Sam in einem anderen Büro ein. Erfreut war er darüber nicht, aber mir blieb keine andere Wahl. Giftige

Dämpfe töten einen Papagei und auch jeden anderen Vogel innerhalb von Minuten, manchmal sogar innerhalb von Sekunden. Wenn man merkt, daß er nach Luft schnappt, ist es meist schon zu spät. Diese Anfälligkeit für Erkrankungen der Atemwege führt zu zwei Möglichkeiten im Papageienleben: Entweder er stirbt jung an Lungenproblemen oder er wird, wenn er in dieser Hinsicht robust ist, steinalt. Manche Leute geben viel Geld für einen wunderschönen Vogel aus, schenken ihm ihre ganze Liebe und verlieren ihn trotzdem schon nach wenigen Jahren.

Anders als Säugetiere, die wochenlang krank sein können, bevor sie sich erholen oder sterben, überleben Vögel Krankheiten nur selten. Sie haben ein ausgedehntes System von Luftsäcken im Brust- und Bauchraum und in den Knochen, das ihren Körper leicht macht und das Fliegen fördert, das aber auch verantwortlich ist für die erwähnte Anfälligkeit für Erkrankungen der Atemwege sowie ihre Empfindlichkeit gegenüber Dämpfen. Vögel können an den Dämpfen sterben, die bei der Benutzung von Haushaltsreinigern, Haar- und Stärkesprays, Lacken und Gasherden freiwerden. Sogar das Polytetrafluoräthylengas, das Teflonpfannen abgeben, wenn sie zu lange auf dem Herd stehen, ist gefährlich – bei einer Erhitzung über 270 Grad sind die Dämpfe tödlich. Deshalb hat man früher Kanarienvögel in die Bergwerke mitgenommen. Wenn sie mit giftigen Gasen in Berührung kamen, hörten sie zu singen auf und starben schon bald. Die Bergleute hatten dann noch genug Zeit, um sich zu retten.

Ich achtete sorgfältig darauf, daß Sam nicht mit solchen tödlichen Dämpfen in Berührung kam, konnte aber nichts gegen seine winterlichen Erkältungen tun. Sie waren chronisch, und eines Tages verschlimmerte sich sein Schniefen und Niesen noch. Auf das Niesen – ein kurzes Luftschnappen, bei dem sich seine Brust verkrampfte, dann ein Aufplustern der Federn und ein böser Blick – folgte Husten. Es gelang mir nicht mehr, ihn aus seinem Käfig zu locken. Er hörte auf zu fressen und saß geduckt mit aufgeplustertem Gefieder da. Nach Tagen fast ohne Nahrung wurde er immer schwächer.

Ich fragte alle möglichen Leute und fand schließlich einen Tierarzt, der sich angeblich mit Vögeln auskannte. Ein Kollege fuhr Sam und mich zu seiner Praxis. Ich war zu durcheinander, um selbst zu fahren, und wollte außerdem Sam auf dem Schoß halten. Der Tierarzt spritzte ein Antibiotikum, aber offenbar schätzte er Sams Gewicht und Größe falsch ein, denn auf dem Rückweg zur Rutgers University verschlechterte sich sein Zustand drastisch, als habe er eine Überdosis bekommen. Ich saß in meinem Büro, Sam in der Hand. Die Neuigkeit sprach sich schnell herum, und viele Freunde schauten bei uns vorbei, weil sie Sam mochten.

Ich spürte, wie das Leben aus ihm wich. Er kuschelte sich immer schneller und flacher atmend in meine Hand. Nach einer Weile schloß er die Augen und wurde ganz still, und schließlich hörte er auf zu atmen. Ich weinte, als mein Freund Ron (dessen eigenen kleinen Papagei Jahre später der Wind forttrug) ihn mir abnahm und in ein Handtuch wickelte.

Ron bereitete alles für das Begräbnis vor – ich selbst war zu sehr aus der Fassung, um es selbst zu tun. Ein paar Stunden später versammelten sich fast vierzig Menschen unter meinem Fenster, wo wir Sam begruben. Ich hüllte ihn in ein Stück bestickten Stoff aus Argentinien und legte ihn vorsichtig in die Erde.

Er hatte mich während meiner Doktorarbeit, während der ereignisreichen Zeit danach, bei meinem ersten Job und meinen ersten Kursen begleitet. Er hatte mich gegen einen Angreifer verteidigt. Immer war er bereit gewesen, mich zu trösten, mir Zuneigung entgegenzubringen. Fast sechs Jahre lang war er mein ständiger Gefährte gewesen. Sein Verlust war ein schwerer Schlag für mich, und ich vermisse ihn noch heute.

So kam es, daß ich in jener ersten schwierigen Zeit mit Tiko oft an Sam dachte. Wie konnte Tiko sich mit Sam messen? Und würde ich je in der Lage sein, in Tikos Leben Freda und Libby zu ersetzen? Tiko und ich kamen uns näher, aber bis dahin hatte ich mit ihm längst nicht das enge Verhältnis wie seinerzeit mit Sam oder mit Sue oder auch nur mit meiner kleinen Lucinda. Wenn ich mit der schützenden Brille und der langärmeligen Bluse am Schreibtisch saß, ertappte ich mich oft dabei, wie ich mit den Fingern über meinen Talisman strich, eine einzelne rotgrüne Feder, die einmal den Körper meines treuen Freundes und furchtlosen Beschützers Sam geschmückt hatte.

Kapitel Fünf

Unser Morgenritual

Als Tiko ungefähr fünf Monate bei uns war, kam er in die Mauser. Eines Tages fand ich zwei kleine grüne Federn auf dem Fußboden des Arbeitszimmers. In der Woche danach war dann praktisch jede Oberfläche des Hauses mit Federn bedeckt. Papageien haben wie die meisten anderen Vögel Tausende von Federn (Wasservögel haben aufgrund ihrer Anpassung an das Leben im Wasser dreizehn- bis fünfzehntausend), die sie normalerweise Schritt für Schritt abwerfen. Tikos Mauser hingegen setzte ziemlich unvermittelt ein, als habe er keine Feder abgeworfen, bevor er nicht sicher war, daß er uns vertrauen konnte.

Nachdem er ungefähr drei Wochen lang Federn verloren hatte, fiel ihm auch noch das Flügelgefieder aus, sowohl die zehn Flugfedern der Handschwingen als auch die der Armschwingen.

Diese zarten Gebilde müssen regelmäßig ersetzt werden, weil die Flugfedern von Zugvögeln, die große Strecken zurücklegen, durch den Luftwiderstand und Berührungen mit Boden und Vegetation abgenutzt werden. Irgendwann sehen sie aus wie zerfetzte Fahnen. Sogar bei Vögeln, die im Haus leben wie Tiko, bringt das tägliche Fliegen und Klettern diese Abnutzung mit sich.

Vögel kommen gewöhnlich zweimal im Jahr in die Mauser; dabei drücken die neuen Federn die alten heraus, ähnlich wie die zweiten Zähne beim Menschen die Milchzähne. Vögel, die in Schwärmen leben, haben die Mauser im allgemeinen gleichzeitg, jedoch niemals während der Brutzeit, weil sie dann ihre ganze Kraft für diese Aufgabe brauchen. Die meisten Zugvögel verlieren ihre Federn zwischen der Brutzeit und ihrem Flug nach Süden.

Die Mauser läuft bei allen Papageienarten gleich ab. Sie beginnt in der Mitte des Flügels mit einer oder zwei Schwungfedern. So kann der Vogel auch während der Mauser fliegen. Die meisten Entenarten hingegen verlieren mehrere Flügelfedern gleichzeitig, so daß sie während einer kurzen Phase der Mauser am Boden bleiben müssen. Aber Enten haben den Vorteil, auf dem Wasser leben zu können, wo sie vor Feinden geschützt sind und genug Futter finden. Freilebende Papageien in der Mauser bleiben normalerweise in den Kronen früchtetragender Bäume und verlassen sich auf ihre Kletterkünste, um an Futter zu kommen und sich vor Räubern zu schützen. Bei der Futtersuche fliegen sie ohnehin nur selten von einem Ast zum anderen. Sie klettern dabei viel lieber mit Hilfe von Krallen und Schnabel.

Tikos Flügelspitzen sind schwarz. Das ist eine evolutionäre Adaption, die sie kräftiger macht. Das schwarze Pigment in den Federn erhöht die Widerstandsfähigkeit und ist bei den Vögeln ziemlich häufig anzutreffen. Doch um die Mauser kommen auch die Amazonen, die bei der Futtersuche tagtäglich viele Kilometer fliegen müssen, nicht herum.

Eigentlich hätte Tiko seine Flugfedern der Hand- und Armschwingen symmetrisch verlieren müssen, zuerst eine Feder auf der einen und dann einen oder zwei Tage später die gleiche auf der anderen Seite. Aber das war nicht der Fall. Er warf mehr Federn ab, als ich erwartete, und obendrein unregelmäßig auf die Seiten verteilt, so daß er Schwierigkeiten hatte mit dem Fliegen. Das war ihm ausgesprochen peinlich. Seine Mauser dauerte etwas weniger als zwei Monate, und sein neues Gefieder leuchtete prächtig. Aus dem fahlen Orange wurde Orangerot, dann mattes Rot und schließlich leuchtendes Rot. Jetzt erschien der Blauschimmer am Kopf wieder, und ganz allmählich ersetzten unterschiedliche Grüntöne das matte Oliv.

Mit den Farben kehrte auch seine Vitalität zurück. Die Veränderung seines Äußeren schien einen Wandel in seinem Inneren zu signalisieren. Zusammen mit den Federn verlor er den größten Teil seines Argwohns. Natürlich hatte das Einfluß auf meine Stimmung: Sein leuchtendes Gefieder gab mir wieder neue Zuversicht für meine Rolle in Tikos Leben. Seine – oder besser gesagt unsere wechselseitige – Adoption war also kein Fehler gewesen. Er entwickelte sich prächtig. Und als seine neuen Federn wuchsen, ging er auch endlich eine enge Bindung mit mir ein.

Der schicksalhafte Akt, der schließlich zu unserem Rendezvous unter der Anrichte führen sollte, kam völlig unerwartet. Es war ein warmer Frühlingsabend. Ein Hauch von *amour* lag in der Luft, wie die Franzosen sagen. Dagegen waren auch Mike und ich nicht immun. Nicht ohne Ironie erinnere ich mich an die Situation damals, an jenes Gefühl der Nähe und Vertrautheit, das sich in der Ehe einstellt, wenn man sich als ein Teil der Gedanken und Stimmungen des Partners fühlt. Ich schnitt gerade die ersten frischen Kräuter des Jahres – Petersilie und Salbei – von den Topfpflanzen am offenen Küchenfenster. Das milde Abendlicht und eine warme Brise kamen herein und strichen über mein Gesicht, meinen Hals und mein Haar. Mike stellte sich hinter mich, ich hörte ihn ganz leise meinen Namen sagen, fast flüsternd, und ich spürte seine Hände, doch dann ... dann brach die Hölle los!

Tiko stieß einen markerschütternden Schrei aus, stürzte sich vom Kühlschrank herunter und landete kurz darauf auf meiner Schulter. Von dort aus attackierte er Mike und versuchte, ihn zu vertreiben. Ich wußte nicht, was ich davon halten sollte, allerdings nur einen Moment lang, denn dann fiel mir Sam wieder ein, wie er damals meinen Kollegen angegriffen hatte. Tiko war zu meiner Verteidigung herbeigeeilt! In diesem Augenblick hatte er sich auf meine Seite gestellt, da war ich mir ganz sicher. Mike sah mich lächelnd an und zog sich zurück. Doch Tiko hörte erst zu kreischen auf, als mein Mann die Küche verließ. Tiko hatte Anspruch auf mich erhoben.

Damit hatte Tiko sich endlich unserer Familie angeschlossen. Seine Stellung innerhalb unserer kleinen Welt war klar – er war mein Partner und Alpha-Papagei unseres Schwarms, jedenfalls aus seiner Sicht. Er setzte sich auf einen hochgelegenen Platz, von dem aus er uns und sein Reich überblicken konnte. Tiko leistete mir Gesellschaft, wenn ich auf dem Trimmrad fuhr oder mich anzog oder meinen Schmuck im Ankleidezimmer anlegte. Wenn Mike unbedacht dazukam, mußte er sich bald wieder zurückziehen, um seine ungeschützten Zehen und Ohren in Sicherheit zu bringen.

Tiko forderte Mike nun nicht mehr auf, sein Gefieder zu putzen, sondern flog nur noch leise gurrend zu mir, wenn er Lust dazu hatte. Er wurde mir gegenüber ausgesprochen besitzergreifend, sah Mike mit funkelnden Augen an und zischte schon mal knapp an seinem Gesicht vorbei, wenn er glaubte, Mike wolle mich anrühren. Zum Glück für Tiko und mich konnte das alles Mikes Interesse an dem Verhalten des Vogels nicht mindern, ebensowenig sein Vergnügen an der Freude, die Tiko mir offensichtlich bereitete. Er war Manns genug, um sich nicht von einem Papagei ausgebootet zu fühlen – noch nicht! Mike gab sich damit zufrieden, Mitglied unseres kleinen Schwarms zu sein, obwohl er sich oft nur an der Peripherie der exklusiven Paarbindung von Tiko und mir bewegen durfte.

Wir drei entwickelten ein Morgenritual, dem wir bis zum heutigen Tag folgen. Mike stand gewöhnlich schon Stunden vor mir auf, ging hinauf ins Arbeitszimmer, schaltete das Licht ein und setzte sich an seinen Schreibtisch. Anfangs wachte Tiko noch auf, wenn Mike das Zimmer betrat, doch nach einer Weile besann er sich eines Besseren – kein Papagei mit ein bißchen Selbstachtung ist wach, wenn es draußen noch dunkel ist. Also schlief er etwa eine Stunde weiter, rief dann »Hallo!«, um Mike zu signalisieren, daß er den Käfig öffnen und ihn zu seinem Freisitz tragen solle. Wenn Mike nicht gleich reagierte, stieß Tiko einen einzelnen lauten Kreischton aus. Wenn auch das nichts nützte, begann jenes markerschütternde rauhe Schreien, das jeder Amazonenbesitzer kennt.

Tiko erwartete von mir, daß ich den Tag an seiner Seite begann. Aber ich war nicht an meinem Schreibtisch, nicht im Bad und auch nicht im Ankleidezimmer. Wo steckte ich bloß? Irgendwann stellte er fest, daß ich noch im Bett lag und er mich von dem Treppengeländer im Flur aus gut beobachten konnte. Natürlich war er viel zu rücksichtsvoll und diskret, um mich aufzuwecken. Aber ab sofort bestand er jeden Morgen darauf, daß Mike ihn nach seinem »Hallo!« auf das Geländer vor dem Schlafzimmer trug. Dort verhielt er sich ruhig, schloß die Augen halb oder vergrub sogar den Kopf in seinem weichen, pistazienfarbenen Nackengefieder, bis ich aufwachte.

Wenn ich mich dann gegen sieben das erste Mal regte, öffnete er die Augen, glitt ins Schlafzimmer und flatterte aufs Bett, wo er begann, ganz langsam meine Finger zu putzen. Er ließ sanft die Zunge darübergleiten, entfernte vorsichtig kleine Nagelhautfetzen und knabberte meine Nägel ab. Ich hörte dabei seinen Atem und ein leises schnurrendes Geräusch, das tief aus seiner Brust kam, ein Lied, nur für mich allein. Ich liebte diese Augenblicke, in denen ich allmählich wach wurde. Wenn er glaubte, ich sei in der Lage zu reagieren, senkte er den Kopf, und ich kraulte sein weiches Nackengefieder.

Dieses gegenseitige Putzen ist ein wichtiger Bestandteil des Lebens von Papageienpaaren in der Wildnis. Sie sitzen oft stundenlang nebeneinander und schlafen und putzen sich gegenseitig. Das Putzen ist wesentlich, um die Federn gesund und kräftig zu halten. Wer schon einmal den Finger über eine Feder hat gleiten lassen, weiß, daß die glatte Oberfläche zu beiden Seiten des Schafts (oder Calamus) aus einer Reihe schmaler Fahnen besteht. Wenn man diese unter dem Mikroskop betrachtet, stellt man fest, daß sie von einer Reihe noch kleinerer Äste und Nebenäste (Strahlen) umrahmt werden, deren Widerhaken sich mit den Widerhaken benachbarter Fahnen verschränken. Wenn Tiko sich putzt, läßt er jede einzelne Feder durch seinen Schnabel gleiten, was die Verschränkungen der feinen Fahnen wiederherstellt, so daß die Feder eine starre durchgehende Oberfläche hat. Diese ölt er dann mit Hilfe eines Sekrets, das er mit dem Schnabel aus einer Drüse an der Schwanzwurzel holt, und macht sie wasserabweisend. Die starre Oberfläche bietet einen wichtigen Schutz gegen die Elemente; sie funktioniert beim Fliegen sozusagen als Tragflügel. Das Körpergefieder ist kürzer, weicher und weniger starr. Auch diese Federn müssen geputzt werden, damit sie sauber bleiben und weiter zur Isolation gegen Hitze, Kälte und Feuchtigkeit fungieren können. Bei Paaren putzt der eine Partner Kopf- und Nackengefieder des anderen, das dieser nicht selbst erreichen kann.

Doch das gegenseitige Putzen hat auch noch eine andere Funktion: Es stärkt das Band zwischen den Partnern, genau wie Körperkontakt und Sex es beim Menschen tun. Die sexuellen Beziehungen der Papageien beschränken sich auf etwa ein oder zwei Wochen vor dem Eierlegen. Während dieser Zeit kopuliert das Paar Dutzende Male pro Tag. Es erhält seine körperliche Vertrautheit jedoch auch in den anderen Monaten durch gegenseitiges Putzen aufrecht. Wenn ein Papagei mit seinem Partner – sei er nun Papagei oder Mensch – streitet, dient das gegenseitige Putzen der Versöhnung. Ich habe schon mehrere Auseinandersetzungen von Papageien in freier Wildbahn beobachtet. Einmal, als ein Paar gerade hoch in einem Baum fraß, begann einer der Vögel plötzlich, an der Frucht des Partners zu knabbern. Auf den kurzen, aggressiven Schrei des Partners folgte eine Attacke. Der andere wich auf dem gemeinsamen Ast zurück. Aber schon wenige Sekunden später entschied sich der Angreifer anders. Er vergaß die Frucht, trippelte zu seinem Partner und putzte vorsichtig sein Nakkengefieder. Ein andermal habe ich beobachtet, daß einer der beiden Partner nicht mehr geputzt werden wollte und sich verärgert abwandte. Doch kurze Zeit später überlegte er es sich, näherte sich seinem Partner und begann ihn seinerseits zu putzen.

Es überraschte mich, daß Tiko intuitiv die Konturen meines Körpers zu kennen schien. Eines Morgens entfernte er ganz vorsichtig das Pflaster über einer Blase an meinem

Zeh. Wenn er sich mit mir beschäftigte, fühlte ich mich in ein Leben versetzt, das sehr viel mehr Wert auf Körperlichkeit legt, als wir es in dieser Gesellschaft gewöhnt sind. Ich erinnerte mich an die Massai in Kenia, die Stunden damit zubringen, Dornen und Insektenstachel aus der Haut ihrer Partner zu entfernen. Ich mußte an eine Mutter denken, die jeden Abend in einem für beide Parteien angenehmen Ritual das Haar ihrer Tochter bürstet. Tiko machte mir bewußt, um wieviel reicher unser Leben ist, wenn wir jene ausgedehnt ritualisierte Form des Körperkontakts genießen können, oft wie bei Tiko begleitet von leisen Geräuschen oder bei Menschen von leisen, vertrauten Gesprächen.

Tikos Putzen brachte mich auf die Idee, eine verschiedene Arten umfassende Untersuchung über Fell- und Gefiederpflege durchzuführen und so herauszufinden, was für Verbindungen, wenn überhaupt, zwischen dem Verhalten von Menschen und Tieren bei der Entwicklung von Intimität bestehen. Wir gehen im allgemeinen davon aus, daß Interaktionen auf einer höheren Stufe Menschen, vielleicht gerade noch Säugetieren, vorbehalten sind. Aber meine Forschungen bewiesen etwas anderes, nämlich daß das diesbezügliche Verhalten von Primaten seine Entsprechung in der gegenseitigen Gefiederpflege der Vögel hat, die besonders bei langlebigen Vögeln, wie zum Beispiel Papageien, einen wesentlichen Bestandteil ihres Lebens ausmacht.

Papageien leben in kleinen Schwärmen, aber manchmal bewegen sie sich auch in Schwärmen von hundert oder mehr Tieren fort. Normalerweise putzen sich nur die Partner gegenseitig. Alle höheren Primaten jedoch (also Hundsaffen, Schimpansen, Paviane, Gorillas und Orang-Utans) putzen das Fell ausgewählter Angehöriger ihrer Gruppe, was ihnen dabei hilft, stabile, lang andauernde Beziehungen zwischen Eltern und Jungen, Männchen und Weibchen sowie Geschwistern aufrechtzuerhalten. Das Putzverhalten regelt die Beziehungen innerhalb der Gruppe; es ist ausgesprochen wichtig, wer wen wann putzen darf. Alle Angehörigen einer kleinen, eng verbundenen Primatengruppe wissen genau, wer ihre Verwandten sind, und verhalten sich entsprechend.

In Kenia fiel mir bei der Beobachtung der Fellpflege von Pavianen auf, daß ein erwachsenes Tier beim Pflegen eines Jungtieres immer die Augen offenhielt, um Gefahren sofort zu bemerken. Bei zwei erwachsenen Tieren hingegen hielt dasjenige, dessen Fell gepflegt wurde, Wache. So vertraute der Pflegende dem Gepflegten sein Leben an. Wie interessant, dachte ich. Die Belohnung für die Pflege ist also die Möglichkeit, eine Weile weniger wachsam zu sein. In eine Art Trance zu verfallen, die womöglich entspannender und erfüllender ist als die gegenseitige Berührung.

Dieses Verhalten faszinierte mich so, daß ich wieder nach Kenia fuhr, um es weiter zu erforschen. Schon bald wurde mir klar, daß die Fachliteratur noch längst nicht alle Facetten des Pflegeverhaltens ergründet hatte. Ich bekam Lust, mich an der wissenschaftlichen Debatte zu beteiligen.

Ich hatte ein zweifaches Interesse an diesem Thema: Erstens wurde in einer ganzen Reihe von Artikeln aus den frühen neunziger Jahren behauptet, daß ein Tier sich beim Pflegen eines anderen Mitglieds der Gruppe einer größeren Gefahr aussetze, von Raubtieren erlegt zu werden (siehe Anmerkung auf S. 268). In evolutionärer Hinsicht ergab das wenig Sinn. Die gegenseitige Fellpflege ist bei Primaten weit verbreitet. Wenn sie die beteiligten Tiere einer

Gefahr auslieferte, wäre sie meiner Meinung nach eliminiert worden.

Zweitens faszinierte mich die Beobachtung, daß ein erwachsener Pavian, der das Fell eines anderen pflegte, diesem sein Leben anvertraute. Tiere in der Wildnis achten im allgemeinen immer zuerst auf ihren eigenen Nutzen. Doch hier hatten wir einen jener seltenen Fälle, in denen ein erwachsenes Tier sich freiwillig in Abhängigkeit von einem anderen begab. Das ist bei uns Menschen oft so, aber wir nehmen an, daß wilde Tiere – sogar Primaten – sich anders verhalten.

Um Paviane aufzuspüren, fuhren wir mit dem Landrover in den Busch (in dieser Gegend von Kenia gibt es zu viele Löwen, als daß man zu Fuß gehen könnte), wo ich manchmal Massai begegnete. Diese führten mich auf meine Bitte hin gelegentlich zu den Tieren. So lernte ich auch die Massai selbst sowie ihr Pflegeverhalten in der Gruppe besser kennen.

Abgesehen davon, daß diese gegenseitige Körperpflege nach einem langen Tag im Busch sinnvoll ist, dient sie auch der Erhaltung und Stärkung der Paar- und Eltern-Kind-Bindung (bei der Beobachtung der Massai wurde mir bewußt, wie bedauerlich es ist, daß wir in den sogenannten hochentwickelten Ländern im allgemeinen weder die Zeit noch die Lust haben, solche Pflegepraktiken häufiger auszuüben).

Wenn ich die Paviane beobachtete, hatte ich lieber keine Massai dabei, weil diese die Paviane unruhig machten. Die Tiere erkannten die Massai als diejenigen, die sie von ihren Futterstätten vertrieben. Also beobachteten Mike und ich die Affen allein vom Landrover aus in ausreichend großer Entfernung, um die zehn bis hundert Paviane umfassenden Gruppen nicht zu stören, die durch die Savanne zogen.

Wenn sie im Schatten eines früchtetragenden Baumes eine Pause machten, begannen immer sofort zwei bis acht Paare mit der gegenseitigen Fellpflege. Sie taten dies aus dem gleichen Grund wie die Massai, um Splitter, Dornen und Insektenstachel aus Haut und Fell zu entfernen. Diese Fellpflege schien, wie schon andere vor mir festgestellt hatten, zwischen Tieren stattzufinden, die eine enge Beziehung zueinander hatten. Mike und ich konnten selbst beobachten, wie wachsam ein erwachsenes Tier bei der Fellpflege eines Jungtieres war; wenn jedoch ein erwachsener Pavian einen anderen Erwachsenen pflegte, ließ derjenige, der gepflegt wurde, den Blick schweifen.

Um es noch einmal in Erinnerung zu rufen: Mein Forschungsinteresse an der Fell- und Gefiederpflege war durch Tikos allmorgendliche hingebungsvolle Beschäftigung mit meinen Händen und Haaren geweckt worden.

»Jetzt ist es gut«, sagte ich immer, wenn Tiko sich ungefähr zehn Minuten lang mir gewidmet hatte, »wir sollten allmählich den Tag beginnen«. Dann kletterte er auf meine Hand, und ich trug ihn hinauf ins Arbeitszimmer, wo wir gemeinsam frühstückten. Er wartete immer auf seiner Stange mit seinem eigenen Mahl aus Salat, Früchten, Cheerios und Milch, bis ich mit meinen Frühstücksflokken, der Grapefruit oder anderem Obst angefangen hatte.

Papageien in der Wildnis sind in dieser Hinsicht genauso zuvorkommend. Möglicherweise liegt das daran, daß sie beim Fressen den Kopf senken müssen, was sie verstärkt Gefahren durch Raubtiere aussetzt. Der Schwarm ist besser geschützt, wenn alle in der Gruppe fressen und die Vögel am äußeren Rand Wache halten. Tikos Tischmanieren wiesen außerdem darauf hin, daß er sich der ausreichenden Nahrungsaufnahme seines Partners sicher sein wollte. Wenn Mike einen kleinen Imbiß für Tiko und sich selbst mitbrachte, mir aber nichts, rührte Tiko keinen Bissen an. Ich mußte immer etliche Bissen von Mikes Portion essen (Tiko ließ sich da nichts vormachen), bevor der Papagei sein eigenes Mahl begann. Die einzige Ausnahme war chinesisches Essen: Tiko hatte schnell begriffen, daß ich es selten anrührte. Wenn Mike etwas von dem Essen, das er gerade beim Chinesen geholt hatte, auf Tikos gelben Teller gab, begann Tiko sofort zu fressen, auch wenn ich noch darauf wartete, daß meine Pizza heiß wurde.

Nach dem Frühstück begann ich mit der Arbeit, während Tiko sich auf seiner Stange putzte, ein wenig schlief oder durch das Fenster potentielle Gefahren beobachtete, weil meine Wachsamkeit ganz offensichtlich zu wünschen übrigließ. Er freute sich jedesmal, wenn ich Korrekturfahnen las, denn dann hatte ich eine Hand frei, um ihn zu kraulen.

Schon bald fiel mir auf, daß im ganzen Haus feiner Federflaum von Tiko herumlag. Viele junge Vögel sind ganz oder teilweise mit Flaumfedern bedeckt, die bei den meisten Arten nach kurzer Zeit durch Konturfedern an Kopf und Körper sowie Flügel- und Schwanzfedern ersetzt werden. Anders als andere Vögel behalten erwachsene Papageien ihre Flaumfedern, deren Fahnen sich andauernd in feinen Staub auflösen. Mit diesem Staub reinigen Papageien das restliche Gefieder, ähnlich wie Camper einen Topf mit Laub oder Sand reinigen, wenn sie kein Wasser und keine Seife haben. Der Flaumstaub gibt den Federn ihren charakteristischen weißen Schimmer. Auch Reiher haben Federstaub, mit dem sie Schmutz und Öl aus ihrem Gefieder entfernen, um es makellos weiß zu halten.

Jedesmal, wenn Tiko sich schüttelte oder aufplusterte, flog der Federstaub überallhin. Im Licht der Sonne sah man ihn sehr gut. Besonders deutlich fiel er mir auf, wenn ich am Computer arbeitete, weil der statisch aufgeladene Bildschirm den weißen Staub anzog.

Als Tiko in die Mauser kam, wurde alles noch schlimmer. Die frischen Körperfedern wuchsen in winzigen durchsichtigen Hüllen, und wenn diese abfielen, vermischten sie sich mit dem Federstaub. Manche Menschen, die allergisch reagieren, leiden sehr darunter. Doch Mike und ich hatten Glück; wir mußten nur hin und wieder niesen.

In den Tropen treiben schwere Regenfälle die wilden Papageien immer wieder unter das dichte Blätterdach. Der Regen dringt hier nur noch in sehr abgemilderter Form durch und tröpfelt auf die Vögel herab, die nach einem solchen Unwetter feucht glänzend und sauber wieder hervorkommen. In der Wüste lebende Papageien baden im Sand, den sie ganz ähnlich benutzen wie den Federstaub. Sie führen dabei die gleichen Badebewegungen aus wie Papageien im Wasser, um mit Hilfe des Sandes Schmutz, Staub und Fett loszuwerden. Der Sand entfernt außerdem Läuse und anderes Ungeziefer aus dem Gefieder. So werden die Federn von sich auflösenden Federhüllen sowie Fett, Schmutz und anderen Dingen befreit, die die Federfahnen daran hindern könnten, sich miteinander zu verschränken. Baden befeuchtet zudem die Atemwege (Papageien haben genau wie wir eine Luftröhre und dazu noch Luftsäcke in den Knochen) und die Nebenhöhlen im Schädel. Das ist besonders wichtig bei in Menschenobhut lebenden Papageien, denn übermäßiges Heizen in kalten Wintern kann die Luft zu trocken machen.

Und so beschloß ich eines warmen Frühlingstages, daß es für Tiko an der Zeit war, ein Bad zu nehmen.

»Mein Kleiner«, sagte ich, »wir werden dich jetzt baden.« Er legte den Kopf schräg und beäugte mich argwöhnisch. Verstand er, was ich sagte, oder hörte er meinem Tonfall nur an, daß wir etwas Neues ausprobieren würden? Ich hatte jedenfalls das deutliche Gefühl, daß er dem, was da mit ihm passieren sollte, mit Vorbehalten entgegenblickte. Als ich den Arm ausstreckte, zögerte er einen Moment, bevor ich ihn ins Bad tragen und auf den Waschbeckenrand setzen durfte. Er hob vorsichtig zuerst den einen Fuß und dann den anderen, als traue er der glatten Porzellanoberfläche nicht; er plusterte sich ein wenig auf und stieß ein leises, kehliges Trällern aus. Vielleicht trug die Toilette gleich neben dem Waschbecken, in die er zu Beginn unserer Zeit bei uns so schmählich gestürzt war, zu seinem wachsenden Unbehagen bei. In dem kleinen Bad war sein muffiger Geruch jedenfalls besonders stark.

»Papageien baden gern«, versuchte ich, ihn zu beruhigen. »Du willst doch sicher auch gut riechen.«

Er gurrte leise, verstummte dann aber und verfolgte jede meiner Bewegungen mit den Augen. Ich füllte die Blumenspritze mit warmem Wasser. Er musterte sie mißtrauisch.

»Ganz ruhig«, sagte ich. »Das wird dir sicher Spaß machen.«

Schon über den ersten Spritzer äußerte er laut kreischend sein Mißfallen: beim nächsten glitt er immer noch kreischend unbeholfen auf den Boden (die Mauser war noch nicht beendet, und so konnte er nicht richtig fliegen) und floh den Flur hinunter, so schnell seine kurzen, stämmigen Beine ihn trugen. Den Rest des Tages warf er mir böse Blicke zu.

»Der Vogel stinkt«, meinte Guy eines Abends beim Essen. »Kannst du ihn denn nicht baden?«

Ich erklärte ihm, daß ich mich Tiko nicht einmal mit der Blumenspritze nähern durfte.

»Ich hab' dir ja gleich gesagt, daß er neurotisch ist. Wo

Tiko liebt Pfingstrosen. In meinen Vasen gibt es kaum welche, die er nicht angeknabbert hat.

Tiko ißt gern mit uns, am liebsten Mais oder italienische Gerichte. Obwohl er seinen eigenen Teller hat, bedient er sich auch von unseren, wenn die Sachen darauf verlockender aussehen.

Tiko kann es kaum erwarten, wenn mein Mann Mike chinesisches Essen kocht.

Tiko hat Mike sehr gern und läßt sich oft auf der Schulter von ihm herumtragen. Hier sieht man die beiden zusammen mit unserer Tochter Debbie.

Tiko kann das Frühstück kaum erwarten. Hier sitzt er auf der Schulter meines Neffen Erick, der gerade eine Packung Cheerios öffnet, eine Lieblingsspeise von beiden.

Tiko in einem seiner Nistplätze auf einem Bücherregal, wo er alles von oben aus beobachten kann.

Tiko liebt es, gekrault zu werden, und schließt dabei genießerisch die Augen. Das ist ein Beweis für seine tiefe Bindung. Er läßt sich nur von mir kraulen.

Tiko verschwindet unter der Anrichte, einem seiner Lieblingsnistplätze.

Tiko, wie er mich vor seinem Lieblingsnest unter einer Kommode umwirbt. Er knabbert dabei vorsichtig an meinen Fingern und trippelt aufgeregt herum.

Tiko duscht gern und pflegt dabei ausgiebig sein Gefieder. Wenn er Wasser laufen hört, fliegt er auf meine Schulter oder Hand und will dort hingetragen werden.

Tiko benutzt seine eigene Feder für die Gefiederpflege.

Tiko, wie er das Treppengeländer in unserem Haus hinunterrutscht, eines seiner Lieblingsspiele.

Tiko knackt seine geliebten Walnüsse.

Bildnachweis:
Tafeln 1–7: Archiv Joanna Burger
Tafel 8: © Kelly Wright

gibt's denn so was – ein Vogel aus dem Regenwald, der Angst vor Wasser hat?«

»Vielleicht hat er Angst vor dem Wasser, weil er gleich am Anfang bei uns in die Toilette gefallen ist und beinahe ertrunken wäre.« Als Guy das hörte, konnte er sich ein spöttisches Grinsen nicht verkneifen.

Doch ich nahm Tiko weiter in Schutz: »Wenn ein Vogel richtig durchnäßt ist, wird er krank und kann sogar an Unterkühlung sterben. Möglicherweise hat die Toilette in ihm eine instinktive Angst vor dem Wasser ausgelöst.«

»Tja, da haben wir wohl eine klassische phobische Reaktion«, sagte Guy im besten Analytiker-Tonfall.

Wir mußten lachen. Aber dieses Lachen konnte meine Sorge, daß seine Worte möglicherweise stimmten, nicht verdrängen.

Ein paar Tage später machte ich wieder eine ganz ähnliche Erfahrung mit Tiko, als ich ihn, gestört durch seinen Geruch, unter die Dusche mitzunehmen versuchte. »Ich halte dich in die Nähe des Brausekopfs, dann werden deine Federn nur feucht«, erklärte ich ihm. »Du weißt doch, daß Papageien im Regenwald leben. Hast du schon mal was von einem Vogel aus dem Regenwald gehört, der nicht naß werden möchte?« Ich ertappte mich dabei, wie ich Guy nachplapperte.

Mit deutlich sichtbarer Angst (heisere Schreie und halbherziges Flügelschlagen) hüpfte der tapfere Vogel auf meinen Arm und kam mit mir ins Bad. Doch sobald ich die Dusche aufdrehte, ließ er sich sofort auf den Boden plumpsen und watschelte weg.

An seiner Einstellung änderte keine meiner Taktiken etwas. Er folgte mir überallhin, also auch ins Bad, wenn ich duschte, wartete dann aber immer in sicherem Abstand auf mich.

Nach der Mauser, als er den größten Teil seines Federstaubs verloren hatte, roch er nicht mehr ganz so penetrant. Wenn er die Blumenspritze in meiner Hand sah, flog er auf das höchste Bücherregal im Wohnzimmer und blieb dort oben, bis ich die vielen Pflanzen in unserem Haus besprüht hatte.

Tikos Abneigung gegen Wasser sowie sein Trauma wegen seines Sturzes in die Toilette erinnerten mich an zwei Jungsittiche, die ich einmal auf der Halbinsel Osa in Costa Rica vor sintflutartigen Regenfällen gerettet hatte. Mike und ich beobachteten dort Papageien in ihrem natürlichen Lebensraum und wohnten in einem gemütlichen kleinen Feriendorf.

Eines Abends rollte ein spektakulärer Sturm heran. Wir sahen zu, wie von Blitzen durchzuckte schwarze Wolkenbänke die Bucht verdunkelten. Etwa eine Stunde lang goß es in Strömen. Nach einem solchen Sturm verbringen die meisten Vögel Stunden damit, ihr Gefieder zu ölen, damit der kalte Regen nicht bis zur Haut durchdringen kann. Noch in jüngster Zeit herrschte unter Biologen die Meinung vor, daß die Federn (ähnlich wie bei Säugetieren das Fell) sich in der Urzeit herausbildeten, um den Körper zu isolieren und eine konstante Körpertemperatur zu garantieren. Federn, so die Theorie, dienten erst in zweiter Linie dem Gleiten und später dann dem Fliegen.

Die meisten Wissenschaftler sind der Ansicht, daß Federn sich aus den Schupppen der Reptilien entwickelten, doch welches Reptil der Vorfahr des heutigen Vogels sein soll, ist noch nicht geklärt. 1970 veröffentlichte John Ostrom von der Yale University Forschungsdaten, die belegen sollten, daß die Vögel sich wahrscheinlich aus den Dinosauriern entwickelt hatten. Diese Theorie hat sich bis vor kurzem in der akademischen Welt gehalten, bis Longisquama, ein kleines, merkwürdig geformtes Reptil gefunden wurde, das vor 220 Millionen Jahren durch die Baumwipfel Zentralasiens glitt, also zu der Zeit, als die ersten Dinosaurier auftauchten, 75 Millionen Jahre vor dem Archäopteryx, der lange Zeit als erster Vogel galt. Der Körper von Longisquama war offenbar mit Federn bedeckt. Das Tier hatte außerdem ein Gabelbein, an dem Platz war für die Verankerung der zum Fliegen nötigen starken Brustmuskulatur. Ein Hinweis darauf also, daß Longisquama vergleichbare Muskeln besaß.

Ist Longisquama der Urahn der heutigen Vögel? Die Wissenschaftler, die dieses Tier entdeckt haben, vermeiden es, eine solche Behauptung aufzustellen, aber Terry D. Jones, ein Mitglied des Forschungsteams, ist ziemlich sicher, daß sie den ersten Vogel gefunden haben. Warten wir's ab, welche neuen Erkenntnisse sich noch ergeben.

Dieser Fund hat noch eine andere Auswirkung auf die wissenschaftliche Diskussion. Alan Feduccia von der University of North Carolina zum Beispiel, ein Ornithologe, der lange der Theorie vom heutigen Vogel als Nachfahren der Dinosaurier widersprochen hat, ist der Meinung, daß Longisquama mehr sein könnte als nur ein neuer Reptilienvorfahr der Vögel. Er argumentiert, die Struktur seiner hohlen, von Hüllen umgebenen Federschäfte deute darauf hin, daß die Anfangsfunktion der Federn nicht darin bestand zu isolieren, sondern als Flugmittel zu dienen. Sollte sich das als zutreffend erweisen, wäre das eine wirklich aufregende Entdeckung. Flugfedern sind eine bemerkenswerte Adaption; wie sie entstanden, war lange Zeit ein Rätsel.

Mike und ich sahen, wie wenig sich nasse Federn als Isolation eignen, als wir nach dem Ende jenes heftigen Sturms auf Costa Rica aus unserem Hotel in den Garten gingen.

Alle Blätter und Blüten waren tropfnaß, und so beschlossen wir, auf dem Grundstück spazierenzugehen und nicht im Wald. Es nieselte, und die Luft war kühl. Da hörten wir ein unheimliches miauendes Geräusch und verließen den Weg, um seinen Ursprung zu ergründen. Der Strahl unserer Taschenlampe erfaßte zwei kleine, völlig durchnäßte Papageien auf den niedrigeren Ästen eines Kaschu-Baumes mit leuchtend roten Früchten. Sie waren so zerzaust und naß, daß wir sie kaum noch als Goldkinnsittiche erkannten. Es handelte sich um Jungvögel, die eigentlich nicht alt genug waren, um sich vom Nest und den Eltern zu entfernen. Sie hatten noch nicht gelernt, im Sturm Schutz zu suchen. Ich streckte die Hand zuerst nach dem einen und dann nach dem anderen aus. Sie liefen bereitwillig darauf und klammerten sich daran fest, während wir zum Haus zurückgingen.

Dort trocknete ich sie vorsichtig mit einem Handtuch. Sie jammerten die ganze Zeit leise. Als sie sich ein bißchen aufgewärmt hatten, begannen sie, sich heftig zu putzen. Mike und ich setzten sie nur wenige Zentimeter von meinem Kissen ab. Sie umfaßten die Messingstäbe des Bettkopfteils mit ihren winzigen Krallen. In der Nacht kehrten die schweren Regenfälle zurück, die bis zum frühen Morgen andauerten. Die beiden Vögel hätten vermutlich nicht überlebt, wenn sie draußen geblieben wären.

Am Morgen erwachte ich davon, daß sie mir beide die Haare putzten. Sie wollten sich ganz offensichtlich mit mir anfreunden. Später erfuhr ich, daß sie »wilde« Haustiere des Gastwirts waren und die Nacht immer in einem Nierenbaum verbrachten. Möglicherweise waren ihre Eltern von Raubtieren getötet worden, wahrscheinlicher jedoch hatten Kinder sie aus ihrem Nest geholt.

Solange wir dort waren, kamen die beiden immer vom

Baum herunter, wenn ich nach ihnen rief: »Na, wie geht's euch?« fragte ich sie, und sie huschten vom Ast herunter auf meine Hand. Manchmal kletterten sie auch auf meine Schulter und blieben darauf sitzen, wenn Mike und ich in den Regenwald gingen. Man sagte mir, daß sie ausschließlich auf meine Stimme reagierten. Es war, als wüßten sie, daß ich ihnen in jener kalten Sturmnacht das Leben gerettet hatte.

Abgesehen von seiner Weigerung zu duschen wurde Tiko in jenem Sommer, nachdem er beschlossen hatte, eine enge Beziehung mit mir einzugehen, im Rahmen seiner Möglichkeiten erstaunlich entgegenkommend. Ich hatte eine spezielle, nicht ganz eineinhalb Zentimeter dicke und knapp einen halben Meter lange Stange, die ich ihm hinhielt, wenn Mike und ich morgens um halb neun zu unserer Arbeit aufbrachen. Das war das Signal für ihn, wieder in den Käfig zurückzukehren. Mike und ich hatten nun in allen Räumen derartige Stangen, so daß überall eine zur Hand war für den Fall, daß Tiko wieder mal schlechte Laune hatte.

Ich wollte nicht, daß Tiko es mit der Rückkehr in seinen Käfig assoziierte, wenn er auf meine Hand kletterte, also benutzte ich immer die Stange, um ihn dorthin zu bringen. Er hatte nichts gegen seinen Käfig – ganz im Gegenteil. Trotzdem hielt ich ihm die Hand nur dann hin, wenn ich sicher war, daß das, was wir tun wollten, ihm auch Spaß machte. Der Sommer verlief sehr angenehm. Mike und ich verzichteten auf unsere sonst üblichen Forschungsfahrten zu den entlegensten Winkeln der Erde und blieben zu Hause. Ich verbrachte viel Zeit in meinem Labor in der Rutgers University, wo während der Sommermonate Ruhe herrschte. Ich arbeitete mit meinen Assistenten, betrieb

Feldforschung mit Mike oder schrieb daheim Artikel für wissenschaftliche Zeitschriften. Außerdem werkelte ich im Garten. Alles in allem war es eine angenehme Abwechslung zu meinem ansonsten ziemlich hektischen Leben. Es war schön, sich ein bißchen Zeit lassen zu können und auch mal eine Weile zu Hause zu sein.

Als ich im Herbst wieder mit dem Unterricht begann, waren meine Gedanken oft bei Tiko. Seine enge Beziehung zu mir erlegte mir eine Verantwortung auf, die mir ständig bewußt war. Es handelte sich dabei nicht um eine Last, sondern eher um eine Art Vertrauenspakt, und ich war stolz, ihn erfüllen zu können. Die Tage wurden kürzer, und die Sonne verblaßte allmählich. Tiko und ich gingen auf unseren ersten Jahrestag zu. Wenn ich mit ihm zusammen war, beobachtete ich ihn nicht nur mit Zuneigung oder intellektueller Neugierde. Es war mehr. Ich erkannte allmählich, daß ich viel von ihm und seinem Verhalten lernen konnte.

Obwohl Amazonen in den Tropen weit verbreitet sind, weiß man wenig über ihr Brutverhalten und ihr sonstiges Leben in der Wildnis. Sie lassen sich aufgrund der dichten tropischen Vegetation nur schwer beobachten und suchen sich gewöhnlich Nistplätze in den Baumkronen. Sie halten sich meist dort oben auf, und ihr grünes Gefieder ist kaum von den Blättern und Ranken des Waldes zu unterscheiden. Ich habe in Costa Rica viele Stunden vor einem Amazonennistplatz zugebracht, wurde aber nur mit dem kurzen Anblick eines heranflatternden Männchens belohnt. Außerhalb der Brutzeit legen die Schwärme große Entfernungen zwischen Schlafplatz und Futterbäumen zurück. Beim Fliegen machen sie ziemlich großen Lärm, aber wenn sie fressen, ist nichts von ihnen zu hören, und doch ist es in ihrer grünen Welt viel leichter, sie mit den Ohren wahrzunehmen, als sie zu sehen.

Nach dem Fressen sitzen sie (wie Tiko bei uns) oft stundenlang bewegungslos in den Baumkronen. Sie ähneln dabei den Blüten und Früchten, die sanft im Wind schwanken; man bemerkt ihre Anwesenheit fast gar nicht. Manche von ihnen schlafen, während andere sich putzen. Paare reinigen sich oft gegenseitig das Gefieder, schnäbeln, gurren oder drücken sich eng aneinander.

Tiko hielt sich an den gleichen Tagesablauf. Nach dem Frühstück wurde er normalerweise ruhiger und döste in seinem Käfig, sobald wir aus dem Haus waren. In manchen Ratgebern zur Papageienpflege steht, daß das eine schwierige Zeit für den Vogel sei. Um sie ihm ein bißchen zu erleichtern, schlagen sie vor, man solle während des Tages zu Hause anrufen und einen Gruß auf dem Anrufbeantworter hinterlassen, damit der Papagei die Stimme höre. Ich hingegen bin der Meinung, daß das nicht nötig ist.

Unsere Arbeitszeiten schienen ihm zuzusagen. Wenn Mike und ich ausnahmsweise unter der Woche zu Hause blieben, flog Tiko so gegen Mittag von unserem hellen Arbeitszimmer auf das Geländer vor dem Schlafzimmer, wo es dunkler war, vergrub den Schnabel in den Nackenfedern und schlief genau wie am Wochenende ein oder zwei Stunden, um Kraft zu schöpfen für den Abend. Papageien sind sehr gut in der Lage, sich auch an einen komplizierten Tagesablauf zu gewöhnen, solange sie wissen, wie er aussieht, davon bin ich fest überzeugt. Tiko gewöhnte sich jedenfalls schon bald an den unseren und hielt unerschütterlich daran fest. Er begann den Tag gern immer zur gleichen Zeit (das änderte sich ein bißchen, wenn die Tage länger wurden), auch wenn ich einmal früher aufstand. Falls ich zu spät dran war mit einer Mahlzeit, flog er auf seine Stange und rief »Crackerboy!«, um mich daran zu erinnern, daß wir etwas essen mußten.

Im Lauf der Zeit gewöhnte Tiko sich an unseren Tagesablauf und konnte bald jeden Schritt voraussehen. Wenn ich am Morgen die Aktentasche in die Hand nahm, flog er aufs Geländer und wartete darauf, daß ich seine Stange holte. Schließlich war er genau wie wir lange auf gewesen und hatte nichts dagegen, ein bißchen Schlaf nachzuholen. Wilde Papageien schlafen viel: die ganze Nacht (in der Äquatorgegend zwölf Stunden) und dazu noch die eine oder andere Stunde tagsüber.

An einem hektischen Morgen vergaß ich einmal, ihn in seinen Käfig zu setzen, bevor ich das Haus verließ. Als ich am Abend zurückkam, saß er trotzdem drin, die Tür weit offen. Wenn wir von unserem normalen Tagesablauf abwichen, machte er uns darauf aufmerksam. Manche Papageien fühlen sich in ihren Käfigen abgeschoben und mögen sie deshalb nicht, doch Tiko empfand ihn als Zuflucht. Er blieb sogar noch darin, wenn ich von der Arbeit zurückgekehrt war, bis ich ihm die Hand hinhielt. Wenn sich mein Erscheinen verzögerte, rief er mich mit lauter Stimme, oft mit seinem gellenden Kontaktschrei, aber immer vom Käfig aus. Er übte sozusagen mit mir: Meine Rolle war es, zu ihm zu kommen, die Finger auf die Stäbe zu legen, darauf zu warten, daß er daran knabberte, und schließlich in den Käfig zu greifen und ihn herauszunehmen. Jegliche Abweichung von dieser Handlungsabfolge brachte ihn aus der Fassung.

Er lehrte mich, wie ich es anstellen mußte, um nicht gebissen zu werden, und das war letztlich gar nicht so schwierig: Ich mußte einfach lernen, was ihn provozierte, und durfte das nicht wiederholen. Da Papageien im Vergleich zu Katzen und Hunden klein sind, glauben wir, wir könnten sie herumtragen, wie es uns beliebt. Doch eine Katze nehmen wir auch nicht jedesmal hoch, wenn wir

Lust dazu haben. Papageien, das zeigte mir Tiko, sollte man mit dem gleichen Respekt behandeln wie Hunde und Katzen.

In unserem zweiten gemeinsamen Jahr hatte ich schließlich das Gefühl, daß Tiko voll und ganz in sein neues Zuhause integriert war. Manchmal stürzte er sich noch auf mich und kniff mich, wenn er Hunger hatte oder übermüdet war oder mitten in der Nacht aufgeweckt wurde. Er haßte Überraschungen: Neue Erfahrungen konnten zu einer feindlichen Haltung oder zu Schlimmerem führen. Aber allmählich ließen seine Reizbarkeit und Ängstlichkeit nach, und er legte sich nicht mehr so oft mit Mike und mir an. Als ich lernte, die Zeichen, die er mir gab, besser zu verstehen, und als er begriff, daß er bei uns bleiben würde, kniff er uns seltener und kreischte auch nicht mehr so häufig. Die Frage, ob ich ihn oder er mich erzogen hatte, konnte nie so ganz geklärt werden. Ich vermute, daß letzteres zutrifft. Ich hatte lernen müssen, seine Körpersprache richtig zu interpretieren, seine Rufe und Laute zu deuten.

Körperliche Züchtigung machte aus mir eine gute Schülerin. Ein leichtes Senken des Kopfes, das lernte ich, hieß, daß er nicht mitkommen wollte, und eine Folge von gurrenden Lauten bedeutete: »Bitte nimm mich mit.« Allmählich gelang es mir, eine Attacke, bei der Hals und Schnabel nach unten weisen, von seinem Wunsch, sich mir zu nähern, bei dem Hals und Schnabel gerade gehalten werden, zu unterscheiden. Ich wußte nun genau, was mir blühte, wenn seine Augen rot aufleuchteten, und ich achtete auf den kurzen, rauhen Ruf, der manche seiner Angriffe begleitete. Doch nicht nur ich verstand jetzt besser, was er wollte, nein, auch seine Signale wurden deutlicher. Seine anfängliche eigene Unsicherheit und Unschlüssigkeit hatten sie verwässert und schwer deutbar gemacht. Jetzt, da er selbst genauer wußte, was er wollte, verwandelte er sich in den großen Kommunikator. Wenn ich ihn in einer seiner Greta-Garbo-Launen belästigte, bezahlte ich mit einem Biß dafür, bei dem allerdings nur selten Blut floß. Nach einem solchen Scharmützel sah er mich dann mit funkelnden Augen an, als wolle er sagen: »Ich hab' dir doch erklärt, was ich will, warum bist du so begriffsstutzig?«

Die meiste Zeit jedoch gab er sich damit zufrieden, mich zu beobachten und meine Haare oder Finger zu putzen. Viele Stunden verbrachte er schlafend neben mir. Gern klammerte er sich auch an meine Hand oder an ein Bein. Besonders schien er es zu genießen, wenn er sich an meinem Fuß festhielt, während ich am Morgen im begehbaren Kleiderschrank stand und überlegte, was ich anziehen sollte.

Papageien haben nicht nur eine enge Bindung an ihren Schwarm, sondern auch an ihr Zuhause. Selbst wenn sie weite Strecken zwischen Schlaf- und Futterplatz zurücklegen, kehren sie am Abend immer wieder zurück. (Es gibt nur wenige Ausnahmen, Arten, die im trockenen Innern Australiens leben, Nomaden, die auf der Futter- und Wassersuche tagtäglich Hunderte von Kilometern zurücklegen.)

Ich war Tiko dankbar für die Einblicke, die er mir in die Welt der Papageien gewährte, für die Möglichkeit, Verhaltensweisen zu beobachten, die ich in der Wildnis nie gesehen hätte. In der neuen Umgebung, die er nun als die seine akzeptierte, war ich seine Gefährtin, nicht mehr ein fremdes Wesen, vor dem er sich in acht nehmen mußte. Ganz allmählich eröffnete sich mir der Reichtum seiner Welt. Er gab mir immer wieder zu verstehen, wie wenig ich wußte.

In jenem ersten Jahr unseres Zusammenlebens trug Tiko

auch dazu bei, daß sich die Richtung meiner wissenschaftlichen Forschungen veränderte. Er sorgte dafür, daß sich mein Interesse von der reinen Wissenschaft auf jenes Gebiet verlagerte, wo Wissenschaft und Naturschutz sich überschneiden. Plötzlich wurde mir klar, daß meine Verantwortung ihm gegenüber und das Vertrauen, das er mir entgegenbrachte, sich auf alle Lebewesen und unseren ganzen Planeten ausdehnen ließen. Das habe ich Tiko zu verdanken. Früher war mir daran gelegen gewesen, den Lebensraum meiner geliebten Seeschwalben und Scherenschnäbel an den Küsten zu erhalten; jetzt beschäftigte ich mich mit den Möglichkeiten, die Lebensräume aller Tierarten auf der Welt zu schützen.

Der Winter neigte sich seinem Ende zu, und als es wieder Frühling wurde, legte Tiko zum zweitenmal ein neues Kleid an. Er kam in die Mauser, und diesmal verlor er die Flügelfedern symmetrisch. Sie wuchsen mit leuchtenden Farben nach.

Kapitel Sechs

Tiko hat kein Spatzenhirn

Wegen unserer vollen Tagesprogramme fanden Mike und ich nur selten Muße für ein ausgedehntes Frühstück, nicht einmal am Wochenende oder in den Ferien. Doch eines Sonntagmorgens im April 1989, ungefähr ein Jahr, nachdem Tiko eine enge Bindung zu mir eingegangen war, beschloß ich, dieses Muster zu durchbrechen. Die Sonne kam warm durch das Fenster herein, das zum Garten geht; die ersten Narzissen brachen durch den Schnee. Finken und Spechte taten sich im Vogelhäuschen gütlich. Ich war mit einem guten, sanftmütigen Mann verheiratet. Meine Beziehung zu Tiko hatte sich im positiven Sinne weiterentwikkelt, und ich hatte plötzlich das Gefühl, daß die Welt in Ordnung war.

»Laß uns heute mal schön lange frühstücken«, schlug ich vor.

»Warum denn das?«

»Weil wir uns alle so gut vertragen und weil ich dich liebe.«

Mike hob eine Augenbraue. »Klingt wie ein richtiger Plan.«

»Laß uns den Frühling genießen und den Grauhörnchen zuschauen.«

Vielleicht klingt das alles für Sie gar nicht so ungewöhnlich, aber für zwei Biologen wie uns war es schöner als ein Abend in der Oper.

»Gern«, sagte Mike. »Ich hatte schon immer eine Schwäche für Grauhörnchen.«

Tiko gesellte sich zu uns in die Eßecke, flog auf seine Stange beim Fenster und beobachtete von dort aus die Vögel draußen im Garten. Ich deckte den Tisch mit selbstgemachter Erdbeermarmelade von meiner Schwester Barbara, warmen Brötchen und Bagels, Frischkäse und Räucherlachs. Tiko hatte bis dahin immer an seinem eigenen Platz gefressen, und so war auch an jenem Tag sein Teller mit Cheerios, Salatblättern und Obst gefüllt. Ich bestrich zwei Bagel-Hälften mit Frischkäse und reichte eine davon Mike. Als ich den ersten Bissen davon aß, verließ Tiko seine Stange, hastete über den Fenstersims, kletterte auf den Tisch und marschierte geradewegs zu meinem Teller. Sein Blick huschte von meinem Bagel zu meinem Gesicht. Als ich ihn weder rügte noch wegscheuchte, holte er sich ein bißchen Frischkäse von dem Bagel und schluckte ihn in Windeseile hinunter. Dann sah er mich mit funkelnden Augen an. Ich verstand, was er mir sagen wollte: Na, endlich gibt's mal was Anständiges zu essen, Joanna!

Von da an verzehrte Tiko das gleiche wie ich, und zwar nicht von seinem Teller, sondern von meinem. Was ihm schmecken würde, war nicht immer vorherzusehen, oft machte er sich auch über Exotisches her. Er wurde ein amüsanter Tischgenosse. Nun befand sich neben den Tellern, Servietten, Gläsern, Messern und Gabeln auch immer Tiko auf dem Tisch und sah uns erwartungsvoll an. Während des Essens begutachtete er unsere Teller und die Schüsseln mit ihren verschiedenen Inhalten und sah sich nach interessanten Gerichten zum Probieren um. Zwischen den Gängen wischte er sich den Schnabel an der Tischkante ab, um klebriges Essen, wie zum Beispiel Pudding, zu entfernen. Wenn ich versuchte, ihm den Schnabel mit einer Serviette abzuwischen, kreischte er entrüstet: »Nein! Nein! Nein!« Mit der Zeit wurde ein Spiel daraus. Ich versuchte, ihm den Schnabel abzuwischen, und er versuchte, mir die Serviette aus der Hand zu zerren.

Pudding, Nudeln, Maiskolben, Süßkartoffeln, Hühnchen – er probierte einfach alles. Das Hühnchenfleisch interessierte ihn nicht so sehr wie die Knochen. Er packte einen abgenagten Schenkel mit dem rechten Fuß, knackte ihn mit einem einzigen Biß und holte das Mark mit der Zunge heraus.

Bei Papageien in Menschenobhut stellt man nur selten Verhaltensweisen fest, die es in der Wildnis nicht gibt. Zwar hat noch nie jemand einen wilden Papagei an einem Knochen nagen sehen, aber ich vermute, daß er es tun würde, wenn sich die Möglichkeit dazu ergäbe. Viele Pflanzenfresser verzehren auch Fleisch, wenn sie die Gelegenheit dazu haben. Während eines Chinabesuchs im Jahr 1992 zum Beispiel sah ich zu meiner Überraschung, daß Wissenschaftler, die vorhatten, Riesenpandas zu fangen, in den Käfig, in den sie sie locken wollten, nicht ihre Lieblingsspeise Bambus legten, sondern Ziegenfleisch. Viel mehr Tiere, als wir denken, fressen Aas.

Es wurde lange angenommen, daß unsere nächsten Primatenverwandten Vegetarier sind. Doch Jane Goodall entdeckte, daß Schimpansen Fleisch fressen, daß sie sogar in Gruppen auf die Jagd gehen. Oft ist die Beute ein Jungtier aus einer anderen Gruppe. Papageien hingegen sind eher Aasfresser als Jäger. Weil sie aber die meiste Zeit oben in den Baumwipfeln verbringen, stoßen sie so gut wie nie auf die Kadaver anderer Tiere. Allerdings kann ich mir vorstellen, daß ein Papagei das Knochenmark eines toten Vogels in einem Nest nicht verschmähen würde.

Anthropologen vermuten, daß das nahrhafte Mark der Knochen von Antilopen und Gnus, die von Löwen und Leoparden getötet wurden, den ersten Menschen das Überleben in den afrikanischen Steppen leichter machten. Knochen aus afrikanischen Ausgrabungen weisen nicht nur die Zahnabdrücke von Raubtieren, sondern auch die Hackspuren primitiver Messer auf. Möglicherweise versteckten sich unsere Vorfahren im Busch, während ein Raubtier seine Beute tötete. Sobald es dann von ihr abließ, holte der frühe Mensch sich die Knochen und schleppte sie in seine Höhle. Ich würde in einer vergleichbaren Situation jedenfalls lieber die Geier vom Aas verjagen, als selbst eine Gazelle jagen.

Einer der Vorteile dieses Nahrungserwerbs bestand darin, daß auch Frauen Fleisch suchen konnten. Und sie stellt die Theorie in Frage, daß die Körperkraft und Aggressivität des Mannes sich durch die Jagd entwickelten. Wenn das nun nicht stimmen sollte, wie entstanden sie dann? Wofür wurden sie gebraucht? Ist die männliche Dominanz – sowohl die körperliche als auch die wirtschaftliche und politische – vielleicht etwas relativ Neues, das nur als uralte, unveränderliche Eigenschaft daherkommt? Die Geschichtsschreibung reicht gerade mal zehntausend Jahre zurück, doch den Menschen und seine Vorfahren gibt es seit mehr als vier Millionen auf der Erde. Möglicherweise war das Verhalten des Homo sapiens während einer langen Periode unserer Evolution völlig anders.

Auch Tiko betätigte sich, wenn er die Hühnchenknochen auf meinem Teller knackte, als Aasfresser. Nun teilten wir am Tisch alles miteinander. Mittlerweile sehe ich das als äußere Manifestation dessen, was ich nun unsere »mittlere Phase« nennen würde. Die Machtverhältnisse hatten sich verschoben. Ich hörte auf, Tiko wie ein Haustier zu behandeln, und sah ihn statt dessen als autonomes Wesen, dessen Abhängigkeit von mir eigentlich nur verdeutlichte, wie notwendig es war zu begreifen, daß seine Wünsche und Bedürfnisse, ja, sein ganzes Leben genauso wichtig waren wie das meine. Schließlich war er derjenige, der aus seinem ureigensten Lebensraum gerissen und gezwungen worden war, sich anzupassen und sich fortan in der Welt jener seltsamen Wesen zurechtzufinden, die in Betten schliefen, unverständliches Zeug redeten, mit Messer und Gabel aßen und – das war das Schlimmste überhaupt – duschten. Er brachte mir eine Menge bei. Irgendwann begriff ich, daß das Kräftemessen zwischen mir und dem Papagei, der mich als seinen Besitz ansah, völlig nebensächlich war. Es lag auf der Hand, wer in unserem Haushalt das Sagen hatte.

Natürlich muß ich gestehen (Tiko gegenüber würde ich das allerdings nie zugeben), daß nicht nur meine Achtung vor der Würde allen Lebens mich dazu veranlaßte, Tiko gewähren zu lassen. Besucher sahen in ihm möglicherweise so etwas wie ein verwöhntes Kind oder einen kleinen Tyrannen. Kapitulierten Mike und ich angesichts seiner Launen? Vielleicht. Doch Tiko trug auch zur Förderung meiner wissenschaftlichen Karriere bei, und inzwischen dürften Sie mich in diesem Punkt gut genug kennen, um zu wissen, daß ich um neuer wissenschaftlicher Entdeckungen willen vor nichts zurückschrecken würde. Tiko sorgte dafür, daß ich das Verhalten der Vögel noch besser verstand als früher.

Ziemlich spät erst begann ich, mein ornithologisches Wissen zur Klärung rätselhafter Verhaltensweisen Tikos zu nutzen. Allmählich begriff ich nicht nur ihn, sondern auch andere Vögel, mit denen ich mich beschäftigte, immer besser. Tiko brachte mich dazu, auf Einzelheiten zu achten, die mir sonst nicht aufgefallen wären. Ich fing an, sein Verhalten mit dem wilder Vögel in Verbindung zu setzen. Das, was ich bis dahin als Renitenz seinerseits interpretiert hatte, erwies sich aus dieser Perspektive betrachtet nun als Nachahmung von in der freien Wildbahn üblichen Verhaltensweisen. Seine Angewohnheit, tage- und wochenlang nur eine Sorte Futter zu fressen und sich dann plötzlich davon abzuwenden, hatte mich zum Beispiel immer besonders geärgert. Nun wurde mir klar, was dahintersteckte: In der Natur stehen die meisten Blumen, Körner, Früchte und Nüsse nur ein paar Tage oder Wochen zur Verfügung. Also frißt der Papagei Feigen, ausschließlich Feigen, so lange diese reif sind. Wenn die Feigenbäume dann abgeerntet sind, muß der Vogel sich auf etwas anderes, beispielsweise Cashewnüsse, umstellen. Tiko ahmte also nur die Freßgewohnheiten seiner wilden Artgenossen nach.

Sobald mir das klar war, konnte ich besser mit seinen kulinarischen Vorlieben umgehen. Ich wehrte mich auch nie dagegen, daß er von meinem Teller fraß, obwohl dieses »Teilen« alles andere als gegenseitig war. Die Narbe an meinem linken Handrücken rührt von einem geistesabwesenden Griff nach ein paar Erdnüssen auf seinem gelben Teller her, der, das lernte ich auf diese Weise, zu jenem Zeitpunkt unserer Beziehung sogar für mich noch verbotenes Terrain war. Später sollte sich das ändern, und Tiko zeigte Momente erstaunlicher Großzügigkeit und Selbstlosigkeit (das Hochwürgen von Pinyon-Nüssen für mich während der Balz ist ein gutes Beispiel), aber damals kannten wir uns noch nicht gut genug, und so ahnte ich noch nichts von seiner Freigebigkeit.

Im großen und ganzen war ich durchaus bereit, mich in Tikos Verhaltensweisen hineinzudenken und sie nicht zu verurteilen. Doch als dann auch noch die frischen Blüten meiner Hibiskuspflanzen in Mitleidenschaft gezogen wurden, versuchte ich, ihn in seine Schranken zu weisen. Tiko kletterte auf den Pflanzen herum, biß die Blüten ab und verspeiste lediglich den unteren Teil davon. Ich redete auf ihn ein: »Kleiner, laß das. Die hübschen Blumen sind zum Anschauen da. Komm, Tiko, warum frißt du nicht das hier?« Dabei deutete ich auf das frische Obst und Gemüse auf seinem gelben Teller. Er sah mich mit jenem merkwürdigen Blick an, der vom unerschütterlichen Willen des Papageis zeugt. »Die Mühe könntest du dir sparen«, schien er sagen zu wollen. Und schon machte er sich auf die Suche nach der nächsten Hibiskusblüte. Es hätte mir weniger ausgemacht, wenn er die ganze Blüte und nicht nur den unteren Teil mit dem Nektar gefressen hätte.

Meine Versuche, ihn daran zu hindern, scheiterten kläglich. Papageien in Costa Rica fressen die Blüten und Früchte vieler Bäume. Zu ihren Lieblingsspeisen gehören wilde Papayas, *Fruta de Mono* (Affenfrucht) und *Huevos de Caballo* (Pferdeeier). Sie schleudern die Blüten einfach weg, wenn sie den Nektar verzehrt haben, genau wie Tiko. Bei manchen Papageienarten wie zum Beispiel der Soldatenamazone in Brasilien, machen Blüten zwanzig bis vierzig Prozent ihrer Kost aus.

Tiko schmeckten meine Rosen, Kresse, Melisse und Minze. Er fraß die leuchtend gelben und purpurfarbenen Stiefmütterchen, die mein Bruder Roy uns geschenkt hatte.

Auch Lilien liebte er. Er stellte sich neben eine Vase, reckte den Hals, packte einen Lilienstiel und zerrte die Blume auf den Tisch. Irgendwann gab ich es auf und ließ ihn fressen, was er wollte. Ich kam sowieso kaum jemals zu einem anständigen Strauß Lilien; die Hirsche schnappten sich die schönsten, lange, bevor ich sie ins Haus holen konnte, und den Rest besorgte dann Tiko.

Praktisch seit Beginn seiner Zeit bei uns knabberte Tiko an unseren Holzfensterrahmen. »Laß das«, sagte ich dann und redete ihm gut zu, auf meinen Finger zu gehen, so daß ich ihn zu seiner Stange tragen konnte. Doch er kehrte immer wieder auf den Fenstersims zurück. Wenn ich ihn erneut wegtrug, machte er Anstalten zum Angriff oder hackte auch manchmal nach meiner Hand. Wenn ich die Stange brachte, setzte er sich darauf und biß darauf herum. Mancher Papagei wird dauerhaft in seinen Käfig verbannt, wenn er an den Holzteilen des Haushalts herumknabbert. Wir hatten sogar noch Glück mit Tiko, weil nicht wenige Papageien Möbel bevorzugen.

Eine Lösung für das Problem fanden wir ganz zufällig, als wir Tiko aus dem Holz eines unserer Apfelbäume einen neuen Sitz bauten. Wir befestigten die Holzstange an einem schweren Fuß aus Stahl, so daß Tiko gefahrlos darauf flattern und sich auch wieder davon abstoßen konnte. Sobald er die neue Stange sah, setzte er sich darauf und begann, an der Rinde herumzuknabbern und sogar Stücke davon zu schlucken. Er verbrachte Stunden damit, Rindenstücke abzulösen und zu fressen. An den Fensterrahmen verlor er jegliches Interesse. Von da an sorgten wir dafür, daß er immer ein frisches Stück Holz zum Knabbern hatte.

Auch in Costa Rica hatte ich Rotstirnamazonen dabei

beobachtet, wie sie stundenlang Rinde von den Bäumen schälten und sie fraßen. Sie trippelten auf der Suche nach vielversprechenden Stellen auf den Ästen herum und begannen dann, das Holz mit dem Schnabel zu lockern. Schließlich lösten sie es mit Hilfe der Füße vollends ab und kauten darauf herum. Um ein besonders leckeres Stück zu erreichen, hängten sie sich schon mal kopfüber an einen Ast. Offenbar diente die Rinde dazu, ihren Schnabel zu wetzen, der, ähnlich wie die Krallen einer Katze, immer weiter wächst und regelmäßig gekürzt und geschärft werden muß.

Die Rinde ist ein Ballaststoff in der Papageiennahrung, die ansonsten zum größten Teil aus Blüten und Früchten besteht. Möglicherweise beinhaltet sie auch Nährstoffe, die für die ausgewogene Ernährung nötig sind. Außerdem hilft sie, das Futter im Muskelmagen, einer verdickten Muskeltasche im Verdauungstrakt unmittelbar vor dem eigentlichen Magen, zu zermalmen.

Eine weitere für mich rätselhafte Verhaltensweise Tikos, die ich durch die Reise nach Costa Rica besser begriff, war sein Bedürfnis, daß ich mich stündlich mit ihm beschäftigte. Um mich dazu zu bringen, machte er durch Kreischlaute auf sich aufmerksam oder kam zu mir, um sich putzen und kraulen zu lassen. Anfangs dachte ich, das habe mit seiner Unsicherheit zu tun, und deshalb wunderte es mich um so mehr, als er sich auch noch später, nachdem er sich bei uns eingelebt hatte, so verhielt. Die Beobachtung von Rotstirnamazonen in der Wildnis jedoch machte mir manches klar: Den größten Teil des Jahres bewegten sie sich in kleinen Schwärmen auf der Futtersuche von Baum zu Baum. Manchmal segelten sie dabei lautstark kreischend über den Wald, als wollten sie die anderen Angehörigen des Schwarms herbeilocken. Dann wieder flogen sie lautlos über das Blätterdach, die Paare immer dicht beieinander. Die Paare blieben auch ganz nahe beieinander, wenn der Schwarm sich auf einem Baum niedergelassen und zu fressen begonnen hatte.

Ungefähr jede halbe Stunde kletterte der eine Partner eines Paares dann gewöhnlich, ungeachtet der verlockenden Früchte, auf seinen Partner zu. Die beiden fingen an, einander zu putzen und vorsichtig den Schmutz aus dem Rükken- und Nackengefieder des anderen zu picken. Das dauerte nur so lange, bis sie das Gefühl hatten, daß alles in Ordnung war. Danach wandten sie sich wieder den jeweiligen Früchten zu.

Tiko freilich kultivierte diese Gewohnheit bis ins Extrem. Seine Putzsitzungen mit mir dauerten jeweils fünfzehn Minuten oder noch länger. Vermutlich hatte das damit zu tun, daß sein Futter vor Konkurrenten sicher und immer in Sichtweite war.

Allmählich wurde ich sehr vertraut mit Tiko. Er war gleichzeitig Haustier, Hausgenosse, wissenschaftliches Beobachtungsobjekt und noch mehr, denn mittlerweile gelang es ihm, meine Stimmung, meine nächste Bemerkung und meine nächsten Handlungen vorauszusehen, genau wie ich auf fast schon unheimliche Weise mit ihm kommunizierte wie mit einem engen Freund.

Nun wurde mir auch immer mehr bewußt, wie intelligent er war. Eines Abends, als ich gerade das Essen in der Küche zubereitete, hörte ich ihn vom Flur aus rufen. Ich verließ die Küche und fand ihn am Fuß der Treppe auf dem Geländer sitzen, von wo aus er mich beäugte. Ich erwiderte seinen Blick verwirrt und hielt ihm die Hand hin. Er ließ sich von mir in die Küche tragen, wo ich ihn auf der Arbeitsfläche absetzte und weiter Knoblauch hackte. Doch als ich begann, das Gemüse in der Spüle zu putzen, verschwand er. Und wieder hörte ich seine Rufe.

Ich kehrte auf den Flur zurück. Was wollte er nur da unten am Fuß der Treppe? Diesmal weigerte er sich, auf meine Hand zu klettern. Statt dessen kletterte er auf den Treppenabsatz, huschte zum Geländerpfosten hinauf und setzte sich aufs Geländer. Wollte er mich irgendwo hinführen? In dieser Situation verstand ich ausnahmsweise nicht, was er vorhatte. Ich stieg langsam die Stufen hinauf.

Doch er glitt bereits seitlich das Geländer herunter, den Blick über die Schulter gewandt, damit er sah, wohin er sich bewegte. Er hielt sich dabei ganz ähnlich wie ein Mensch am Geländer fest, die Zehen von beiden Seiten um das Holz geklammert. Er kam mit rasender Geschwindigkeit auf mich zu. Was, wenn es ihm nicht gelang, rechtzeitig zu stoppen? Ich beugte mich vor, aber gefährlich kurz vor dem unteren Pfosten bremste er, sah mich voller Stolz an und gab einen gurrenden Laut von sich.

»Tiko!« Ich klatschte begeistert in die Hände. »Das ist ja toll!«

Von da an beobachteten Mike und ich ihn häufig dabei, wie er das Treppengeländer herunterrutschte, wieder hinaufwatschelte und, fasziniert von dem Spiel, erneut herunterrutschte. Sobald er mir gezeigt hatte, was er konnte, brauchte er kein Publikum mehr. Ich muß wohl nicht erwähnen, daß diese Aktivität keinen praktischen Nutzen hatte. Er spielte einfach. Vermutlich hatte er schon lange vor jenem Tag gelernt, daß er mich besonders schnell erreichen konnte, wenn er das Geländer herunterrutschte, doch erst später hatte er wahrscheinlich entdeckt, daß das Spaß machte. Irgendwann begann er dann, auf halber Höhe zu bremsen und den Rest der Strecke langsamer zurückzulegen. Er spielte, ja, aber er bewies auch, daß er die Situation im Griff hatte.

Das »Spiel« bei Tieren ist ein interessantes Gebiet. Wir verwenden den Begriff im Zusammenhang mit Aktivitäten, die keinen offensichtlichen Nutzen im Alltagsleben haben. Trotzdem hat es für sie und ihre Jungen genau wie für den Menschen eine wichtige Funktion. Es dient dazu, Geschicklichkeit und Koordinationsfähigkeit zu entwickeln sowie die Grenzen des Gruppenverhaltens auszuloten – beides Fähigkeiten, die wesentlich für den Erfolg im Erwachsenenleben sind. Das Spiel, das wissen wir von der Beobachtung unserer Kinder, ist eine Form des Lernens. Die Wechselbeziehung von Intelligenz und Spiel ist bis heute noch nicht eingehend erforscht worden. Hier drängt sich die Frage nach dem Huhn und dem Ei förmlich auf: Hat das regelmäßige Spielen die Intelligenz erhöht, oder hat die Intelligenz das Bedürfnis zu spielen verstärkt? Sie haben sich wahrscheinlich parallel zueinander entwickelt.

Wenn wir an spielende Tiere denken, fallen uns normalerweise zuerst herumtollende junge Säugetiere ein – miteinander ringende Welpen oder Löwenjunge. Doch auch intelligente Vögel wie Papageien, Krähen, Häher und Raben spielen. Keas, jene polygamen australischen Papageien, die angeblich so scharf auf Nieren und Augen sind, spielen zum Beispiel leidenschaftlich gern. Sie untersuchen ihnen unbekannte Objekte ausgiebig. Es macht großen Spaß, ihre Freude an neuen Dingen zu beobachten, auch wenn sie damit oft Schaden anrichten. Besonders interessant finden sie leuchtende und glänzende Gegenstände. Ich habe schon bald gelernt, in ihrer Anwesenheit meine Kameratasche nicht offen liegen zu lassen, denn sie machten sich nicht nur mit Objektivkappen, sondern auch mit Filmrollen davon. Allergrößtes Vergnügen haben sie an geparkten Autos: Sie pulen glänzende Chromstücke herunter und brechen manchmal eine Antenne ab. Ich habe einmal einen Kea dabei beobachtet, wie er die gewölbte Heckscheibe eines Wagens immer wieder herunterruschte, bis sich ihm schließlich alle seine Freunde anschlossen.

Dem Spiel geben sich im allgemeinen nur Tiere hin, die sich in ihrer Umgebung wohlfühlen. Papageien zum Beispiel, die das Futter, das sie brauchen, bereits am Vormittag gefunden haben, bleibt genug Zeit für Vergnügungen, während andere sich den ganzen Tag mit der Futter- und Schlafplatzsuche abmühen müssen. Junge Tiere spielen häufiger als ältere, weil sie noch frei sind von den Pflichten der Erwachsenen. Die Eltern sorgen für Futter und Schutz vor Gefahren. Mike und ich erledigen diese Aufgaben für Tiko. Trotzdem hat er wahrscheinlich in jüngeren Jahren mehr gespielt als heute. Ich stelle mir oft etwas wehmütig vor, wie er damals bei den alten Damen in Florida gespielt und seinen jugendlichen Charme und Überschwang eingesetzt hat, um sie herumzuscheuchen.

Wilde Papageien können sechzig oder siebzig Jahre alt werden und müssen in der Lage sein, sich auf Veränderungen in ihrer Umwelt einzustellen. Viele ihrer Wälder sind mittlerweile abgeholzt und durch Dörfer und Farmen ersetzt worden. Auch ihr tägliches Leben bringt Unsicherheiten mit sich. Sie müssen Regen- und Trockenzeiten, Hurrikane, die ihre Futter- und Nistplätze zerstören, und Jahre, in denen es nur wenige früchtetragende Bäume gibt, überstehen. In gemäßigten Klimazonen wächst vielleicht ein Dutzend verschiedener Baumarten, doch in den Regenwäldern des tropischen Flachlandes, wo die meisten Papageien leben, kommen Hunderte vor. Papageien entdecken schon bald, wo sich die früchtetragenden Bäume befinden, und wissen ganz genau, in welcher Zeit des Jahres diese Früchte reif sind.

Das verweist auf hohe Intelligenz. »Lernen« läßt sich in diesem Zusammenhang definieren als Fähigkeit eines Tieres, neue Informationen zu verarbeiten, um auf eine sich verändernde Umgebung reagieren zu können. Es handelt sich dabei um eine Verhaltensanpassung, die durch Erfahrung herbeigeführt wird.

Es gibt viele Tiere auf der Welt, deren Nutzung ihrer Umgebung uns verblüfft. Akazienameisen zum Beispiel leben in einer symbiotischen Beziehung mit mehreren Akazienarten im zentralamerikanischen Flachland. Die Ameisen bewohnen die hohlen Dornen der Bäume, die sie mit dem für das Überleben ihrer Kolonien nötigen Protein, Fett und Zucker versorgen. Die Ameisen verscheuchen weidende Tiere sowie die meisten Insekten, die dem Baum schaden könnten. So nützen sie nicht nur ihrer eigenen Kolonie, sondern auch dem Baum. Diese Akazien könnten ohne den Schutz einer großen Ameisenkolonie nicht das reproduktive Reifestadium erreichen, und die Ameisenkolonien ihrerseits findet man ausschließlich in den Dornen dieser Bäume. Wir halten Ameisen nicht für schlau, obwohl sie sich auf bemerkenswerte Weise an ihren Lebensraum angepaßt haben und sich ihr komplexes, instinktives Verhalten über Jahrmillionen entwickelt hat. Wenn ihre Umgebung sich teilweise drastisch verändern oder ganz verschwinden würde, hätten sie Pech. Das intelligente Tier hingegen lernt, sich anzupassen.

Wenn Papageien sich so gut anpassen können, warum sind sie dann so stark von einer bestimmten Ordnung und Struktur abhängig? Sie suchen immer wieder dasselbe Wasserloch, dieselbe Salzlecke und denselben Schlafplatz auf. Vielleicht unterscheidet sich ihr Bedürfnis nach Ordnung gar nicht so sehr von unseren regelmäßigen Mahlzeiten und freien Wochenenden. Befriedigen Religion und

Rituale nicht unsere tiefen Bedürfnisse angesichts eines oft chaotischen Lebens?

Gedächtnis ist ein weiterer Beweis für Intelligenz, und das von Tiko ist ausgezeichnet. Wenn das Erdnußglas leer ist, macht er sich auf zu der Ecke in der Küche, in der wir die Nüsse vor der Umgestaltung aufbewahrten. Und wenn er von seiner Stange hinter meinem Schreibtisch aus entdeckt, daß Mike seine Schreibtischschublade offengelassen hat, huscht er hinüber und sucht darin nach Bleistiften, obwohl wir sie aus genau diesem Grund schon vor Jahren daraus entfernt haben.

Die Erinnerung an seinen peinlichen Absturz in die Toilettenschüssel wird ihn wohl sein Leben lang begleiten. Jahre nach dem Vorfall versuchte ich, ihn (bei geschlossenem Deckel) auf dem Sitz abzusetzen, während ich ein paar Bücher vom Badewannenrand nahm. Doch er wollte nicht von meiner Hand herunter, sondern kletterte sogar an meinem Arm hoch auf meine sichere Schulter.

Junge Papageien bleiben in der Wildnis oft auch dann noch bei ihren Eltern, wenn sie schon allein zurechtkämen. Es ist klüger, wenn sie sich noch nicht selbständig machen und sich so viel aneignen, wie sie können. Sie sehen ihren Eltern dabei zu, wie sie Körner und Früchte knacken, und machen es ihnen dann nach. Sie lernen auch von Geschwistern, und da sie in Schwärmen aufwachsen, von Spielkameraden. Ich habe Familienverbände von Rotstirnamazonen in Costa Rica dabei beobachtet, wie sie sich ganz langsam von Baum zu Baum bewegten und durch häufige Rufe miteinander in Kontakt blieben. Häufig reisen Familienangehörige auch, nachdem die Jungen das Nest verlassen haben, innerhalb des Schwarms gemeinsam. Man nimmt an, daß Papageien, die andere Schwarmmitglieder als ihre Partner oder ihre Jungen putzen, sich mit Familienangehörigen wie zum Beispiel erwachsenen Nachkommen oder Geschwistern beschäftigen. Doch ganz sicher weiß das niemand, und soweit ich informiert bin, hat sich auch noch kein Wissenschaftler eingehend mit diesem Thema befaßt.

Es gibt viele solche Fragen und nicht genug Leute, die sich auf die Suche nach den Antworten machen. Allgemein wird angenommen, daß Papageien die Beziehung zu ihren Jungen jahrelang pflegen. Wenn das stimmt, ist das Lernen durch die Beobachtung erfahrenerer Vögel für die Entwicklung von Jungtieren von höchster Bedeutung. Das würde auch zumindest teilweise die Probleme erklären, die der U.S. Fish and Wildlife Service mit seinem Brutprogramm für Kiefernsittiche hatte.

Diese Papageienart starb in den dreißiger Jahren in den Vereinigten Staaten aus. Heutzutage findet man nur noch einige solche Vögel in den Bergen Mexikos. Zwar gibt es immer noch ein paar verstreute Hochwälder in Arizona, aber die riesigen Waldgebiete, die sich früher bis nach Mexiko erstreckten, sind inzwischen verschwunden. Jetzt, da diese Papageienart auch in den Wäldern Mexikos auszusterben droht, werden immer wieder Versuche unternommen, sie erneut in den Bergen Arizonas anzusiedeln.

Bei solchen Projekten hat man zwei Möglichkeiten: Man kann entweder in Menschenobhut aufgewachsene Tiere auswildern oder wilde Vögel in neue Gebiete umsiedeln. Beide Alternativen sind problematisch. Es ist schwer, Tieren, die in Gefangenschaft aufgewachsen sind, beizubringen, wie man sich an das Leben in der Wildnis anpaßt, und wilde Tiere sind bereits an eine spezifische Region gewöhnt, die sich mit ziemlicher Sicherheit drastisch von dem neuen Gebiet unterscheidet, in das sie umgesiedelt werden sollen. In beiden Fällen gibt es schon Konkurrenten um Futter, Nistplätze und Partner, die den Neulingen überlegen sind. Der Versuch des U.S. Fish and Wildlife Service, den Kiefernsittich wieder in den Staaten anzusiedeln, schlug hauptsächlich deshalb fehl, weil die in Menschenobhut aufgewachsenen Vögel nicht lernten, sich von ihrem traditionellen Futter zu ernähren. Ohne Eltern und Geschwister, die sie hätten beobachten und nachahmen können, schienen sie nicht zu wissen, was sie tun sollten. Die an dem Projekt beteiligten Wissenschaftler pflückten tapfer Kiefernzapfen von den Bäumen, knackten sie und zeigten den Vögeln die leckeren Kerne darin. Vielleicht schluckten sie sogar mit gespielter Begeisterung ein paar davon. Aber die Papageien sahen sie nur mit fragendem Blick an. Wie es ging, lernten sie nie. Als sie dann schließlich ausgewildert wurden, überlebten nur wenige, und auch diese wenigen pflanzten sich nicht fort.

Tikos Anpassungsfähigkeit, Verspieltheit und Erinnerungsvermögen sind Zeichen für seine Intelligenz. Dazu kommt meiner Meinung nach noch seine Geschicklichkeit. Papageien haben, wie bereits erwähnt, einander gegenüberstehende Zehen, jeweils zwei vorne und hinten, und ihre Greiffähigkeit kann sich mit der von Primaten messen. Sie kommt der von Händen ziemlich nahe. Papageien können sich aufrecht oder kopfüber an einen Ast klammern; sie können ihre Füße zu Hilfe nehmen, um Nüsse, Körner oder M & Ms zu fressen. Raubvögel tragen Fische, Schlangen, Mäuse oder was sie auch immer sonst erbeuten, in ihren Klauen fort. Sie sind in der Lage, mit ihnen zuzupacken und Dinge zu zerfetzen, aber sie können damit genausowenig Gegenstände benutzen wie ein Mensch ohne Daumen. Tiko hingegen nimmt eine Cornflake-Flocke auf, führt sie zum Schnabel und knabbert manierlich daran. Man könnte ihn zu einer Abendeinladung ins Weiße Haus mitnehmen, ohne eine Blamage befürchten zu müssen. Natürlich wird er nie lernen, mit Keulen zu jonglieren, während er auf einem Einrad fährt, aber was er sonst alles mit seinen Zehen schafft, ist beeindruckend.

Lange glaubten Wissenschaftler, daß die Intelligenz sich unabhängig von der Form entwickle. Ein Vierbeiner wurde vielleicht irgendwann zum Zweibeiner, aber seine Fähigkeit, Probleme zu lösen, entwickelte sich ihrer Ansicht nach völlig eigenständig. Man war mit einem Hindernis konfrontiert, überwand es, lebte folglich länger als diejenigen, denen das nicht gelang, zeugte demnach auch mehr Nachwuchs und gab diesem die eigene Intelligenz weiter. Heutzutage wird im allgemeinen angenommen, daß sich Intelligenz und Form parallel entwickelten. Evolutionsbiologen zum Beispiel schreiben die Vergrößerung unseres Gehirns der Entstehung des abspreizbaren Daumens zu, der es unseren Vorfahren ermöglichte, ihre Umgebung zu manipulieren und zu erforschen. Ein großes Gehirn hat keinerlei evolutionären Vorteil, wenn gleichzeitig die körperlichen Mittel zur Umsetzung der guten Ideen fehlen. In so einem Fall erkennt man zwar, wie nützlich es wäre, Feuer zu machen oder Körner auszusäen, aber wozu ist das gut, wenn man nicht fähig ist, einen Funken zu schlagen oder ein Loch zu graben?

Beim Menschen führten Neugierde und kognitive Fähigkeiten vermutlich zu neuen Ergebnissen, als sich der abspreizbare Daumen entwickelte. Auf ganz ähnliche Weise hatte die Entwicklung abspreizbarer Zehen beim Papagei größere Neugierde und eine bessere Entwicklung des Gehirns zur Folge. Der Neokortex des Papageis, also die am höchsten entwickelte Region seines Gehirns, ist im Verhältnis zum Körper größer als bei den meisten anderen Vögeln.

Auch andere Vögel sind schlau. Krähen zum Beispiel passen sich sehr gut an den Menschen an. Sie begreifen schnell, daß ihnen von einer Vogelscheuche kein Unheil droht und daß jemand mit einer Schrotflinte gefährlicher ist als jemand ohne. Die Krähen wußten immer ganz genau, wann ich als kleines Mädchen auf die Felder kam, um sie zu verjagen, und wie lange ich normalerweise dort blieb. Sie warteten einfach ab und behielten mich im Auge, bis ich meine Runden beendet hatte, und machten sich dann über die Felder her. Aber mit ihren Füßen sind sie nicht in der Lage, Dinge mit harter Schale zu öffnen, damit sie sie fressen können. Sie sind längst nicht so geschickt und schlau wie Papageien.

Ich wußte, daß Tiko klug war, reagierte aber höchst verblüfft, als ich sah, wie er Werkzeuge verwendete. Während meines Studiums hielten Wissenschaftler es noch für selbstverständlich, daß der Mensch als einziger dazu in der Lage sei, Werkzeuge zu benutzen. Diese Fähigkeit wurde sogar als eines der Kriterien angeführt, die den Menschen vom Tier unterscheiden. Andere Lebewesen verwendeten ebenfalls Objekte, aber sie wählten kein bestimmtes für eine bestimmte Aufgabe. Hirsche zum Beispiel rieben sich an Baumstämmen, um ihr Territorium mit Pheromonen zu markieren. Wölfe und Hunde nutzten Bäume und Büsche zu einem ganz ähnlichen Zweck, nämlich als Träger ihrer Urinduftmarken. Viele andere Tiere scheuerten ihren Körper an Bäumen, Felsen oder anderen rauhen Oberflächen. Papageien spielten mit ausgegangenen Federn, schüttelten sie oder sprangen darauf herum. Aber dabei handelte es sich ganz offensichtlich nicht um Werkzeuge. Die verwendeten nur Menschen.

Doch dann beobachtete Jane Goodall, daß Schimpansen Stöckchen benutzten, um damit Insekten aus Baumlöchern und -stümpfen zu holen. Wenn das kein Einsatz von Werkzeugen war, was dann? Dann hörte man plötzlich Berichte, daß auch Vögel Werkzeuge verwendeten. Männliche Arakakadus in Australien und im nördlichen Neuguinea stampften mit den Füßen auf hohle Baumstämme, um Partner anzulocken und Rivalen von ihrem Territorium zu verjagen. Und eines Tages sah man einfallsreiche männliche Vögel, die Zweige abbrachen, um damit auf die Stämme einzuschlagen, was einen viel größeren Lärm machte als die Füße allein. Gebrauch von Werkzeug? Und ob.

Ich selbst habe einen Spechtfink auf den Galapagos-Inseln dabei beobachtet, wie er Larven mit Hilfe eines Dorns aus dem Holz holte. Schmutzgeier setzen sich auf geraubte Straußeneier und lassen immer wieder Steine auf die harte Schale heruntersausen. Sind Dornen und Steine vielleicht keine Werkzeuge? Silbermöwen lassen Muscheln aus großer Höhe auf die Straße fallen, um sie zu öffnen. Hier kann man nicht so eindeutig entscheiden, ob Werkzeug verwendet wird oder nicht, denn man könnte auch behaupten, daß die Möwen sich lediglich ihre Umwelt zunutze machen und kein bestimmtes Werkzeug ausgewählt haben, um eine gewünschte Wirkung zu erzielen. Ich persönlich jedoch würde argumentieren, daß sie sowohl die Straße als auch die Schwerkraft als Werkzeuge nutzen. In Barnegat Bay, mitten in New Jersey, habe ich junge Silbermöwen beobachtet, wie sie erwachsenen Tieren zusahen, die Muscheln aus großer Höhe fallen ließen und dann das Fleisch aus den offenen Schalen holten. Daraufhin machten sich die Jungen selbst mit Muscheln im Schnabel auf den Weg, ließen sie in den Sand fallen, und nichts tat sich. Sie probierten es noch einmal aus größerer Höhe, und wieder passierte nichts. Als nächstes versuchten sie es mit der Straße, doch wenn es sich dabei um einen nicht asphaltierten Feldweg handelte, geschah wieder nichts. Wenn sie dann schließlich eine harte Oberfläche wählten, hatten sie plötzlich Erfolg. Besonders einfallsreiche Möwen finden vielleicht sogar irgendwann heraus, daß sich Schalen auch auf Brettern knacken lassen. Wenn Sie also in Zukunft irgendwo am Strand ein Brett entdecken, um das zahlreiche Muschelschalen herumliegen, wissen Sie, daß Sie das Werk eines Möwen-Einsteins vor sich haben. Sollte Ihnen allerdings ein Häuschen am Strand gehören, und die Möwen lassen die Muscheln auf ihr Haus- und Autodach fallen, wird Ihre Bewunderung sich in Grenzen halten.

Anfang der siebziger Jahre gab es einen legendären Mangrovereiher im Nationalzoo von Washington, D.C., der sich beim Fischefangen einen Trick ausdachte. Er ließ eine Feder in den kleinen Bach fallen, der durch sein Gehege plätscherte, und hastete dann ans untere Ende, um die Fische, die nach dem Köder schnappten, aufzuspießen. Der Reiher, der sich eindeutig ein Werkzeug zunutze machte, unterhielt die Zoobesucher stundenlang. Ich habe Reiher in der Wildnis beobachtet, die das gleiche mit Stöckchen machten. In Japan verwenden andere Reiherarten Zweige, Blätter, Fliegen oder andere Insekten als Köder.

Obwohl ich alle diese Geschichten kannte und manches davon schon selbst beobachtet hatte, überraschte es mich doch, als Tiko zum erstenmal ein Werkzeug benutzte. Eines Morgens, nicht lange, nachdem er begonnen hatte, von meinem Teller zu fressen, kam er zu mir, damit ich ihn kraulte, doch ich arbeitete gerade an meinem Schreibtisch.

»Eine Sekunde, Tiko. Laß mich das hier noch schnell fertig machen.«

Er gab keine Ruhe, stupste zuerst die Finger der einen,

dann die der anderen Hand an und zog schließlich an meinem Stift. Bei einem solchen Kräftemessen gewann gewöhnlich Tiko. Doch unvermittelt richtete er sich auf und schaute sich um. Ich konnte fast sehen, wie er überlegte. Dann watschelte er entschlossen zum Bücherregal hinüber und kletterte zu dem Fach hinauf, in dem ich seine Flügel- und Schwanzfedern von der ersten Mauser in einem hohen Glas aufbewahrte. Ich beobachtete ihn fasziniert, wie er eine Feder in den Schnabel nahm, sie ein Stück herauszog, sie betrachtete und wieder ins Glas zurückgleiten ließ. Anschließend wiederholte er den Vorgang mit mehreren anderen Federn. Schließlich entschied er sich für eine lange Schwungfeder. Er packte sie fest mit dem Schnabel und reckte den Hals, um sie aus dem Glas zu holen. Voller Bewunderung sah ich ihm zu, wie er die Feder mit dem rechten Fuß umdrehte, so daß der Kiel nach innen schaute, und ganz aus dem Schnabel nahm. Dann kratzte er sich damit Nacken, Gesicht und besonders vorsichtig die Stellen um die Augen. Hinterher wechselte er über den Schnabel die Seite und nahm die Feder mit dem linken Fuß, mit dem er sich nun links am Kopf kratzte. Dabei schloß er die Augen und ließ den Kopf sinken, bis er das Regalfach berührte. Genauso reagierte er auch, wenn ich ihn kraulte.

Dies war nicht nur ein Beispiel für den Gebrauch von Werkzeug, sondern auch für das, was ich »Lernen durch Einsicht« nenne. Damit meine ich die Fähigkeit, ein Problem aus der Welt zu schaffen, ohne vorher mit verschiedenen Lösungen experimentiert zu haben. Tiko war nicht über einen Stift gestolpert und hatte durch die Trial-and-Error-Methode entdeckt, daß er sich damit selbst kraulen und putzen konnte. Er hatte vielmehr das Problem durchdacht und danach gelöst, und mir blieb die Spucke weg vor Erstaunen.

Nach jenem ersten Mal kletterte Tiko immer zu dem Glas hinauf, wenn ich nicht auf seine Aufforderung, ihn zu kraulen, reagierte. Trotzdem stellte er seine Versuche mir gegenüber nicht ein, und wir behielten unsere Gewohnheit auch weiter bei, weil sie uns beiden Spaß machte. Das Glas war sozusagen eine Ausweichmöglichkeit für ihn. Es faszinierte mich, daß ich bei einem Nicht-Primaten Zeugin autoerotischer Akte wurde.

Manchmal wollten wir ihn in Gesellschaft von Besuchern dazu bringen, seinen Einsatz von Werkzeugen vorzuführen. Dann hielten wir ihm eine Feder hin und ermunterten ihn, doch bei solchen Gelegenheiten erging es uns wie den meisten stolzen Haustierbesitzern: Er enttäuschte uns oft. Wenn Tiko nicht in der Laune war, warf er die Feder einfach auf den Boden. Begriffen wir dann immer noch nicht, sah er uns mit böse funkelnden Augen an.

Kurz nach seiner ersten Selbst-Kraul-Aktion entdeckte Tiko eine Möglichkeit, sich den Weg zu dem Glas auf dem Regal zu sparen. Wenn eine Feder beim Putzen herausfiel, benutzte er sie, um sich damit zu kratzen. Wenn er spürte, daß sich eine lockerte, zog er sie ganz heraus.

Dann merkte er, daß sich auch ein Stift zum Kratzen und sogar zum Putzen verwenden ließ. Natürlich geriet er dadurch in einen inneren Konflikt, denn plötzlich war er hin- und hergerisssen zwischen seiner Gier, den Stift zu zernagen und seiner Lust, sich damit zu putzen.

Die Art und Weise, wie Tiko sich mit seinen Federn selbst kratzte, wird man wohl in der Wildnis nicht beobachten, denn die meisten wilden Papageien haben Partner oder Verwandte, die sie putzen können. Aber wilde Papageien verbringen den größten Teil der Zeit in den Baumwipfeln – wer weiß schon genau, was sie dort oben treiben? Möglicherweise gibt es sogar irgendwo in Costa Rica einen alten Amazonenwitwer ohne Familie, der lediglich eine Feder oder ein Stöckchen hat, um an die schwer erreichbaren Stellen heranzukommen.

Tiko beeindruckte uns auch noch auf andere Weise durch seine Intelligenz. Im Kamasutra heißt es, zu den vierundsechzig Aufgaben, die ein Mann bewältigen müsse, gehöre es, einem Papagei das Sprechen beizubringen. Stämme in Zentral- und Südamerika glaubten früher, weil Papageien sprechen können, hätten sie eine menschliche Seele. Die englische Königin Viktoria hatte einen Papagei, der sie sehr zu ihrer Freude jeden Morgen mit »God save the Queen!« begrüßte.

Papageien erstaunen uns schon seit Tausenden von Jahren mit ihrer Fähigkeit, unsere Sprache zu sprechen und zu verstehen. Bis vor kurzem noch hielten Wissenschaftler diese Fähigkeit für rein imitativ, für ein gedankenloses Nachplappern. Neuere Forschungen jedoch deuten darauf hin, daß die kognitiven und kommunikativen Fähigkeiten von Vögeln, besonders die von Papageien, lange unterschätzt wurden.

Dr. Irene Pepperberg vom Institut für Ökologie und Evolutionsbiologie der University of Arizona in Tucson, Autorin des Buches *The Alex Studies: Cognitive and Communicative Abilities of Grey Parrots*, kommt aufgrund ihrer langjährigen Forschungen zu dem Schluß, daß Papageien Informationen auf der Ebene von Schimpansen und Delphinen verarbeiten. Irenes afrikanische Graupapageien reden über ihre Vorlieben und Abneigungen. Sie stellen nicht nur einen Bezug zwischen Wörtern und Objekten her, sondern bilden auch zusammenhängende Sätze, die ihre Bedürfnisse und Gefühle ausdrücken. »Tut mir leid, ich will wieder nach Hause«, sagte beispielsweise einer ihrer Papageien, als er merkte, daß sie ihn beim Tierarzt lassen wollte.

Irene und ich sind seit fünfundzwanzig Jahren befreundet, und so lange verfolge ich auch schon, zu welchen Forschungsergebnissen sie kommt. Besonders intensiv arbeitet sie mit Alex, einem afrikanischen Graupapagei, den sie 1977 in einer Tierhandlung in Chicago gekauft hat. Alex ist in der Lage, mehr als achtzig Objekte, sieben Farben und fünf Formen zu unterscheiden. Er hat selbständig mehrere Wörter gelernt, darunter: Papier, Schlüssel, Nuß, Weizen, Lastwagen, Haken, Holz, Korken, Mais, schwarz, Banane, Pasta, Stein, Stuhl, Popcorn, Kiwi, Korn, Karotte, Tasse, Traube und Kirsche. Vermutlich kennt er sie aus Unterhaltungen oder Situationen, in denen er eine Belohnung erhalten hat. Wenn man ihm ein grünes Stück Holz mit drei Ecken zeigt und fragt: »Was hat das für eine Form?«, antwortet er: »drei Ecken«. Wenn man ihm gleich große Objekte gibt und ihn bittet, das größte herauszusuchen, sagt er: »Keins«.

Irene behauptet nicht, daß Alex oder die anderen Papageien, mit denen sie experimentiert, Englisch können, sondern lediglich, daß sie durch Übung Wörter und Begriffe gelernt haben und daß Alex diese Wörter verwenden kann, um sein Begreifen und seine Wahrnehmung zu demonstrieren. Natürlich ist der Unterschied gering, aber nur so beginnen wir zu begreifen, wie ein Papagei denkt und welche Begriffe und Kategorien er lernen kann. George Page beschreibt in seinem wunderbaren Buch *Inside the Animal Mind: A Groundbreaking Exploration of Animal Intelligence* weitere Erlebnisse mit Alex:

»Wie vielen Primaten und anderen Säugetieren, die unter Laborbedingungen getestet werden, wird es auch Alex leicht langweilig. Oft sagt er mitten in einem Test ›Ich gehe jetzt‹, und tut dann genau das. Aber wenn er sich konzentriert, läßt er sich kaum an der Nase herumführen. Wenn er das Wort für ein bestimmtes Objekt sagt, läßt er sich nicht so leicht täuschen. Wenn Alex beispielsweise sagt ›Will Banane‹, und statt dessen eine Nuß bekommt, können drei Dinge passieren: Entweder weist er die Nuß mit eisigem Schweigen zurück, oder er weist die Nuß zurück und wiederholt seine Forderung nach einer Banane, oder er nimmt die Nuß und wirft sie auf den hinterhältigen Menschen, der es gewagt hat, ihn aufs Glatteis führen zu wollen.«

Kritiker betonen immer wieder, daß Irene nun schon seit mehr als zwei Jahrzehnten intensiv mit Alex arbeitet – gibt sie ihm vielleicht subtile Hinweise, derer sie sich selbst nicht bewußt ist? Irene hat ihre Experimente immer sorgfältig geplant, und so ist die Einstellung der Kritiker als deutlich anthropozentrisch zu bewerten: Manche Leute wollen einfach nicht glauben, daß Vögel denken. Schließlich könnte man gegenüber der Art und Weise, wie Kinder lernen, die gleichen Vorbehalte haben. Eltern setzen sich achtzehn Jahre oder noch länger intensiv mit ihren Kindern auseinander. Dabei verlangen wir ja auch nicht, daß dem Lernen der Kinder das »menschliche« Element entzogen wird, beziehungsweise daß die Kinder ohne Rollenvorbilder lernen. Warum sollten wir es dann bei Tieren tun? Wir schicken unsere Kinder bis zu dreizehn Jahre lang in die Schule. Man stelle sich einmal vor, was Papageien in der gleichen Zeit bei ähnlich intensiver Unterweisung lernen könnten!

Tiko hat natürlich (zumindest im Englischen) ein begrenztes Vokabular, aber er war ja auch schon einunddreißig, als er zu uns kam. Papageien schnappen Sprachen genau wie Menschen in jungen Jahren auf, und offenbar haben Libby und Freda diesen Punkt seinerzeit nicht als erste Priorität angesehen. Ich wollte ihn nun auch nicht mehr drängen. Wenn er in Somerset das Sprechen gelernt hätte, wäre das gewesen, als wollten wir im Erwachsenenalter eine Sprache nur mit Hilfe des gesprochenen Wortes lernen, ohne Wörterbuch und Übersetzungsbeistand. Doch Tiko eignet sich auch heute noch neue Laute an, die er in seiner Umgebung hört.

Und trotzdem besitzt Tiko, wie wir bereits gesehen haben, hervorragende Kommunikationsfähigkeiten. Sein Plappern, Gackern, Gurren, Kreischen und Schreien drückt die unterschiedlichsten Stimmungen und Wünsche aus. Papageien sind im Hinblick auf ihre stimmlichen Fähigkeiten einzigartig in der Tierwelt. Die meisten Laute, die andere Tiere von sich geben, sind eindeutig, doch Papageien äußern sich mit komplexen Lauten, die häufig so klingen, als kämen sie nicht nur von einem einzigen Tier. Ihre Rufe ähneln dem Gesang der Sänger aus der russischen Provinz Tuwa, die mehrere Töne gleichzeitig erzeugen können, indem sie die Luftwege in Nase und Hals verengen.

Ein paar Wörter kann Tiko ganz deutlich artikulieren. So ruft er zum Beispiel immer »Hallo!«, wenn er aus seinem Käfig will. Wenn er uns nicht finden kann, watschelt er manchmal von Zimmer zu Zimmer und kreischt dabei »Hallo!«. »Will Cracker!« oder »Crackerboy!« tönt durchs Haus, wenn er Lust auf Brot oder Cracker hat. Freunde erzählen mir, daß er hin und wieder »Joanna!« ruft, aber ich selbst habe es noch nie gehört. Ach ja, und natürlich scheut er sich nicht, das Wort »Nein!« zu verwenden.

Tiko hat eine ganze Reihe von Standardmonologen, die er immer wieder abspult, indem er endlos Phrasen aneinanderreiht. Ich bin mir dann nie sicher, ob er das bißchen Jiddisch, das er damals in Florida gelernt hat, wiederholt oder einige Brocken, die er im Radio aufgeschnappt hat.

Wenn er einen dieser Standardmonologe beginnt, läßt er sich nicht unterbrechen, und dabei sieht er mir schmachtend in die Augen. Ich habe das deutliche Gefühl, daß Tikos Rufe und anderen Laute eine Form der Kommunikation sind – Geplapper, Schmeicheleien, Warnungen. Mike und ich lassen manchmal einen Kassettenrecorder laufen, wenn wir nicht zu Hause sind, doch Tiko schweigt in unserer Abwesenheit.

Besonders gern fängt Tiko mit seinen Monologen an, wenn ich telefoniere. Dann plappert und maunzt er in seiner speziellen Telefonstimme das ganze Gespräch über. Dabei handelt es sich um endlose Variationen eines einzigen Themas aus etwa zwanzig Silben.

»Ich verstehe bloß den Vogel, Joanna«, sagt Guy.

»Tiko, bitte«, sage ich mit wachsendem Unwillen, »ich telefoniere.« Dann legt er den Kopf schräg und sieht mich an, als wolle er sagen: »Tatsächlich? Das habe ich noch gar nicht gemerkt.« Und schon wieder fängt er mit seinem Geplapper an. Will er mich am Telefonieren hindern oder beteiligt er sich nur einfach gern am Gespräch? Er ahmt meinen Tonfall nach – er scheint mit der bemerkenswerten Begabung gesegnet zu sein, gleichzeitig reden und zuhören zu können.

»War nett, wieder mal mit dir gesprochen zu haben, Tiko«, sagt Guy zum Abschied.

Mikes Vater, der viele Jahre als Simultandolmetscher für die Vereinten Nationen gearbeitet hat, meint, nur wenige Leute hätten die für seine Tätigkeit so wichtige Begabung, gleichzeitig zu reden und zuzuhören. Doch ich habe schon oft erlebt, wie ein ganzer Papageienschwarm in der Wildnis zur gleichen Zeit die Stimme erhebt. Ich hatte dabei immer das Gefühl, daß die Vögel auch zuhören.

Tiko liebt Musik und ahmt sie nach, wann immer sich

eine Gelegenheit dazu bietet. Er begleitet nicht nur das Fernsehprogramm mit seinem Gesang, sondern auch Mike und David, wenn sie Gitarre spielen. Er ist ausgesprochen höflich und fängt nie als erster an zu singen, aber wenn er erst einmal in Fahrt ist, übertönt er leicht einen ganzen Raum voller Sternsinger.

Wenn Mike und Tiko miteinander pfeifen, sieht Tiko ziemlich merkwürdig aus, weil er dabei den Schnabel nicht bewegt (der Ton wird in der Syrinx erzeugt, einer Art Kehlkopf im Bereich der Luftröhrengabelung). Als ich eines Tages nach oben kam, hörte ich, wie Tiko eine Sendung im Radio pfeifend begleitete. Er und Mike wechselten sich ab. Dabei wartete jeder höflich, bis der andere fertig war, um dann selbst wieder anzufangen. Tiko pfiff leise, um sich den leisen Stellen anzupassen, und hob die Stimme an den lauteren. Er unterschied ganz klar zwischen Gesang- und Instrumentalstellen und pfiff ausschließlich bei denen mit Instrumenten.

Mike und er haben sich im Lauf der Zeit ein beachtliches Repertoire erarbeitet. Mit mir pfeift Tiko nur selten. Sein Pfeifen mit Mike ist etwas ganz Besonderes, und das weiß er auch. Immer wenn er etwas tut, das Mike nicht mag (zum Beispiel wenn er ihn beißt oder einen seiner Bleistifte anknabbert), fliegt er auf den Kühlschrank und fängt an zu pfeifen, als wolle er sagen: »Entschuldigung! Sind wir wieder gut?« Mike kann ihm dann natürlich nicht widerstehen. Normalerweise pfeifen sie anschließend ein langes Duett miteinander, und Mike vergißt, daß er eigentlich sauer auf Tiko war.

Der Nachahmungstrieb bei Papageien beschränkt sich nicht nur auf Laute; manche Papageien imitieren sogar Gesten. Ein afrikanischer Graupapagei, den ich kenne, winkt mit dem Fuß, wenn er sich von jemandem verabschiedet, der ebenfalls winkt. Ein anderer afrikanischer Graupapagei imitiert die Bewegungen seines Besitzers, wenn dieser in seinen Mantel schlüpft: Er hebt die Flügel wie der Mann die Arme. Andere Papageien lernen durch Beobachtung ihrer menschlichen Gefährten, zum richtigen Zeitpunkt zu nicken oder den Kopf zu schütteln.

Ich neige zu der Annahme, daß wilde Papageien genauso gute Nachahmer sind wie Vögel in Menschenobhut, obwohl es zu diesem Thema nicht allzu viele wissenschaftliche Untersuchungen gibt. Nur wenige Wissenschaftler beschäftigen sich mit Papageienlauten in der freien Wildbahn. Die meisten bemerken nur das Rufen und Kreischen, während Papageien über das Blätterdach hinwegfliegen oder sich hoch oben in den Bäumen ihr Futter suchen. Papageien imitieren Laute jedoch oft nur, wenn sie entspannt sind oder Langeweile haben und sich unbeobachtet vom Menschen glauben. Die Aufnahme von zwei afrikanischen Graupapageien in Zaire erfaßte in einer Nacht über zweihundert verschiedene »Motive« oder Lieder, und davon waren 23 Prozent Nachahmungen neun anderer Vogelarten beziehungsweise einer Fledermaus. Vielleicht sollten wir doch mehr Zeit auf die Erforschung der Nachahmungsfähigkeit auch in freier Wildbahn verwenden.

Möglicherweise hat sich diese Fähigkeit ursprünglich als Methode zur besseren Futterbeschaffung oder zum besseren Schutz vor Räubern entwickelt. Ein Vogel, der die Stimme eines anderen Vogels imitieren konnte, dessen Eier oder Junge er fressen wollte, konnte jenen anderen wahrscheinlich dazu bringen, ihm zu antworten und so seinen Nistplatz zu verraten.

Auf ganz ähnliche Weise konnte ein Vogel, der in der Lage war, seine Feinde nachzuahmen, sie verjagen, weil er sie glauben machte, daß das Revier bereits von einem Räuber besetzt war. Natürlich geschah das nicht bewußt, sondern ein solches Verhalten entwickelte sich einfach, weil ein Vogel, der diese Töne produzieren konnte, bessere Überlebens- und Fortpflanzungschancen hatte und seine Nachahmungsfähigkeit vererben konnte.

Mimikry oder Tarn- und Täuschverhalten ist nicht auf die Tierwelt beschränkt. So betonen Frauen ihre Brüste, und Männer lassen ihre Schultern mit Hilfe von Schulterpolstern breiter aussehen, um attraktiver auf das andere Geschlecht oder gefährlicher auf Rivalen zu wirken.

Ich bin jedesmal wieder verblüfft über Tikos Intelligenz. Das Ausmaß dessen, was er versteht, hat sich im Lauf der Jahre enorm erhöht. Wenn ich sage: »Ich gehe jetzt zur Arbeit«, fliegt er auf das Geländer vor dem Arbeitszimmer und wartet darauf, daß ich ihn in seinen Käfig setze. »Ich gehe in den Garten«, bedeutet für ihn, daß er aufs Fensterbrett fliegt, von wo aus er mich im Garten beobachten kann. Ich habe diese Sätze immer wieder in genau dem gleichen Tonfall probiert, aber Tiko erkennt jedesmal den Unterschied. Wenn ich nach unten zu meinem Trimmrad gehe, ohne ihn mitzunehmen, darf Mike ihn zu mir tragen, allerdings nur, wenn er sagt: »Komm, Tiko, ich bring dich zu Joanna.« Jeder Satz, in dem mein Name vorkommt, führt im Regelfall zu seiner Bereitschaft, jeden überallhin zu begleiten – also macht es mir nicht allzuviel aus, daß ich selbst ihn bis jetzt noch nie meinen Namen habe sagen hören.

Kapitel Sieben

Wachhund Tiko

Tiko hatte sich mir gegenüber immer als besitzergreifender Beschützer aufgeführt, doch nach seiner Werbung um mich verstärkte sich dieses Verhalten noch. Manchmal hatte ich den Eindruck, daß die Werbung im Frühling und Sommer und sein Versuch, mich das ganze Jahr über zu bewachen, die beiden Aktivitäten waren, um die sich sein Leben hauptsächlich drehte. Die Intensität seiner Verbindung zu mir war manchmal schon ein bißchen nervtötend. Wahrscheinlich haben Hundebesitzer ihren Schützlingen gegenüber ein ganz ähnliches Gefühl, aber Hunde werden nicht sechzig oder siebzig Jahre alt und leben nicht den größten Teil dieser Zeit monogam. Hunde umwerben ihre Besitzer auch nicht ausführlich. Meine Beziehung zu Tiko vertiefte sich immer mehr, und allmählich verstand ich, mit welch zärtlicher, aber auch besitzergreifender Vertrautheit Papageienpaare in freier Wildbahn miteinander umgehen.

Tiko wurde nie müde, aus dem Fenster des Arbeitszimmers zu schauen und mich vor Eindringlingen zu warnen: vor den Kindern im Swimmingpool der Nachbarn, vor einem Hund, der in unserem Froschteich ein Bad nahm, vor einem Weißwedelhirsch, der unsere Tomaten fraß.

Tiko hatte höllische Angst vor der über 1,50 Meter langen albinotischen Kiefernnatter, die ich früher in dem Raum mit meinem Trimmrad hielt. Er wandte den Blick nie von ihr ab, wenn sie dort in ihrem Käfig herumglitt, und stieß immer einen lauten Schrei aus, wenn die Schlange anfing, sich zu bewegen, als wolle er mich vor einer drohenden Gefahr warnen. Nur im Winter, wenn die Schlange Winterschlaf hielt, entspannte Tiko sich. Irgendwann verlegte ich die Schlange dann Tiko zuliebe in mein Büro in der Uni.

Tikos Warnrufe sind eindeutig und dienen dazu, mich und Mike, also seinen Schwarm, auf Gefahren aufmerksam zu machen. Wenn Tiko glaubt, daß wir nicht im Haus sind, ruft er auch nicht. Diese Wachsamkeit gehört zu seiner genetischen Ausstattung als Papagei. Tropische Regenwälder und trockene Getreidefelder sind gefährliche Lebensräume, und der Schwarm hat ein ausgeklügeltes System von Signalen entwickelt, um mit Bedrohungen fertig zu werden.

Ich war so hingerissen von Tikos Beschützerhaltung mir gegenüber, daß ich Lust bekam, dieses Verhalten bei einem breiten Spektrum unterschiedlichster Tiere zu erforschen. Was als kleiner Teilbereich meiner Arbeit begann, wuchs sich schon bald zu einer intensiven Beschäftigung mit dem Sicherungsverhalten aus, und schließlich schrieben Mike und ich Artikel darüber und unternahmen zu diesem Zweck Reisen in alle Welt.

Zum Beispiel fuhr ich 1996 nach Australien, um dort dieses Verhalten beim Gelbhaubenkakadu, einem der exotischsten und spektakulärsten Papageien überhaupt, zu beobachten. Der Gelbhaubenkakadu ist groß und hat ein Gefieder von der Farbe und Beschaffenheit weißer bauschiger Wolken, wie man sie oft aus dem Flugzeugfenster heraus sieht. Dazu kommt eine ausgefallene, nach vorne geschwungene gelbe Haube, die sanft hin und her schwankt, wenn der Vogel den Kopf auf- und abbewegt. Er sucht sein Futter auf dem Boden, wo er für potentielle Feinde – Füchse, Hunde und Raubvögel – gut zu sehen ist.

In unseren Breiten erleben wir Kakadus meist als Einzeltiere im Käfig, und so war ich auf meine erste Begegnung mit ihnen in freier Wildbahn gänzlich unvorbereitet – ein Schwarm von achtundvierzig Vögeln, die ungefähr hundertfünfzig Kilometer von Sydney entfernt im Landesinnern auf verlassenen, flachen, trockenen, vom Wind zerzausten Feldern voller Unkraut und Grassamen nach Futter suchten. Das leuchtende Gefieder der Tiere hob sich deutlich von der trüben braunen Landschaft ab. Sie stolzierten durch das Unkraut und schoben die Samen mit dem Schnabel von den langen Stielen, die sich im heißen Wind bogen.

Beim geringsten Anlaß wippten die Hauben der Kakadus mit gespreizten Federn nach oben. Viele Vögel haben Hauben oder Kämme (zum Beispiel Blauhäher), aber wir sehen sie nur selten aufgestellt. Die Kakadus reagierten genauso sensibel auf alles wie Tiko. Wenn sich ein Vogel unbeabsichtigt über eine unsichtbare Grenze in das Gebiet eines anderen begab, reagierte dieser sofort und stellte die Haube auf wie ein Stachelschwein die Stacheln, nachdem er den Eindringling mit einem Schrei gewarnt hatte.

Und so etwas passierte oft genug, denn das Gras war hoch, und die Vögel konzentrierten sich voll und ganz auf die Futtersuche. Doch oft geschah es auch nicht ganz so ungewollt. Wenn beispielsweise ein Kakadu merkte, daß ein anderer eine besonders ergiebige Futterstelle entdeckt hatte, näherte er sich vorsichtig und begann, sich selbst über das leckere Gras herzumachen. Der erste Vogel gab daraufhin ein leises Geräusch von sich, stieß dann einen lauten Schrei aus und stürzte sich bereits Sekunden später auf den anderen, der sich schleunigst aus dem Staub machte.

Ich war nicht nur zur Beobachtung dieses Verhaltens nach Australien gekommen, sondern auch, weil ich Federn sammeln und ihren Schwermetallgehalt mit dem von Federn in unberührteren Gegenden, wie zum Beispiel dem Hochland von Neuguinea, vergleichen wollte. Ich mußte eine besondere Genehmigung dafür einholen, weil der Gelbhaubenkakadu unter die CITES-Bestimmungen zum Schutz gefährdeter Vogelarten fällt. Es war nicht schwer, solche Federn zu finden. Wenn ein Kakadu-Paar mit der Gefiederpflege anfing, begannen plötzlich auch alle anderen. Ethologen nennen das »Gruppenverhalten«, in diesem Fall spezifischer »soziale Bahnung«. Es ist während der Brutzeit auch bei Möwen zu beobachten. Wenn ein Paar kopuliert, inspiriert das sofort die anderen. Am Ende sieht das aus wie eine römische Orgie. Und bei den Kakadus hat dieses Gruppenverhalten der gleichzeitigen Gefiederpflege jede Menge Federn an den Stellen zur Folge, an denen ein Schwarm sich niederläßt.

Mike und ich liebten das australische Hinterland, das sich endlos zu erstrecken schien. Dort herrschte die urzeitliche Atmosphäre, die auch in Teilen Ostafrikas oder der Weite der Pampa anzutreffen ist. Im australischen Busch war noch nichts von den Fesseln der Zivilisation zu spüren, so daß wir ein wenig Energie auftanken und mit neuen Kräften nach Sydney zurückkehren konnten.

In Sydney, wo wir Hunderte von Kakadus in einem Park etwas abseits der Innenstadt fanden, beschäftigten wir uns weiter mit ihnen. Es war schön zu sehen, daß diese Vögel, die lange für den Tierhandel eingefangen worden waren, sich hier so wohlfühlten und herumspazierten wie die Tauben. Sie gingen in großen Schwärmen auf die Futtersuche, wobei einige der Tiere immer vom Schwarm wegschauten, um diesen beim Nahen eines Feindes frühzeitig warnen zu können. Ich ging näher heran, um sie zu fotografieren. Plötzlich rannte ein männlicher Kakadu (die Männchen sind ein bißchen größer als die Weibchen; außerdem haben sie im Gegensatz zu ihnen dunkelbraune, weniger rötliche Augen als die Weibchen) auf mich zu, so daß er sich zwischen mir und seiner Partnerin befand. Schließlich blieb er stehen, sah kurz zu ihr, stellte die Haube auf und lief dann mit ausgebreiteten Flügeln wieder auf mich zu. Ich kannte diese Körperhaltung von Tiko, wenn er Mike sagen wollte: »Laß die Finger von meiner Partnerin!«

Entzückt und fasziniert beobachtete ich, wie die weißen Vögel sich in dem graugrünen Gras bewegten, wie ihre gelben Hauben über den Halmen auf und ab wippten. Die Tiere waren im Schnitt knapp vierzig Zentimeter groß, und das Gras, in dem sie nach Futter suchten, reichte manchmal bis über ihren Kopf, was ihre Sicht einschränkte und es noch wichtiger machte, ein gutes Warnsystem zu haben.

In Sydney wurde mir klar, daß Kakadus ihre fluoreszierende gelbe Haube in diesem Warnsystem einsetzten. Vögel, die in der Mitte des Schwarms nach Futter suchten, behielten die am Rand im Auge, um sofort zu sehen, wenn sie ein Warnsignal gaben, die leuchtende Haube aufstellten wie einen die Sonne reflektierenden Spiegel.

Für die Kakadus selbst muß dieses Aufstellen der Haube noch viel dramatischer wirken als für uns Menschen. Die gelben Federn fluoreszieren im ultravioletten Licht und leuchten grell wie Fackeln. Das habe ich einmal in einem Labor beobachtet. Viele Vögel können im ultravioletten Bereich sehen, doch merkwürdigerweise ist nicht bekannt, ob auch Papageien diese Fähigkeit haben. Ich vermute, daß dem so ist, sonst würden sie sich nicht ständig gegenseitig mit ihrem Gefieder zu beeindrucken versuchen. Für Kakadus ist das, was wir als leichtes Wippen oder Schwanken einer gelben Haube wahrnehmen, ein Leuchtsignal, das vor Gefahr warnt, Rivalen einschüchtern oder die Partnerin durch seine Schönheit blenden soll.

Ein Beispiel für dieses Warnsystem war besonders drastisch. Ich notierte gerade Daten über eine, wie ich meinte, kleine Gruppe von Vögeln in einem ruhigen Teil des Parks. Mike, der mir dabei half, sah den Hund zuerst, der den Weg in Richtung Kakadus heraufkam. Als der Hund die Vögel entdeckte, lief er aufgeregt auf sie zu, und die drei Tiere, die an der dem Weg nächsten Stelle nach Futter gesucht hatten, flogen auf. Plötzlich erhoben sich mit gewaltigem Rauschen einige hundert Vögel aus dem Gras, in dem wir längst nicht so viele Kakadus vermutet hatten, laut kreischend in den blauen Himmel. Das Weiß blendete uns fast.

Es war ein atemberaubendes Schauspiel. Der arme Hund rannte zu Tode erschreckt mit eingezogenem Schwanz weg. Der Kakadu-Schwarm wartete eine ganze Weile, bis er sich entfernt hatte, und ließ sich dann erneut im Gras nieder, wo wieder die meisten Vögel kaum zu sehen waren.

Tikos Wachsamkeit war vermutlich gegenüber seinem entsprechenden Verhalten in der Wildnis übertrieben, wo dieses Sicherungsverhalten direkt mit dem Überleben zu tun hat. Ein Tier, das nicht die Augen offen hält, wird gefressen. Wachsamkeit hat jedoch auch ihren Preis. Ein Tier, das die Umgebung beobachtet, kann keinen Partner umwerben und nicht nach Futter suchen. Weil wir Tiko mit Leckerbissen versorgten, ohne daß er sich je dafür anstrengen mußte, kostete ihn seine Wachsamkeit nichts. Folglich war er unentwegt wachsam wie ein unermüdlicher Wachhund.

Wenn ich meinen Studenten dieses Konzept der Schutzanpassung beibringe, verwechseln sie es oft mit Territorialverhalten. Das ist nicht weiter verwunderlich, weil die beiden Verhaltensweisen oft miteinander in Verbindung stehen. Wachsamkeit heißt ständig auf dem Beobachtungsposten sein, sie richtet sich auf Feinde, Rivalen und potentielle Partner. Territorialverhalten bezieht sich auf die Verteidigung eines Platzes zum Brüten, zur Futtersuche oder zur Aufzucht der Jungen. Man muss auch wachsam sein, um ein Territorium zu verteidigen, aber diese Wachsamkeit richtet sich unmittelbar auf die Erhaltung des Platzes. Wachsamkeit muß nicht unbedingt etwas mit einem Territorium zu tun haben. Tiko war wachsam, wenn er aus dem Fenster schaute, um mich vor Gefahren zu warnen, und legte Territorialverhalten an den Tag, wenn er Mike aus seinem Zimmer verjagte.

Über das Territorialverhalten ist viel mehr geforscht worden als über die Schutzanpassung beziehungsweise das Sicherungsverhalten. Eliot Howard beschrieb 1920 in seinem Buch *Territory in Bird Life* zum erstenmal detailliert das Territorialverhalten. Howard, der seine Ausbildung in Eton und am Mason's College genossen hatte, leitete später das Stahlwerk Stewarts and Lloyds. In seiner Freizeit beschäftigte er sich mit dem Studium der Vögel. Wie viele andere Hobbyornithologen auch trug er viel zur Erweiterung unseres Wissens über diese Tiere bei. Da sie tagaktiv sind, konnten Howard und andere sie morgens vor der Arbeit beobachten.

Die Vorstellung vom Territorialverhalten läßt sich bis zu Aristoteles zurückverfolgen, der feststellte, daß man zum Beispiel Raben immer nur als isolierte Paare antrifft, wenn das Futter lediglich für zwei Vögel reicht. Die Schwanenmeister des ausgehenden sechzehnten Jahrhunderts in England erkannten, daß Schwäne ihre eigenen Nistplätze hatten. Der Gedanke war also bereits vorhanden; Howard brauchte ihn nur noch zu formulieren.

Anfangs beobachtete Howard das Territorialverhalten von Grasmücken. Er sah, daß die Männchen sich zu Beginn der Brutzeit abgrenzten und Anspruch auf einen begrenzten Raum erhoben (heute nennen wir diesen Raum Territorium). Anschließend beschrieb Howard ausführlich das Territorialverhalten vieler verschiedener Arten und wies die Allgemeingültigkeit des Phänomens bei den unterschiedlichsten Vogelarten wie zum Beispiel Krähen, Würgern, Grasmücken, Amseln, Eulen, Greifvögeln, Küstenvögeln und Tauben nach. Howard veröffentlichte bis in die vierziger Jahre Artikel zu diesem Thema.

Im Gefolge von Howard war Ernst Mayr, der im Alter von fast hundert Jahren immer noch an der Harvard University tätig ist, einer der ersten, der (1935) die Kategorien der Territorien analytisch klassifizierte, nämlich: Paarung, Fütterung der Jungen, in Kolonien lebende Arten versus Einzelgänger. 1941 modifizierte Margaret Morse Nice Mayrs Klassifizierung durch die Hinzufügung von »Winter- und Schlafterritorien«. Nun wurde klar, daß Vögel sowohl während als auch nach der Brutzeit unterschiedliche Territorien haben.

Konrad Lorenz integrierte das Konzept vom Territorialverhalten in eine Gesamtsicht des sozialen Lebens der Vögel, besonders der Dohlen. Lorenz und später auch Niko Tinbergen (zwei von lediglich drei Wissenschaftlern, die je für ihre Forschung über Tierverhalten den Nobelpreis erhielten) untersuchten die Funktionen des Territorialverhaltens und stellten eine Verbindung zwischen diesem, den Überlebenschancen und dem Fortpflanzungserfolg her. Ich hatte einmal Gelegenheit, ein höchst interessantes

Gespräch mit Tinbergen in dessen Oxforder Büro zu führen. Seine geniale Fähigkeit, Experimente über Tierverhalten durchzuführen, ohne die betroffenen Tiere aus ihrem natürlichen Lebensraum zu reißen, hat meine eigene Arbeit stark beeinflußt.

In den siebziger Jahren begannen Biologen, sich mit den unterschiedlichen Arten der Territoriumsverteidigung bei Vögeln auseinanderzusetzen und diese in Verbindung zu bringen mit ihrem Verhalten, wenn sie sich gegen Feinde absichern. So wurde die Brücke zwischen Sicherungs- und Territorialverhalten geschlagen. Um ein Territorium zu erobern und zu verteidigen, muß ein Vogel auf Eindringlinge achten und beurteilen, ob eine Reaktion erforderlich ist. Doch das Sichern beinhaltet weit mehr, nämlich die Sorge um Raum, Partner, Nistplatz, Nistmaterial, Futter und den Schutz vor Rivalen und Feinden. Das bewußte Wahrnehmen der Umgebung ist Wachsamkeit; ohne sie würden Vögel nicht nur ihre Partner und ihr Territorium verlieren, sondern auch hungern müssen und Feinden zum Opfer fallen.

Frühe Untersuchungen über das Sicherungsverhalten beziehungsweise die Schutzanpassung von Ronald Pulliam aus dem Jahr 1973 zeigen, daß Tiere, die in Gruppen auf Futtersuche gehen, potentielle Feinde mit höherer Wahrscheinlichkeit entdecken als andere. In den folgenden fünfzehn Jahren bewies eine Flut von Artikeln, daß sich mit wachsender Gruppengröße die für die Wachsamkeit aufgewendete Zeit verringerte. Daraus entwickelte William Hamilton das Konzept von den egoistischen Genen – wer sich in einer Gruppe befindet, läuft weniger Gefahr, von einem Raubtier erbeutet zu werden. Der Löwe reißt immer nur ein Tier auf einmal, und hoffentlich ist man nicht selbst das Opfer.

Mike und ich versuchten, das Konzept der Schutzanpassung auf ein breiteres Spektrum von Tieren anzuwenden. Wir beobachteten Strauße in Kenia und stellten fest: je größer die Gruppe, desto geringer die Wachsamkeit eines jeden einzelnen Tieres. Wir fanden aber auch heraus, daß die Männchen mehr Zeit auf das Sichern verwendeten, und wir postulierten, daß dieses Verhalten sich nicht nur gegen potentielle Feinde, sondern auch gegen Rivalen richtete. Männliche Gnus, das sahen wir außerdem, bringen in der frühen Phase des Fortpflanzungszyklus, wenn sie noch nach Weibchen suchen müssen, mehr Zeit für das Sicherungsverhalten auf, während Gnuweibchen und Impalas dies tun, wenn sie schutzlose Junge haben.

Mittlerweile beschäftigen sich zahlreiche Studien mit den unterschiedlichen Faktoren, die einen Einfluß auf die Wachsamkeit haben, so zum Beispiel Alter, Geschlecht, Unterschlupf und Entfernung vom Unterschlupf. Mike und ich trugen zu der wachsenden Diskussion bei. Wir legten, wie ich meine, überzeugend dar, daß das Sichern ein viel weiter verbreitetes Verhalten ist als das Territorialverhalten, das sowohl mit der Verteidigung des eigenen Lebensraums als auch mit der des Partners in der Paarungs- und Brutzeit zu tun hat. Wachsam sind Tiere jedoch das ganze Jahr über; dieses Verhalten gehört zu ihrem Alltag.

Es war nicht sonderlich schwierig, Tikos Verhalten mit der Wachsamkeit bei anderen Tieren und auch beim Menschen in Verbindung zu bringen. Wir achten ständig darauf, daß wir mit Nahrungsmitteln versorgt sind und eine Unterkunft sowie Arbeit haben und vor potentiellen Gefahren wie herannahenden Autos, anderen Menschen, besonders Dieben und potentiellen Rivalen, geschützt sind. Wir sind die ganze Zeit sowohl unterschwellig als auch bewußt wachsam. Diese Wachsamkeit gehört zu unserer Wahrnehmung der Welt, und ich habe mir schon oft gedacht, daß nachlassende Wachsamkeit ein Symptom für Depressionen ist. Depressive bekommen nicht mehr so deutlich mit, was rund um sie herum vorgeht. Aber vermutlich gibt es auch transzendente Zustände, in denen die Wachsamkeit nachläßt und durch ein Bewußtsein ersetzt wird, das alles durchdringt und nicht mehr länger in dem verankert ist, was möglicherweise die Crux unseres Selbst-Bewußtseins ist.

Tiko war ständig bereit, mich, sein, Territorium und sich selbst zu verteidigen – und das Territorium, das er als das seine betrachtete, vergrößerte sich allmählich von seinen Futterstangen auf sein Zimmer und seine Nistplätze, von dort auf meinen Gymnastikraum sowie schließlich auf alles, was er von den Fenstern unseres Hauses aus sehen konnte. Besonders wichtig war ihm der Raum, in dem sich sein Käfig befand. Als wir unser Arbeitszimmer renovierten, hatten wir seinen Käfig in Debbies Zimmer getragen, damit wir Tiko nicht störten. Seit Debbie zum Studium weggezogen war, hatte ich es als Diavorführraum, zum Nähen und als Ankleidezimmer benutzt – das heißt, bis Tiko davon Besitz ergriff.

Großzügig erlaubte er mir jeden Morgen, seinen Raum zum Ankleiden zu betreten, weil er mir dann, die ganze Zeit leise Lockrufe ausstoßend, seinen Nistplatz unter der Frisierkommode zeigen konnte. Er huschte gewöhnlich darunter und lugte, den Kopf fast auf dem Teppich, hervor, um sich zu vergewissern, daß ich ihm noch meine ganze Aufmerkamkeit widmete. Wenn ich zu lange überlegte, was ich anziehen sollte, kam Tiko zu mir, ergriff mit einem Fuß meinen großen Zeh und begann, sich zu putzen. Das war, als hielten wir Händchen.

Mike und mir gelang es, uns mit Tikos Territorialverhalten zu arrangieren, doch als er auch noch den Kühlschrank für sich in Anspruch nahm, hatten wir ein echtes Problem. Der Kühlschrank war einer von Tikos Lieblingsplätzen, weil er der höchste Punkt in der Küche war, von dem aus Tiko alles überblicken konnte. Er vergewisserte sich, daß Kochen, Servieren und Saubermachen auch zu seiner Zufriedenheit verliefen. Doch allmählich fing er an, den Kühlschrank als sein ureigenstes Territorium zu betrachten, und griff jeden außer mir an, wenn er versuchte, die Tür zu öffnen.

Ich bemühte mich – ohne allzu großen Erfolg –, ihm gut zuzureden, denn Schelte hätte ihn nur aggressiv gemacht. Am weitesten kommt man bei ihm, wenn man ihn besänftigt und beruhigt. »Tiko, mein Kleiner«, sage ich dann, »du mußt die Leute an den Kühlschrank lassen. Ich kann das nicht alles allein machen. Du verlierst nichts dabei, und wir müssen zusehen, daß wir das Essen auf den Tisch kriegen.«

Normalerweise beruhigte ihn der Tonfall. Er verstand genau, was ich wollte, glättete sein Gefieder und hörte auf, sich auf einen Angriff vorzubereiten und mit den Augen zu funkeln. Würdevoll und großmütig richtete er sich aus seiner Kampfhaltung auf. Aber das dauerte im allgemeinen nicht lange. Schon fünf Minuten später saß er wieder geduckt da, die Krallen um den Rahmen des Kühlschranks geklammert, und Mike versuchte, mit ausgestrecktem Arm, den Körper so weit wie möglich von Tiko entfernt, hastig den Saft oder die Marmelade oder irgend etwas für Tiko vollkommen Uninteressantes herauszuholen, als handle es sich dabei um eine Klapperschlange. Es war deutlich zu sehen, daß Tiko Mike genug Zeit ließ zurückzuweichen und daß er ihn nicht wirklich verletzen wollte, doch lustig fand Mike das nicht.

Gern würde ich hier schreiben, daß der Vogel sich diese Untugend inzwischen abgewöhnt hat, aber leider ist das nicht der Fall. Eine Variante sieht folgendermaßen aus: Tiko weiß, daß ich etwas aus dem Kühlschrank holen möchte, das er mag, und daß ich ihm nichts davon geben werde. Er liebt zum Beispiel Käse, der bei übermäßigem Verzehr jedoch eine Verkalkung seiner Arterien bewirken würde. Deshalb rationiere ich ihn.

»Nein, Tiko« sage ich. »Du weißt, daß du keinen Käse kriegst. Du willst doch keinen erhöhten Cholesterinspiegel bekommen und krank werden, oder?«

Darauf reagiert er unwirsch und beginnt, an der Gummi-Isolierung des Kühlschranks herumzupicken.

»Tiko, bitte laß das. Wenn du die Tür kaputtmachst, kühlt er nicht mehr richtig.«

Ein solches »Nein« verübelt er mir und greift mich an.

Ich habe mit Tiko schon viele lange, hitzige Diskussionen über den Kühlschrank geführt, doch genützt haben sie wenig. Sie sind so etwas wie ein ungelöster Grenzkonflikt, der sich, vorausgesetzt, wir würden so alt, wohl die nächsten Jahrhunderte hinziehen könnte. Viel bezwecke ich durch solche Gespräche mit Tiko im allgemeinen nicht. Er hört mir kurze Zeit zu, aber bald schon macht er wieder, was er will. Schließlich haben wir gelernt, ihm aus dem Weg zu gehen, solange er auf dem Kühlschrank sitzt und wir das Essen zubereiten. Wenn wir etwas aus dem Kühlschrank brauchen, öffne ich die Tür. Gäste werden gewarnt. Was Mike betrifft, so sind für ihn die Lebensmittel in seinem eigenen Kühlschrank manchmal einfach nicht zu erreichen, obwohl er inzwischen gelernt hat, sich schnell zu bewegen und Tiko auszuweichen.

Auch im Schlafzimmer ist Tikos Territorialverhalten im Verlauf der Jahre zum Problem geworden. Wenn Mike und ich abends fernsehen, nimmt Tiko zwischen uns Platz. Ich darf mich frei bewegen, aber er krächzt verärgert, wenn Mike es wagt, auch nur ein paar Zentimeter näher zu mir zu rutschen. Ich selbst verfolge das Fernsehprogramm nur halb und lese, während Mike und Tiko die Nachrichten ansehen. Sie lieben außerdem Wiederholungen der Serien *Friends* und *Cheers*, die ich inzwischen langweilig finde. Für chinesisches Essen, Pfeifen und Fernsehen interessieren sich bei uns also nur die Jungs. Tiko beobachtet fasziniert die Leute auf dem Bildschirm, singt Werbemelodien mit und stößt einen Freudenschrei aus, wenn er auf dem Bildschirm einen Papagei entdeckt. Das sind wunderbare, seltene Augenblicke, die uns allen großen Spaß machen. Da Tiko sich angewöhnt hat zu schlafen, während wir im Büro sind, ist er um elf Uhr abends, wenn wir uns allmählich entspannen und auf eine ruhige Zeit zu zweit freuen, hellwach.

Er bekommt alles mit. Tiko sitzt auf dem Kissen über meiner rechten Hand. Mike ist links von mir, zwischen uns eine ganze Menge Bett. Händchenhalten, vielleicht auch mal Mikes Hand auf meiner Schulter, läßt Tiko zu. Sollte Mike aber so dreist sein, näher zu mir zu rücken, mein Gesicht zu streicheln, beide Arme um mich zu legen oder mich gar zu küssen, schießt Tiko sofort auf ihn zu und pickt nach Mikes Kopf. Ich hingegen kann Mike berühren, wann und wo immer ich möchte. Eine solche Berührung löst bei Tiko keinen Zorn aus. Doch auch ich kann ihn verärgern.

Tiko konzentriert sich auf meine Augen. Im Bett erlaubt er mir, hin und wieder einen verstohlenen Blick auf den Mann zu werfen, mit dem ich verheiratet bin. Sollte ich ihn jedoch länger als eine Minute ansehen, marschiert Tiko gleich über das Kissen auf Mikes Kopf zu. Ich darf mich auch mit Mike unterhalten, doch ein bestimmter liebevoller Tonfall provoziert sofort eine Attacke – natürlich gegen Mike, nicht gegen mich, obwohl ich die Schuldige bin. Jede Andeutung sexuellen Verlangens – ein Seufzer, ein leises Stöhnen, ein kurzes, erregtes Luftholen – macht Tiko auf der Stelle fuchsteufelswild, und er stürzt sich auf Mikes Hand. Mike muß dann das Zimmer verlassen, und ich brauche eine ganze Weile, bis ich Tiko wieder beruhigt, ihn für die Nacht in seinen Käfig gebracht und ihm in den süßesten Tönen immer wieder versichert habe, wie sehr ich ihn liebe.

Tagsüber, wenn ich am Computer arbeite, sitzt Tiko hinter mir auf seiner Stange beim Fenster. Manchmal schläft er, doch meist schaut er in den Garten hinunter oder hinauf zum Himmel, den er über dem Wald aus Robinien, Ahornbäumen, Eichen und Zierkirschen südlich unseres Hauses sehen kann. Lange bevor ich irgend etwas am Himmel entdecken kann, stößt Tiko schon seinen Raubvogel-Warnschrei aus, flattert von seiner Stange, wirbelt dabei offen herumliegende Manuskriptseiten auf, watschelt, so schnell ihn seine stämmigen Beine tragen, unter Mikes Schreibtisch und versteckt sich dort hinter gestapelten Kartons.

Im Lauf der Jahre habe ich gelernt, Tikos Raubvogel-Warnschrei von seinem Katzen-Warnruf zu unterscheiden. Sein Tonfall sagt mir sogar, ob der Raubvogel auf einem Baum sitzt oder fliegt. Es ist ziemlich schwierig zu beschreiben, wie diese Rufe sich unterscheiden; es geht da um subtile Variationen von Tonfall, Lautstärke und Eindringlichkeit. Manche Rufe, zum Beispiel der für den Raubvogel, werden schnell hintereinander wiederholt, andere nicht.

Tikos genetisches Gedächtnis für Raubtiere umfaßt nicht nur den Raubvogel, sondern auch den Jaguar und die Schlange. Da Papageien sich in freier Wildbahn meist oben im Blätterdach der Bäume aufhalten, haben Jaguare, obwohl sie klettern können, keine großen Chancen, denn fliegen müßten sie erst noch lernen. Mehr Aussichten eröffnen sich da schon für die Katzen, wenn die Papageien sich auf den Boden des Regenwaldes wagen. Hin und wieder können sie auch in der Nacht von Tayras oder Margays gepackt werden. Tayras gehören der Familie der Nerze und Wiesel an und jagen in den Bäumen bis zu hühnchengroße Vögel. Margays sind vom Aussterben bedrohte Wildkatzen, geschickte Kletterer, die sich von Affen, Nagern, Vögeln und Echsen ernähren.

Auch Giftschlangen und Boas lauern um einen Ast gewunden geduldig und vollkommen getarnt stunden-, vielleicht sogar tagelang auf Vogelbeute. Sollte ein unglücklicher Papagei in unmittelbarer Nähe landen, hat die Schlange durchaus eine Chance. Boas verfolgen Vögel sogar kurze Strecken über die Bäume.

Aber das kommt selten vor. Die Hauptfeinde der Rotstirnamazone sind Greifvögel. Haubenadler zum Beispiel ziehen ihre Kreise so hoch oben am Himmel, daß wir sie mit bloßem Auge gar nicht erkennen können, und nutzen dabei das blendende Licht der Sonne.

Sie erwischen nur selten erwachsene Papageien, aber ein Jungvogel reagiert bisweilen zu langsam auf einen Warnruf oder wagt sich zu weit vom Schutz der Bäume weg. Dann stürzt der Raubvogel mit angelegten Flügeln in unglaublicher Geschwindigkeit herab. Sein Zielvermögen grenzt dabei fast ans Wunderbare, denn er benötigt nur winzige Korrekturen, um solch ein kleines Ziel zu treffen. Der Papagei stirbt oft schon beim Zusammenprall oder wird zumindest betäubt. Der Greifvogel beschreibt dann einen kleinen Kreis und holt sich den bereits herabfallenden toten oder sterbenden Vogel. Wenn der Raubvogel den Papagei nicht gleich beim ersten Versuch erwischt, verfolgt er ihn in einem tödlichen Pas de deux durch die Luft. Der Papagei gleitet so schnell wie möglich zum Blätterdach der Bäume hinunter, weil er dort in dem dichten Geflecht aus Ranken und Ästen mit der ausgezeichneten Manövrierfähigkeit seiner kurzen Flügel gegenüber den langen Flügeln des Greifvogels einen Vorteil hat. Doch manchmal nützt ihm auch der nichts mehr.

Wenn Tiko seinen Raubvogel-Warnruf ausstieß, entdeckten Mike und ich auch immer irgendwann einen Rotschwanzbussard oben in der Luft oder auf einem Baum in der Nähe. Tikos Reaktion war so konsequent, daß es keinen Zweifel gab: Er erkannte Raubvögel. Zu unserem Erstaunen geriet er nicht in Panik, wenn eine Silbermöwe, eine Krähe oder eine Kanadagans über unser Haus hinwegflog, Arten also, die nach Tinbergens Beobachtung manche Vögel verwirren. Nicht einmal wenn Tiko einen Neuweltgeier mit habichtsartiger Flugsilhouette erspähte, suchte er Schutz. Wie gesagt, Tiko wußte genau, was ein Raubvogel war.

Unter dem Schreibtisch kam er nur wieder hervor, wenn ich ihn mit einem »Alles in Ordnung, Tiko, der Greifvogel ist weg« lockte oder wenn eine Viertelstunde vorüber war. Das ist eine ziemlich lange Zeit für ein Tier, das sich am liebsten immer in Sichtweite seiner Gruppenangehörigen aufhält. Alles schmeichelnde Zureden von Mike konnte Tiko nicht hervorlocken, bevor er selbst dazu bereit war. Er versteckte sich nur unter dem Schreibtisch, wenn der Greifvogel auf das Fenster zuflog – das war eine instinktive Reaktion, ganz ähnlich wie wir Menschen blinzeln, wenn sich etwas rasch auf unser Gesicht zubewegt. Wenn ein Greifvogel lediglich draußen herumflog, warnte Tiko mich mit einem Ruf vor der Gefahr, erachtete es jedoch nicht als nötig, Schutz zu suchen. Allerdings rief er aufgeregt weiter, bis ich schließlich sagte: »Alles in Ordnung, ich hab' ihn gesehen.« Dann verstummte er und beobachtete den Raubvogel argwöhnisch, bis er endlich verschwand.

Kapitel Acht

Unser Ritter im glänzenden Federkleid

Tiko als Wachhund ist oft amüsant und hin und wieder auch lästig, aber einmal rettete er auf diese Weise ein Leben. Und ein andermal hätte es fast eines gekostet. Eines warmen Frühlingstages, als Tiko etwa zehn Jahre bei uns war, fand Mike einen verletzten Nordamerikanischen Gürtelfischer unter seinem Bürofenster. Das passiert oft genug, weil Vögel die sich in Glasfenstern spiegelnden Wolken und den Himmel mit der freien Natur verwechseln. Sie knallen gegen das Glas, stürzen auf den Boden und bleiben betäubt auf dem Boden liegen oder sterben sogar. Wenn sie nur benommen sind, werden sie in den ein oder zwei Stunden, die sie brauchen, um sich zu erholen, zur leichten Beute für Katzen und andere Räuber, die gerade des Weges kommen. Am Anfang seiner Zeit bei uns versuchte Tiko einmal, durch ein geschlossenes Fenster zu laufen. Er hat das nie wieder probiert, aber kleinere Vögel scheinen das nicht so schnell zu begreifen.

Wenn man einen solchen verletzten Vogel findet, kann man ihn nur an einen geschützten Ort bringen; falls er nicht sofort stirbt, erholt er sich gewöhnlich nach ein paar Stunden. So nahm Mike den Eisvogel also in einem Karton mit nach Hause, um ihn später freizulassen, wenn er wieder genug Kraft hätte, sich in die Lüfte zu erheben. Es handelte sich um einen dunklen, gedrungenen Vogel, ein bißchen kleiner als Tiko, mit langem, kräftigem Schnabel. Eisvögel leben normalerweise in der Nähe von Flüssen oder Bächen und graben sich Nesthöhlen in einer Lehm- oder Sandbank. Die meisten ziehen im Winter südwärts bis nach Florida, manche bleiben jedoch auch bei uns im Norden. Gürtelfischer haben ein dunkles Band quer über der weißen Brust, dem sie ihren Namen verdanken. Ihr kräftiger Kopf und der ebenso kräftige Schnabel eignen sich wunderbar zum Fischen. Unser Eisvogel war noch ziemlich schwach, und obwohl er schon stehen konnte, bewegte er sich nicht. Er brauchte eindeutig Ruhe. Also ließen wir den Karton im unteren Flur vor dem Raum mit meinem Trimmrad. Ein paar Stunden später setzte ich mich aufs Rad und las wie immer in einem Krimi, während ich vor mich hin strampelte. Das Rad surrte, und mein Atem kam regelmäßig. Klopfende Geräusche begleiteten den Mord an einem Ehemann und die Flucht einer jungen Ehefrau vor einem Angreifer. Sie wäre auf den Stufen zum Haus fast hingefallen, rannte voller Panik durch den Wald, wo sich ihre Haare in den dunklen Ästen verfingen und ihre Füße über Unebenheiten im Boden stolperten. Bitte fragen Sie mich nicht, warum ich von Krimis nicht genug kriegen kann. Jedenfalls helfen sie, das Strampeln auf einem Trimmrad ein bißchen kurzweiliger zu gestalten. Ich war von der Handlung so gefesselt, daß ich das Klopfen, das von dem Karton mit dem Eisvogel im Flur zu mir hereindrang, anfangs mit der Geschichte in Verbindung brachte.

Doch plötzlich fiel mir der verletzte Vogel wieder ein. Und dann dachte ich an Tiko. Eisvögel haben, wie gesagt, einen kräftigen Schnabel; wenn unser Gast auf die Idee kam, Tiko anzugreifen, hatte der ein Problem. Ich rannte hinaus und sah, wie Tiko vom Rand des Kartons aus auf den Kopf des geduckten Eisvogels einhackte. Das Klopfen, das ich gehört hatte, stammte vom Schnabel des Eisvogels, der beim Versuch des Tieres, Tikos Angriffen auszuweichen, immer wieder gegen die Seitenwand des Kartons schlug. Der Eisvogel, dieser Meinung war Tiko offenbar, hatte in Tikos Haus, in seinem Territorium, nichts verloren.

Wir retteten den Eisvogel und stellten den Karton in einen geschlossenen Raum. Tiko bezog Stellung vor der Tür, um sicher zu sein, daß der Vogel nicht entwischte. Zu meiner Erleichterung hatte der Eisvogel Tikos Angriffe ohne Herzattacke überstanden.

Am Nachmittag des folgenden Tages trugen wir den Eisvogel in seinem Karton hinaus in den Garten. Die Natur erwachte gerade wieder aus einem besonders schneereichen Winter. Die Narzissen blühten, und die roten Tulpen begannen sich zu öffnen. Die Robinienblätter waren noch dicke braune Knospen. Aber die Sonne schien bereits warm, und eine Ahnung vom Sommer lag in der Luft. Tiko flog hinunter zu dem Raum mit meinem Trimmrad, so daß er uns durchs Gartenfenster beobachten konnte. Mike machte den Karton auf, holte den Eisvogel heraus und öffnete die Hand. Einen Augenblick lang orientierte der Vogel sich, dann flog er in gerader Linie auf die Bäume jenseits unseres Froschteichs zu.

Wir gingen wieder ins Haus zurück, und jetzt, da der Eindringling verschwunden war, landete Tiko auf meiner Schulter, um sich in unser Arbeitszimmer tragen zu lassen. Danach kam noch jahrelang ein Eisvogel an unseren Teich, um die kleinen Goldfische herauszuholen, und ich glaube ganz fest, daß es der Vogel war, den Mike damals gerettet hatte.

Tiko war offensichtlich auf den Eisvogel eifersüchtig gewesen – Eifersucht und Territorialverhalten sind sowohl bei Tieren als auch bei Menschen eng miteinander verbunden. Tiko mag es nicht, wenn ich einem anderen Tier oder meinem Mann Aufmerksameit schenke. Dabei handelt es sich um eine instinktive Reaktion, die Teil des Paarverhaltens ist, wie es bei Vögeln hauptsächlich während der fruchtbaren Perioden des Weibchens auftritt. Es dient dem Schutz des Weibchens gegen eine Befruchtung durch ein anderes Männchen als den Partner. Das gleiche gilt für Primaten. Das dominierende Männchen verbringt einen Großteil seiner Zeit in Gesellschaft brünstiger Weibchen, um seinen Anspruch zu sichern und potentielle Rivalen auf Distanz zu halten.

Da Menschen immer paarungsbereit sind, werden auch Eifersucht und Territorialverhalten generalisiert. Ähnliches ist bei manchen Vögeln der Fall, besonders bei solchen, die ihre Paarbindung das ganze Jahr über aufrechterhalten. Am stärksten sind sie während der Balz, der Paarung und der Eiablage. Doch das Männchen spielt auch in der Zeit seine Beschützerrolle, in der das Weibchen die Eier ausbrütet. Wenn es nicht zum Schlüpfen von Jungen kommt, beginnt der Zyklus des Weibchens von neuem, und so gerät die Vaterschaft des Männchens in Gefahr.

Tiko verhielt sich das ganze Jahr über wie ein besitzergreifender Beschützer, am stärksten allerdings im Frühjahr. Das hat sowohl bei Menschen als auch bei Vögeln einen biologischen Grund. Wenn die Paarbindung stark und solide ist, fällt die Fortpflanzung zur gegebenen Zeit leichter, und der Nachwuchs eines festen Partners hat eine bessere Chance zu überleben und zu gedeihen. Interessanterweise ist das geschlechtlich motivierte Verteidigungsverhalten, das unter Umständen Eifersucht hervorruft, in der Welt der Tiere eine fast ausschließlich männliche Eigenschaft. Die Männchen können nur sicherstellen, daß sie der Vater des Nachwuchses sind, wenn sie ihre Partnerin Tag und Nacht bewachen. Die weibliche Aggression hingegen spielt eine Rolle, wenn der Vogel Futter und Nistplatz für Eier und Junge verteidigen muß. Weibliche Vögel wehren sich auch gegen das Eindringen von anderen Weibchen, die ihnen den Partner oder das Nest wegnehmen könnten.

Selbst ein Papagei in fester Paarbindung braucht Freunde, und bis zu der Episode mit dem Eisvogel hatte ich oft mit dem Gedanken gespielt, einen zweiten Papagei für Tiko zu besorgen. Tiko war nicht untypisch. Papageien, die eine enge Bindung mit Menschen eingegangen sind, reagieren oft feindselig, wenn ein anderer Vogel in ihr Territorium eindringt. Zwei Jungvögel, die miteinander aufwachsen, haben gute Chancen, Freunde zu werden – aber bei erwachsenen Tieren sind solche Versuche ein großes Risiko. Häufig sind die beiden sich spinnefeind, fordern gleichzeitig die Aufmerksamkeit »ihres« Menschen ein und machen allen Beteiligten das Leben zur Hölle.

Wieso zieht ein Papagei einen menschlichen Partner einem Artgenossen vor? Ein ähnliches Verhalten gibt es auch in der Wildnis. Manche Papageien wählen sich einen Partner des gleichen Geschlechts und zeigen keinerlei Interesse an einem Vogel, der zur Fortpflanzung geeigneter wäre. Hin und wieder kommt es sogar vor, daß sich ein Papagei für einen Partner einer anderen Art entscheidet. Es ist nicht immer leicht, eine Erklärung dafür zu finden. Möglicherweise ist ein solcher Vogel in frühen Jahren zu einem Schwarm einer anderen Art gestoßen und hat diesen als den seinen angenommen. Solches Verhalten passiert am häufigsten in Menschenobhut, wo die Zahl der potentiellen Partner begrenzt ist, aber es kann auch in der Wildnis geschehen. Erst vor kurzem haben Mike und ich auf einer Fahrt nach Nebraska einen Europäischen Kranich mit einem Kanadischen Kranich verpaart gesehen. Dasselbe Paar hatte sich auch schon im Vorjahr in der Gegend aufgehalten. Und ähnliches habe ich bei Möwen beobachtet.

Obwohl Tiko keine lebenden Artgenossen besitzt, hat er sich im Lauf der Jahre einen Freundeskreis angeschafft. In den nervenaufreibenden Monaten, in denen die Entscheidung anstand, ob ich eine Professur an der Rutgers University bekommen würde oder nicht, schnitzte ich zur Ablenkung und zum Zeitvertreib einen Schwarm Holzeulen, die ich im Wohnzimmer aufstellte, rund um die Einfassung des Kamins und auf seinem Sims. Vielleicht weil sie so ruhig und reglos sind, bedrohen sie Tiko nicht wie der Eisvogel, und so sitzt er oft bei diesen Holztieren. Er senkt den Kopf und reibt seinen Nacken an ihren Holzschnäbeln. Tiko ruht sich zwischen ihnen aus, genießt ihre Gesellschaft mit halbgeschlossenen Augen. Ich bin gerührt, aber ein bißchen amüsiert es mich auch, daß er diesen Schwarm adoptiert hat. Wenn ich in der Nähe bin, bleibt er oft stundenlang bei ihnen. Doch es versteht sich von selbst, daß er sie ohne einen Blick im Stich läßt, wenn ich das Zimmer verlasse.

Da Tiko kein anderes Tier im Haus duldet, entschied ich mich für eines, das ich draußen lassen konnte, für ein Huhn namens Hester, ein Rhode Island Red. Als ich eines Tages meinen älteren Bruder Melvin besuchte, war ich ganz entzückt von seinen Hühnern und gestand ihm, daß ich mir schon immer selbst eins gewünscht hatte. »Kein Problem, ich schenk' dir eins«, sagte er, und die Sache war abgemacht. Er steckte Hester, wie ich sie nannte, in eine braune Papiertüte, und ich nahm sie mit nach Somerset.

Hester liebte unseren Garten, wo sie ein großes, gemütliches Gehege hatte, über dem zum Schutz gegen die Kälte eine alte Decke und eine Plastikplane hingen. Sie konnte durch die stets offene Tür hinein und hinaus und freute sich über das üppige Futter, das wir für die wilden Vögel draußen ausstreuten. Während des Tages scharrte sie unter den Büschen nach Würmern und Insekten, und am Abend ging sie zum Fuß des Tisches, auf dem ihr Käfig stand, faßte ihr Ziel ins Auge und flatterte unbeholfen auf die Tischplatte. Dann huschte sie in den Käfig und machte es sich für die Nacht bequem. Sie freundete sich mit den Krähen, Stärlingen, Blauhähern und Grauhörnchen an, die zusammen mit ihr in unserem Garten auf Futtersuche gingen. Sie waren ihr Warnsystem. So mußte sie selbst nie den Blick zum Himmel heben.

Sie hing an uns, folgte uns überallhin, wenn wir im Garten waren, und blieb ein paar Schritte hinter uns stehen, sobald wir anhielten. Während wir die Gartenarbeit erledigten, scharrte sie zu unseren Füßen nach Würmern, Insekten und Larven. Wenn ich mich mit den erhöhten Blumenbeeten beschäftigte, flatterte sie zu mir hinauf, um dort nach Würmern zu suchen. Sie wich mir keine Sekunde von der Seite, aber ich fand sie trotzdem reizend.

Sie reagierte auf ihren Namen. Wenn ich »Hester« rief, kam sie auf mich zugerannt, besonders nachdem wir begonnen hatten, sie mit Grillen zu füttern. Diese Vorliebe entdeckten wir durch Zufall. Wir gaben den Fröschen in unserem Teich im Herbst zur Stärkung für den Winterschlaf Grillen. Irgendwann kam Hester dann zum Teich und fraß die Grillen weg, bevor die Frösche sie erreichen konnten. Sie beugte sich sogar über die Wasseroberfläche, um sie von einem Wasserlilienblatt zu holen. Das kalte Wetter setzte in Hesters erstem Jahr bei uns früh ein. Die

Frösche verabschiedeten sich in den Winterschlaf, ließen sich auf den Boden des Teichs sinken und vergruben sich dort im Schlamm. Und wir saßen mit fast fünfhundert Grillen da. – Sehr zur Freude von Hester, denn die verputzte sie alle! Sie begann uns kritisch zu beäugen, wenn wir keine lieferten, sprang einen halben Meter in die Luft, um besser in unsere Hände sehen zu können, und stieß dabei die ganze Zeit Bettellaute aus.

Tiko beobachtete diese Vorgänge von seiner Stange am Fenster aus. Wenn ich draußen bei Hester war, ließ er immer wieder seinen Kontaktruf vernehmen, der nur eins bedeuten konnte: »Komm sofort wieder ins Haus!« Hester trieb ihn an den Rand des Wahnsinns. Er wartete immer schon im Haus auf mich, wenn er merkte, daß ich gleich wieder zu ihm hereinkommen würde. Dann landete er auf meiner Schulter und schnappte ein paarmal gereizt nach mir, bevor er nach oben zurückflog, um zu schmollen. Trotzdem erwartete er, daß ich ihm folgte. Wenn ich das nicht tat, flog er erneut auf meine Schulter und klammerte sich daran fest. In der Paarungszeit grenzte sein Verhalten manchmal an Hysterie.

Tiko gewöhnte sich an, Hester selbst dann übellaunig zu beobachten, wenn ich nicht draußen bei ihr war. Was wohl in seinem Papageienhirn vorging? Er sah ihr zu, wie sie im Garten scharrte und gluckte, ohne ihn zu bemerken. Vermutlich wäre ihr nie in den Sinn gekommen, daß sie beobachtet wurde. Verachtete Tiko dieses Wesen, das Würmer fraß? Wahrscheinlich, so dachte ich, wäre es ihm am liebsten gewesen, wenn Hester endlich in den ewigen Jagdgründen verschwunden wäre. Aber offenbar täuschte ich mich da.

Ich begreife immer noch nicht ganz, was eines kühlen Tages zu Beginn des Frühlings geschah, ungefähr ein halbes Jahr, nachdem Hester in unser Leben getreten war. Ich arbeitete gerade am Computer, als Tiko einen lauten Schrei ausstieß und mit nach vorne geneigtem Oberkörper auf seiner Stange in Richtung Fenster lief. »Mike«, rief ich, »da draußen ist irgendwas los. Tiko will uns warnen.«

Tikos Rufe sind so etwas wie unser Meldesystem – ohne sie würden wir oft am Schreibtisch sitzen bleiben, ohne zu merken, welche Tiere durch unseren Garten spazieren. Diesmal handelte es sich eindeutig nicht um einen Raubvogel, denn dafür war Tikos Panik nicht groß genug. Wir hasteten zum Fenster. Ich sah nichts. Plötzlich rief Mike: »Hester!« und rannte nach unten. Jetzt entdeckte ich es auch: Ein großer Hund hatte sich über Hester hergemacht! Er drückte sie auf den Boden und schlug die Zähne in sie.

Mike eilte in den Garten, während ich gegen das Fenster hämmerte. Der Hund floh, und auch ich lief nach unten. Selbst in diesem Chaos vergaß ich nicht, die Tür zum Ankleidezimmer zu schließen, damit Tiko nicht heraus konnte. Hester humpelte auf uns zu. Ich nahm sie in die Arme. Ohne Tikos Warnung wäre sie schon Hackfleisch gewesen. Überall flogen die Federn, als sie sich leise wimmernd und mit gesenktem Kopf gegen mich drückte. Normalerweise mochte sie es nicht, wenn ich sie hielt; sie setzte sich lieber auf meinen Arm oder meinen Schoß. Jetzt jedoch drängte sie sich noch enger an mich. Ich wiegte sie sanft. »Es wird alles wieder gut, Hester«, flüsterte ich. »Gib nicht auf.« Aber sie verlor weiter Federn, und ich spürte, wie ihr kleines Herz raste, als wolle es gleich zerspringen. Dabei zitterte sie am ganzen Körper.

Ich fragte mich, ob Tiko begriffen hatte, daß Hester in Gefahr war. Hatte er bewußt versucht, sie zu retten? Er hatte anders reagiert als sonst, wenn ein Hund durch unseren Garten lief – dann hörte er zu rufen auf, wenn ich sagte: »Alles in Ordnung, Tiko.« Diesmal hatte er weiter gerufen, ohne auf mich zu achten. Und er war ganz aufgeregt auf- und abgelaufen. War Hester zu einem Teil seines großen Schwarms geworden?

Ich wollte sehen, ob Hester stehen konnte, also setzte ich sie im Innern ihres Geheges ab. Entsetzt mußte ich mit ansehen, wie sie auf mich zu humpelte und zusammenbrach.

»Der Hund hat ihr das Bein gebrochen«, sagte ich mit gepreßter Stimme zu Mike. Am liebsten hätte ich laut geschrien.

Mike tastete Hesters Bein fachmännisch und behutsam ab. »Ich glaube, es ist nur verstaucht«, sagte er schließlich zu meiner großen Erleichterung.

Ich trug Hester ins Haus und redete ihr dabei die ganze Zeit gut zu. Wir hinterließen eine Spur rotschimmernder Federn, und schon bald entdeckten wir, warum. Als wir vorsichtig ihren Flügel beiseite schoben, fanden wir eine klaffende Wunde, um die herum alle Federn herausgerissen waren. Ich setzte Hester ab, doch sie konnte nicht mehr aufrecht stehen und fiel um. Mike lief nach oben, um eine desinfizierende Salbe zu holen.

Wir trugen die Salbe auf die Wunde auf und setzten Hester dann in eine kleine Kiste mit weichen Handtüchern. Wir deckten sie zu und redeten leise mit ihr, um sie zu trösten. Ein verletztes Tier muß sich im Dunkeln ausruhen, ohne sich zu bewegen.

Erst jetzt bemerkten wir Tikos wütende Rufe aus dem verschlossenen Arbeitszimmer. Ich hastete nach oben. Die Stunden vergingen. Mike und ich machten uns große Sorgen. Jede Stunde ließ ich Mike und Tiko im Arbeitszimmer allein, ging hinunter zu Hester, nahm sie in den Arm, sprach leise mit ihr, sah nach, ob die desinfizierende Salbe noch immer die Wunde bedeckte, und setzte sie wieder in die Kiste. Wir gaben ihr Wasser, das sie durstig trank, doch die Grille, die wir ihr anboten, ignorierte sie. Auch in der Nacht sahen wir jede Stunde nach ihr. Vögel verlieren durch traumatische Erfahrungen oft die Stimme, doch gegen Mitternacht beantwortete sie unseren Gruß schon wieder mit einem leisen Glucken.

Am Morgen ging es ihr ein bißchen besser; ihr Gackern klang kräftiger, und sie konnte sogar schon wieder stehen, obwohl sie noch nicht herumlaufen wollte. Wir fütterten sie mit Grillen aus der Hand. Am späteren Vormittag war sie dann bereits in der Lage, sich die Grillen mit dem Schnabel selbst von meiner Handfläche zu holen. Wir konnten sie nicht den ganzen Tag in der Kiste lassen, weil sie nicht nur Futter und Wasser brauchte, sondern sich auch bewegen mußte, um nicht steif zu werden. Irgendwann kamen wir auf die Idee, sie ins untere Bad zu bringen.

Wir stellten Futter und Wasser in den Raum und legten den Boden mit Zeitungen aus. Einen Stapel davon ließen wir auf der Ablage zurück. Dann gingen wir zum Unterricht in die Uni. Als wir nach Hause zurückkehrten, saß Hester zufrieden im Waschbecken. Sie war in unserer Abwesenheit auf die Toilette und dann auf die Ablage gehüpft, hatte die Zeitungen ins Waschbecken gezerrt, sie zerfetzt und sich daraus ein behagliches Nest gebaut. In der Mitte dieses Konfettihaufens lag ein blaßbraunes Ei.

Aus Freude und Stolz über ihre schnelle Genesung überschüttete ich sie mit Koseworten. Plötzlich huschte Tiko auf meine Schulter und begann, wie wild auf meine Haare einzupicken. Wie konnte ich nur so liebevoll mit einem anderen Vogel reden – noch dazu mit einem Huhn? Ich überließ Hester meinem Mann und trug Tiko nach oben. Nach einer fünfzehnminütigen Putzsitzung hatte er sich wieder gefangen. Aber nach diesem Zwischenfall, bei dem ich mich als so treulos entpuppt hatte, ließ er mich nicht mehr aus den Augen.

Von nun an begleitete er mich immer nach unten, um sicher zu sein, daß ich tatsächlich auf meinem Trimmrad strampelte und mich nicht mit Hester beschäftigte. Früher hatte ich oft gesagt: »Tiko, ich geh' jetzt auf mein Trimmrad. Kommst du mit?« und ihm die Hand hingehalten, doch manchmal hatte er den Kopf gesenkt, um mir zu zeigen, daß er nicht wollte. Er hatte sogar nach mir gehackt, wenn ich ihn nicht in Ruhe ließ. Danach wartete er ungefähr zehn Minuten oben und wenn er dann soweit war, kam er entweder selbst zu mir herunter oder rief nach Mike, dem er beigebracht hatte, ihn nach unten zu tragen. Tiko hüpfte auf Mikes Handgelenk, und Mike brachte ihn zu mir. War der Papagei dankbar für Mikes Dienste? Weit gefehlt! Sobald Mike ihn auf das Bücherregal gegenüber vom Trimmrad setzte, griff Tiko ihn an. Mike hatte (und hat) seiner Ansicht nach nichts in meinem Trimmraum zu suchen. Er ist gerade gut genug als Chauffeur. Doch wenn Tiko wußte, daß Hester im Haus war, folgte er mir auf dem Fuße – sogar wenn ich ihm erklärte, ich wolle bloß auf die Toilette. Nur mit viel List gelangen mir ein paar Besuche bei der rasch genesenden Hester: Ich mußte Tiko mit Pinyonnüssen ablenken und mich unauffällig nach unten schleichen.

Wir beschlossen, Hester im Haus zu behalten, bis sie vollends gesund war. Das gab uns Zeit, einen Zaun um den Garten zu ziehen, um weitere Begegnungen mit Hunden zu verhindern. Freunde erklärten uns für verrückt, weil wir tausend Dollar ausgaben, um den Garten für ein einziges Huhn einzuzäunen, aber schließlich gehörte Hester zur Familie.

Im Lauf der Zeit wurde es Hester im Bad langweilig. Also beschloß ich eines Nachmittags, sie ein bißchen im Haus herumlaufen zu lassen. Das brachte für Tiko das Faß zum Überlaufen. War dieses Huhn nun plötzlich Herrin in seinem Haus? Er flog in den unteren Flur, landete auf der Tiefkühltruhe, die dort steht, sah kurz Hester an und bedachte dann mich mit einem wütenden Blick. Schließlich duckte er sich, schaukelte ein wenig hin und her, um genau Maß zu nehmen, breitete die Flügel aus und marschierte dann auf das erschreckte Huhn zu. Hester rannte leise gackernd zu mir. Bevor mir klar wurde, was los war, landete Tiko auf ihrem Rücken und hackte wild nach ihrem Kopf, obwohl sie doppelt so groß war wie er selbst. Sie versuchte, ihn abzuschütteln, flatterte auf Mikes Werkbank und warf bei dem Versuch, Halt zu finden, Papiere, Samen und Werkzeug herunter. Doch Tiko ließ nicht locker. Er packte ihren Nacken mit seinen Krallen und pickte mit dem Schnabel nach ihrem Kopf. Sie kreischte laut, aber er blieb vollkommen stumm. Ich versuchte, die beiden Vögel, die mittlerweile auf dem Boden herumwirbelten, voneinander zu trennen. Schließlich griff Mike nach Hester. Er war barfuß, und Tiko hackte wie ein Wilder nach seinen Zehen. Als ich mich Tiko näherte und versuchte, ihn auf die Hand zu nehmen, machte er mir mit einer übertriebenen Attacke und einem heiseren Schrei sehr deutlich klar, daß er nicht zögern würde, mir den Finger abzubeißen. Während ich Tiko mit sanften Worten ablenkte und mich vor Hester stellte, damit er sie nicht mehr sah, packte Mike sie und steckte sie wieder ins Bad. Daraufhin flog Tiko aus dem Zimmer und hinauf ins Obergeschoß auf seine Stange, wo er fast zwei Stunden lang schmollte. Die Demütigungen, die wir ihm da zumuteten, waren wirklich unerträglich. Ich redete ihm in den zärtlichsten Tönen gut zu.

Irgendwann kletterte er auf meine Schulter und putzte leise gurrend meine Haare. Entschuldigte er sich bei mir, oder vergab er mir mein Vergehen?

Von da an blieb ich oben bei Tiko, fütterte und kraulte ihn, redete mit ihm und erklärte ihm: »Ich muß jetzt nach unten gehen und Hester füttern. Da mußt du einfach durch.« Und dann schloß ich die Tür des Arbeitszimmers hinter mir. Normalerweise machte Tiko einen Höllenlärm, wenn er in einen Raum eingeschlossen wurde. Doch vielleicht weil ich ihm mein Vorhaben erklärt hatte, blieb er bis zu meiner Rückkehr ruhig. Danach schien er mich zu ignorieren, nur mit einem Anflug von Verdrießlichkeit über die Tatsache, daß ich mich mit einem anderen Vogel abgab.

Endlich kam der Sommer, der Garten war eingezäunt, und Hester konnte wieder frei draußen herumlaufen. Tiko beobachtete sie von seiner Stange am Fenster aus, während sie in unseren Blumenbeeten nach Futter scharrte. Er reagierte immer noch darauf, wenn ich mich mit ihr beschäftigte. Wenn ich in unserer Gartenschaukel saß und Hester zu mir kam, um Grillen zu erbetteln, schien das Tiko nicht sonderlich zu stören. Wenn ich aber keine Grillen hatte und Hester auf mein Knie hüpfte, war das zuviel. Dann stieß Tiko einen langen, verärgerten Kontaktruf aus, der zu einem lauten Kreischen wurde. Das hörte erst auf, wenn ich sie absetzte. Aber irgendwie schien sein Verhalten ihr gegenüber sanfter zu werden. Er wirkte fast ein bißchen neugierig. Wenn ich auf meinem Trimmrad saß, konzentrierte er sich nun nicht mehr wie früher auf mich, sondern schaute aus dem Fenster und beobachtete sie. Nun wurde ich beinahe eifersüchtig. Er starrte sie an, als habe er den Verstand oder das Herz verloren oder beides. Sie gewöhnte sich an, auf den Kompressor unserer zentralen Klimaanlage zu flattern. Sie und Tiko brachten Stunde um Stunde damit zu, einander durch die Fensterscheibe anzuschauen und dabei leise Rufe auszutauschen. Wußte sie, daß er ihr das Leben gerettet hatte, daß er ihr Ritter im glänzenden Federkleid war? Trotz des merkwürdigen Verständnisses, das sich zwischen den beiden herausgebildet zu haben schien, wagte ich es nicht, Hester wieder ins Haus zu lassen. Tikos Territorialverhalten war einfach zu stark. Ich wußte nur zu gut, daß der betörende Liebhaber sich von einer Sekunde auf die andere in Hannibal Lecter verwandeln konnte.

Hesters Tod zerriß mir das Herz. Eines Nachts, als ich fort und Tiko ebenfalls nicht da war, um sie zu warnen und zu schützen, holte ein Fuchs sie und fütterte mit ihr seine Jungen in einer Höhle in dem Wald hinter unserem Haus. Wir begruben ihre Federn unter unserem purpurfarbenen Schmetterlingsflieder. Ein bißchen tröstete mich das rotgoldene Fell der jungen Füchse, die in jenem Sommer durch das Gras tollten. Es hatte die gleiche Farbe wie das Gefieder von Hester.

Kapitel Neun

In guten wie in schlechten Tagen

Es war zum Teil Tikos Einfluß zu verdanken, daß ich meine Forschungsarbeit in eine andere Richtung weiterführte, weg von der »reinen Wissenschaft« und hin zu Themen, die Gesundheit und Wohlergehen von Mensch und Tier direkt betreffen. Tiko öffnete mir die Augen für die Tatsache, daß wir alle im selben Boot sitzen. Unser eigenes Schicksal ist eng verknüpft mit dem der Wildtiere, und wir alle sind Bestandteil des Lebensnetzes, das die Welt aufrechterhält.

So kam es, daß ich in den letzten Jahren immer häufiger nach Washington fuhr, zu geschlossenen Sitzungen in die holzgetäfelten Räume der National Academy of Sciences. Sie befindet sich gleich gegenüber vom Außenministerium. Ich treffe mich dort mit anderen Wissenschaftlern, um aktuelle Probleme zu diskutieren und Berichte für die Umweltschutzbehörde, den U.S. Fish and Wildlife Service, das Energie- und Innenministerium sowie andere Regierungsbehörden zu schreiben. Diese Berichte gehen oft an den Kongreß und an den Präsidenten und nehmen so Einfluß auf politische Entscheidungen, die uns alle angehen.

Eine dieser Tagungen hatte die Einführung von Bestim-

mungen zur Folge, nach denen Garnelenfischer Netze mit Schildkröten-Exkluder benutzen müssen. Schildkröten verfingen sich immer wieder in den Netzen und ertranken. Die Exkluder ermöglichen es den Schildkröten nun, sich daraus zu befreien, ohne daß die Fischer dabei einen Teil ihres Fangs einbüßen. Weil es sich um eine neue Technologie handelte, begegneten die Fischer ihr mit Mißtrauen. Die Ausführungen der Academy versorgten den Kongreß mit dem nötigen Hintergrundwissen, um den gesetzlichen Rahmen zu beschließen. Andere Ausschüsse beschäftigen sich mit den Verlusten von Delphinen beim Thunfischfang, mit der Überweidung der Flächen im Yellowstone Nationalpark durch Huftiere und mit der Frage, ob Chemikalien in der Umwelt die Funktion des endokrinen Systems beeinträchtigen.

Meine Arbeit für die Academy begann Mitte der achtziger Jahre im National Research Council, einer höchst einflußreichen, aber kaum bekannten Abteilung der National Academy. Das Council ist hierarchisch in Ausschüsse und Kommissionen gegliedert, deren Mitglieder sich ehrenamtlich zur Verfügung stellen. Die Berufung dazu bedeutet professionelle Verantwortung, die etablierte Wissenschaftler aus den unterschiedlichsten Gründen übernehmen. Zum Beispiel ist eine solche Tätigkeit ausgesprochen prestigeträchtig. Die Wahl zu einem gehobenen Posten kann die akademische Karriere fördern, und außerdem ist die Arbeit in einem solchen Ausschuß Beweis für die persönliche Kompetenz, was sich bei Förderanträgen für eigene Forschungsprojekte als wesentlich erweisen kann. Es gibt zwar keine Bezahlung für den Zeitaufwand, aber das Council übernimmt die Reisekosten zu den Treffen, wo man Gelegenheit hat, sich mit Kollegen auszutauschen. Die Ausschüsse bringen Leute aus den verschiedensten Disziplinen zusammen; das sorgt für eine Erweiterung der persönlichen Sicht. Der wichtigste Grund für eine Teilnahme ist jedoch die Möglichkeit, über dieses National Research Council die Politik auf nationaler Ebene zu beeinflussen.

Daß ich mich verstärkt für den Einfluß von Giftstoffen auf das Verhalten von Tieren interessierte, ergab sich aus den Diskussionen mit Wissenschaftlern in der Kommission des Council für Umweltstudien und Toxikologie. Wir waren die zweite Wissenschaftlergeneration nach Rachel Carson, der Verfasserin des wichtigen Buches *Der stumme Frühling,* das das öffentliche Bewußtsein schärfte und die Wissenschaftler auf die potentiellen Gefahren aufmerksam machte, die vom Menschen produzierte Chemikalien für Luft, Wasser und Erde bringen.

Mitte der achtziger und Anfang der neunziger Jahre, als ich begann, mich mit dem rätselhaft geringen Fortpflanzungserfolg mancher Vögel in bestimmten Brutkolonien zu beschäftigen, mußte ich oft an *Der stumme Frühling* denken. Dieser geringe Fortpflanzungserfolg ließ sich nicht allein durch häufigere Attacken von Feinden, ein eingeschränktes Futterangebot oder Störungen durch den Menschen erklären, und allmählich kam ich im Gespräch mit Kollegen zu dem Schluß, daß geringe Giftstoffmengen die Ursache sein könnten.

Im Sommer 1993 begann ich mit der Feldforschung über Silbermöwen im Captree State Park auf Long Island, um diese Hypothese zu überprüfen. Die Studie, die Mike und ich für das National Institute of Environmental Health Sciences durchführten, sollte die zehn Jahre dauernden Laborforschungen über die Auswirkungen einer Blei-Exposition auf die Verhaltensentwicklung bei Vögeln abschließen. Die Verhaltenstoxikologie, wie dieser Forschungszweig heißt, beschäftigt sich normalerweise mit Ratten und Mäusen im Labor. Mike und ich waren die ersten, die das Labor verließen und sich der Beobachtung der Auswirkungen von Blei-Expositionen auf Vögel in der freien Wildbahn zuwandten.

Blei, Quecksilber, Cadmium und andere Giftstoffe, die Industrie und Autos in die Atmosphäre jagen, werden vom Wind weitergetragen und fallen in Form von Staub und Regen auf die Erde. Dieser Niederschlag, der zum größten Teil von der nördlichen Hemisphäre stammt, findet seinen Weg noch in die entlegensten Winkel unseres Planeten. Vögel nehmen Blei und Quecksilber über Fische auf, die wirbellose Tiere gefressen haben, welche wiederum Metalle durch die Haut absorbieren. Bei Adélie-Pinguinen in der Antarktis beispielweise läßt sich Quecksilber in den Federschäften und -fahnen feststellen. Das gleiche gilt für den Wanderalbatros und den Nördlichen Rußalbatros im stürmischen Südatlantik, für den Rußsturmtaucher vor der Südküste Perus und kleine Sperber in Nordfinnland und Norwegen.

Blei findet man in Pflanzen und Tieren der entlegensten Gebiete, aber die höchsten Konzentrationen treten natürlich in Städten und entlang der Straßen auf. In vielen Ländern wird noch immer verbleites Benzin verwendet, und Farben auf Bleibasis bröckeln hierzulande wie anderswo von Wänden und kontaminieren Erde und Wasser. Die auch der breiten Öffentlichkeit bekannten Studien von Herbert Needleman und seinen Kollegen von der University of Pittsburgh, die Ende der siebziger Jahre begannen, stellten eine durchschnittliche Verringerung um sechs Punkte beim Intelligenzquotienten von Innenstadtkindern in Boston und

Philadelphia fest, die in ihren Wohnhäusern Wandfarben auf Bleibasis ausgesetzt waren.

Needlemans Studien führten Mike und mich zu der Überlegung, ob Blei das Verhalten von Jungmöwen dergestalt veränderte, daß ihre Überlebenschance beeinträchtigt wurde. Wir setzten junge Silbermöwen in unserem Labor in der Rutgers University niedrigen Bleikonzentrationen aus. Das beeinflußte ihre Fähigkeit zu gehen, Futter und Schatten zu finden sowie Hitzestreß auszuweichen, negativ. Die Jungvögel erkannten ihre Eltern erst nach fünfzehn Tagen. Normale Nestlinge können das nach sechs oder sieben Tagen, und zwar aus gutem Grund: Im Alter von sechs Tagen beginnen Jungvögel zum erstenmal, sich vom Nest zu entfernen. Wenn sie dabei auf fremdes Territorium geraten, ist die Gefahr groß, daß sie von Nachbarn gefressen werden, also ist es ausgesprochen wichtig, daß sie in der Lage sind, ihre Eltern zu erkennen und sich nur ihnen zu nähern.

In Captree wollten wir erkunden, ob freilebende Jungvögel mit ähnlichen Bleikontaminationen wie unsere Laborvögel auch vergleichbare Verhaltensprobleme hätten, und wie ausgeprägt sie gegebenenfalls wären. Außerdem interessierten wir uns auch für die andere Seite dieser Frage: Wie reagierten Eltern auf solchermaßen belastete Jungvögel? Wiesen sie sie zurück, hätschelten sie sie oder behandelten sie sie genauso wie ihren unbelasteten Nachwuchs?

Im Mai fuhr ich nach Captree, um dort eine Silbermöwenkolonie von mehreren hundert Vögeln zehn Wochen lang zu beobachten. Mike gesellte sich in der Brutzeit Ende Mai eine Woche lang zu mir und maß die Höhe der Bleikontamination bei den Nestlingen. Er markierte sie mit verschiedenfarbigen Fußbändern, um einzelne Vögel erkennen zu können. Ich selbst wußte nicht, welche die Jungvögel mit den hohen Bleikontaminationen waren, weil das die objektive Beobachtung unmöglich gemacht hätte.

Nachdem Mike mit dem Vermessen und Markieren fertig war, fuhr er nach Somerset zurück. Während seiner Abwesenheit hatte sich meine hochgewachsene, schlanke Freundin Patti, eine ehemalige Tänzerin, um Tiko gekümmert. Ich hatte sie Jahre zuvor über ihren Mann Bert Murray, jenen Biologieprofessor an der Rutgers University, kennengelernt, der sich, wie Sie sich vielleicht noch erinnern, seinerzeit so gut mit Sam verstand.

Patti liebte Tiko, doch das beruhte nicht immer auf Gegenseitigkeit. Ganz habe ich nie begriffen, woran das lag, aber ich habe so meine Theorie. Weil Patti Tiko mochte, versuchte sie, freundlich zu ihm zu sein. Der Vogel interpretierte das möglicherweise als Aufdringlichkeit. Außerdem trug Patti ihre langen blonden Haare hochgesteckt, so daß Tiko sie nicht als Frau erkennen und sie seine Vorliebe für Frauen mit langen, blonden Haaren nicht ausnutzen konnte.

»Trag die Haare offen, dann frißt er dir aus der Hand«, sagte ich ihr eines Tages. Aber darauf wollte sie sich nicht einlassen, und so weiß ich bis heute nicht, ob meine Theorie stimmt. Sie erzählte mir, daß er sie manchmal attakkierte, sobald sie sein Zimmer betrat, wenn auch nicht ernsthaft – schließlich gab sie ihm das Futter. Zu Besuchen bei Tiko trug sie jedenfalls irgendwann keine offenen Sandalen mehr und zog lange Hosen an, um ihre Beine vor seinem Schnabel zu schützen.

Wenn wir nicht zu Hause sind, ist Tiko auf sein Zimmer beschränkt, hat aber die Freiheit, seinen Käfig zu verlassen. (Sein Zimmer ist so eingerichtet, daß er sich nicht verletzen kann – das gilt nicht für den Rest des Hauses. Es handelt sich dabei um ein großes Zimmer mit drei großen Fenstern, durch die er die Vögel draußen und die vorbeifahrenden Autos beobachten kann.) In den Zeiten, in denen Patti sich um Tiko kümmerte, war sein Zimmer immer makellos sauber. Er liebte die soziale Gefiederpflege, und da er nicht sonderlich zufrieden war mit seinem Ersatzschwarm, putzte er sich in den Tagen mit ihr nicht. Wenn wir dann nach Hause kamen, flogen schon bald wieder Federn durchs ganze Haus.

Als Mike von Captree zurückkehrte, freute Tiko sich sehr, obwohl Mike so etwas wie Argwohn in seinen Reaktionen zu spüren glaubte, als glaube der Vogel, Mike habe mich entführt und mich in einem weit entfernten Nest untergebracht. »Was hast du mit ihr gemacht?« schien Tiko Mike bei seiner Rückkehr zu fragen. Doch bereits kurze Zeit später setzte sich sein Bedürfnis nach Gesellschaft gegen seine Verschwörungstheorien durch, und er überwand sein Mißtrauen. Er ließ sich dazu herab, Mike Gesellschaft zu leisten, ihm überallhin zu folgen und ihre Pfeifduette zu initiieren. Er klammerte sich sogar mit einem Fuß an Mikes großen Zeh und putzte sich das Gefieder. Tiko wollte Gesellschaft, doch wenn Mike sich bückte, um ihn liebevoll zu kraulen, stieß Tiko einen kurzen Schrei aus und setzte zum Angriff an. Er dosierte den gesellschaftlichen Kontakt mit Mike ganz genau, damit Mike nicht auf die Idee kam, sich ihm gegenüber Freiheiten herauszunehmen.

Tiko freut sich immer auf das chinesische Essen, das Mike sozusagen zum Trost mit nach Hause bringt, wenn ich nicht da bin. Wie schon erwähnt, mag ich chinesisches Essen nicht, aber die beiden Männer in meinem Leben lieben es, und ohne meinen mäßigenden Einfluß stopfen sie sich damit voll. Tikos besondere Vorliebe gilt Erdnüssen, Zuckererbsen und Maiskölbchen.

In meiner Abwesenheit geben sie sich ganz dem Junggesellendasein hin. Doch irgendwie fehlt Tiko die Energie, und meist begibt er sich bereits nach dem Abendessen zur Nachtruhe, so daß Mike sehen muß, wie er allein zurechtkommt. Tiko fliegt schon um acht in Richtung Käfig und erwartet von Mike, daß er ihm eine gute Nacht wünscht und die Tür hinter ihm schließt. Dieses Verhalten unterscheidet sich deutlich von seinem üblichen. Meine eigene Bettgehzeit hat sich im Lauf der Jahre immer weiter nach hinten verschoben, und Tiko hat sich angewöhnt, bis Mitternacht mit mir aufzubleiben. »Zeit fürs Bett, Tiko«, sage ich dann. »Ich gehe jetzt schlafen.« Und er hüpft auf meine Hand, so daß ich ihn zur Tür seines Käfigs tragen kann, in den er klettert, um sich auf die Stange zu setzen. »Gute Nacht, Kleiner«, sage ich. »Bis morgen früh.« Die ganze Zeit wendet er dabei den Blick nicht von mir. Schließlich senkt er den Kopf und schließt die Augen halb. Es ist still im Haus, und er fühlt sich sicher. Ich mache die Käfigtür zu, denn so schläft er besser.

Von Captree aus rief ich fast jeden Abend an, um Bericht zu erstatten. Anfangs schaltete Mike noch den Lautsprecher an, aber Tiko regte sich beim Klang meiner Stimme so auf – er rannte auf seiner Stange neben dem Telefon auf und ab und hörte überhaupt nicht mehr auf zu plappern –, daß wir das bald aufgaben.

Seine Reaktion auf den Lautsprecher ist nur logisch, denn Tiko besteht auf sofortiger Befriedigung seiner Bedürfnisse. Noch heute kreischt er, wenn ich nach Hause komme und er meine Stimme hört, bis ich zu ihm hinaufgehe. Wenn ich rufe: »Tiko, ich bin gleich bei dir«, beruhigt er sich, aber nur kurz. Dann meint er, ich hätte ihn vergessen, und fängt wieder an zu kreischen. Es ist der gleiche grelle Sirenenton, den er damals bei Josie ausgestoßen hat, ein abgemilderter Kontaktruf, der im Regenwald, wenn nötig, eine Reichweite von mehr als einem Kilometer haben kann. Er ist nicht zu überhören.

Während meiner Zeit in Captree sehnte ich mich nach Tiko, doch so weit entfernt wie im Ausland fühlte ich mich dort nicht. Der Park befindet sich an der South Shore von Long Island, ungefähr zwei bis drei Stunden Autofahrt von zu Hause weg. Das Arbeiten gestaltete sich hier ganz anders als in den Beobachtungsständen meiner Studienzeit oder den karg eingerichteten Forschungsstationen der Tropen, an die ich gewöhnt bin. Ich saß am Rand eines Parkplatzes unter einem Strandschirm, ein Hot-dog-Stand hinter mir und ein Yachthafen gleich gegenüber. In dem Hafen lag eine Flotte von Charterbooten, mit denen man die Flußmündungen hinauffahren oder draußen vor der Küste Felsenbarsche, Blaubarsche, Thunfische und Makohaie fangen konnte. Der Parkplatz mit Raum für Hunderte von Autos füllte sich jeden Tag ganz allmählich. Und nachmittags leerte er sich langsam wieder, so daß ich irgendwann fast allein war mit ein paar Nachzüglern, die noch den Strand absuchten, vom Ufer aus angelten oder mit den letzten Booten hereinkamen.

Ich setzte mich an den Rand des Strandes zu den äußersten Ausläufern der Möwenkolonie in den Dünen. Zuvor hatte ich mich genau umgesehen in Captree und die Nester markiert, die ich beobachten wollte. Bei diesen Nestern handelte es sich um kleine Vertiefungen im Sand von etwa fünfundvierzig Zentimeter Durchmesser, ausgelegt mit dürrem Strandhafer, getrocknetem Seetang, anderen Pflanzenteilen sowie bunten Bändern oder Plastikgegenständen von den nahegelegenen Müllhalden.

Normalerweise befanden sich drei hellbraune Eier mit

dunkelbraunen und schwarzen Flecken in einem Nest. Im Sand fielen sie sofort auf, doch ursprünglich hatte ihre Farbe der Tarnung gedient. Die Silbermöwe ist ein subarktischer Vogel, der auf Felsklippen und im Gras der Tundra nistet. Aber sie ist der vollendete Anpassungskünstler unter den Möwen, und in dem Maße, wie sich die Zahl der menschlichen Ansiedlungen entlang der nordamerikanischen Küste in den vergangenen hundert Jahren vergrößert hat, ist auch die Silbermöwe immer weiter in Richtung Süden gewandert, den Menschen mit ihren Hot-dog-Ständen, Yachthäfen und Müllhalden nach. Jetzt reicht ihre Verbreitung von der Arktis bis nach North Carolina. Weil sie größer ist und früher brütet als die meisten anderen Möwen und Seeschwalben der nordöstlichen und mittleren Atlantikküste, ist es ihr gelungen, die besten Nistplätze zu erobern und bisher dort ansässige Populationen zu vertreiben.

Das Verhalten der Silbermöwen in Captree war typisch. Ein Paar hatte sogar unter einem der Picknicktische beim Hot-dog-Stand genistet. Das Nest lag im Schatten, und Eltern und Junge konnten sich von den Abfällen einen dicken Bauch anfressen. In den Dünen lagen überall abgenagte Hühnchenknochen, und wenn die Jungen nach einer Brutzeit von vierundzwanzig Tagen schlüpften, war das erste, was sie zu sich nahmen, vermutlich ein Stückchen Hot dog mit Senf.

Aber ich möchte Ihnen kein falsches Bild von Captree vermitteln. Nein, hier gab es nicht nur Fast food und Asphalt. Ich tauchte schon bald in den Alltag der Möwenkolonie ein. Etwa zwei Tage vor dem Schlüpfen der Küken verfiel ich in eine Art Trance, und ich begann, sie in ihren Eiern piepsen zu hören. Das war das Signal für ihre Eltern, vom Brüten (jeder Elternteil übernahm jeweils eine Drei- bis

Vier-Stunden-Schicht auf den Eiern) zur Futtersuche zu wechseln. Die Laute, die die Küken bereits im Ei von sich gaben, halfen den Eltern außerdem, sich vor dem Schlüpfen an die Rufe ihres Nachwuchses zu gewöhnen. Auch die Küken profitierten davon, wenn sie ihre Eltern schon zu diesem Zeitpunkt hörten und ihre Rufe kennenlernten.

Die Küken brauchten den ganzen Tag dazu, sich mit Hilfe eines Eizahns am Oberschnabel aus der Schale zu befreien. (Dieser Eizahn fällt nach ein paar Tagen ab.) Ich wartete ganz gespannt, denn plötzlich schienen alle Küken der Kolonie gleichzeitig zu schlüpfen. Es piepste und klopfte überall. Und dann kamen die feuchten, jämmerlich piepsenden Geschöpfe heraus. Sie konnten sofort aufrecht stehen; nur der Kopf schwankte gefährlich. Schon bald wurden sie zu trockenen kleinen braunschwarz gefleckten Flaumbällen, die hungrig den Schnabel aufsperrten – sie waren einfach süß.

An jenem Abend kehrte ich in Hochstimmung zu meiner Unterkunft im Scully National Audubon Sanctuary bei Carl Safina, dem Verfasser des wunderbaren und vielgelobten Buches *Song for the Blue Ocean*, zurück. Ich habe seinerzeit Carls Doktorarbeit an der Rutgers University betreut; heute ist er Vizepräsident von National Audubon. Er leitet das Vogelschutzgebiet und arbeitet im Scully Mansion, einem riesigen alten zugigen Haus mit Wendeltreppe, Steinveranda und großem Grund, den die Witwe Scully National Audubon hinterlassen hat.

Carl und ich waren gute Freunde. Wenn ich von der Möwenkolonie zum Haus zurückkehrte, bereitete er oft gerade eine Mahlzeit aus frischgefangenem Blaubarsch oder Muscheln zu, die er bei Ebbe am Strand geholt hatte. Wir unterhielten uns über das weite Meer und die Tiere, die darin lebten. Ich verbrachte eine idyllische Zeit in Captree, stand jeden Morgen schon vor Sonnenaufgang auf, fuhr die kurze Strecke über die Brücke zu der vorgelagerten Insel hinüber und blieb dann den ganzen Tag bei den Vögeln.

Genauso wie ich gelernt hatte, Tikos wilde Natur in unserem Haus in Somerset zu akzeptieren, erkannte ich nun, daß eine Vogelkolonie, die am Rand eines der größten städtischen Gebiete der Welt nicht nur überlebt hatte, sondern auch ausgesprochen gut gediehen war, mir ebensoviel über die Natur und unser Verhältnis zu ihr beibringen konnte wie die Papageien im Regenwald von Costa Rica. Ich liebte es, die lärmende Geschäftigkeit der Vögel in unmittelbarer Nähe menschlicher Aktivitäten zu beobachten. Weil die Möwen an Menschen gewöhnt waren, störten mein Stuhl und mein Schirm sie nicht. Von hinten wehte mir eine kühle Meeresbrise in den Rücken, und über mir hatte ich den sonnigen blauen Himmel. Und das Beste von allem: Im Yachthafen gab es eine Toilette. Ich war nicht in Brasilien, im australischen Outback oder in Surinam, wo ich mich inmitten von Skorpionen und Schlangen ins Gras hatte hocken müssen.

Ich verbrachte den ganzen Tag damit, Notizen zu machen über die Küken, die in der Nähe ihrer Nester auf unsicheren Beinen herumspazierten, ihre Eltern um Futter anbettelten, Schatten suchten und Gefahren aus dem Weg gingen. Das alles faszinierte mich so, daß ich meine Mahlzeiten vergaß und meinen Beobachtungsposten nicht einmal verließ, um die Toilette aufzusuchen. Noch nie zuvor hatte ich Vögel so offen beobachten können. Wenn die Küken schlüpften, war ich einfach Teil ihrer Umgebung. Die Möwen schenkten mir keine Beachtung, und ich empfand ein intensives Gefühl von Freiheit. Ich konzentrierte mich so ausschließlich auf ihr Verhalten, daß es mir fast wie eine Meditation vorkam.

Ich vergaß dabei offenbar auch, auf die Zecken zu achten, die ein fester Bestandteil der Möwenkolonie waren und sich an mir gütlich taten. Manchmal zog ich abends in der Dusche fünfundzwanzig oder dreißig aus meiner Haut. Dann passierte es: Ich fand einen kreisförmigen Ausschlag knapp unterhalb des Knies, ein einigermaßen sicheres Anzeichen für Borreliose. Ich wollte die Beobachtung der Möwen keinesfalls abbrechen, denn Mike und ich hatten buchstäblich jahrelang darauf hingearbeitet. Natürlich hätten wir es in der nächsten Brutzeit wieder probieren können, aber ich bin nun einmal furchtbar ungeduldig und wollte nicht so lange warten. Außerdem bin ich genauso stur wie Tiko und beschloß, trotz der Infektion weiterzumachen. Ich hatte schon einmal unter Borreliose gelitten, und die Antibiotika hatten damals eher dafür gesorgt, daß ich ausgesprochen empfindlich auf Sonne reagierte, als mich zu kurieren. Die meisten Menschen haben große Angst vor Borreliose, weil sie bleibende Schäden hinterlassen kann, aber meine Einstellung dazu ist, daß ich mich immer wieder erhole, egal, was geschieht, und so nahm ich die Sache nicht ernst. (Mike treibt diese Einstellung übrigens zum Wahnsinn.)

Carl wußte, daß ich krank war, aber nicht, wie ernst, sonst hätte er sicher Mike angerufen und ihn gebeten, mich zu holen. Ich selbst verschwieg meinem Mann die Erkrankung. Er merkte, daß ich nicht im Vollbesitz meiner Kräfte war, doch ich rief ihn immer erst am Abend vor dem Schlafengehen an, wenn ich ohnehin müde klang. Wie sollte er da den eigentlichen Grund für meine Erschöpfung ahnen?

Ich wurde von Tag zu Tag lethargischer; irgendwann gestand ich mir ein, daß ich Antibiotika brauchte, aber wenn ich Mike alles gebeichtet hätte, hätte er dafür gesorgt, daß ich sofort zurückkehre. Mittlerweile war der Juni schon fast vorbei. Ich war erschöpft, alles tat mir weh, und die Hitze der gleißenden Sonne auf dem weißen Sand der Möwenkolonie wurde unerträglich. Trotzdem harrte ich aus, bis ich so kaputt war, daß ich keine Notizen mehr machen und nicht einmal mehr aufrecht sitzen konnte.

Nach einem besonders anstrengenden Tag wußte ich, daß ich nicht mehr weitermachen konnte, aber inzwischen hatte ich genügend Daten gesammelt. Ich fuhr noch am selben Abend nach Hause, obwohl ich am Steuer kaum noch die Augen offen halten konnte. Es war eine surreale Fahrt den Belt Parkway entlang, über die lange Verrazano-Narrows-Brücke, vorbei an den hellen Lichtern von Brooklyn und dem südlichen Manhattan, die sich im schwarzen Wasser des Hafens spiegelten, vorbei auch an der Freiheitsstatue, auf der Autobahn mitten durch das Gewerbegebiet der Meadowlands von New Jersey unter den Flugzeugen hinweg, die am Newark International Airport ankamen und von dort abhoben, in Richtung Somerset, zu meinem Mann und dem Papagei, dem ich inzwischen gehörte.

»Schatz«, rief ich, als ich durch die Tür ins Haus stolperte. »Wo steckst du?«

Mike kam die Treppe heruntergerannt. Seine Freude über meine Rückkehr verwandelte sich rasch in Sorge, als ich in seinen Armen zusammenbrach.

Tiko stieß einen heiseren Schrei aus und flatterte auf meine Schulter. Er war so überwältigt von meinem plötzlichen Erscheinen nach der langen Abwesenheit, daß er sogar vergaß, nach Mike zu hacken, der mich immer noch im Arm hielt.

Die Jungs brachten mich ins Bett, und Tiko nahm wie immer stolz seinen Platz auf dem Kissen ein. Er merkte noch nicht, daß etwas nicht stimmte. Es war spät und ich müde, das war alles. Als jedoch Mike und nicht ich ihn zur Nachtruhe in seinen Käfig brachte, begann ihm vielleicht zu dämmern, daß etwas nicht in Ordnung war, denn wenn ich zu Hause bin, ist das meine Aufgabe.

Am nächsten Tag flog Tiko aufs Geländer, um unser Morgenritual wieder aufzunehmen. Als ich um acht Uhr immer noch nicht auf war, flog er zum Bett und putzte zuerst meine Finger und dann meine Haare. Als er mich damit nicht zum Aufstehen bewegen konnte, bekam er Angst und flog hoch ins Büro, um Mike Bescheid zu geben, daß etwas nicht stimmte. Dann kam er sofort zu mir zurück und begann, mich hektisch von neuem zu putzen. Irgendwann stand ich an jenem Tag doch noch auf, um zum Arzt zu gehen, was Tiko vorübergehend beruhigte. Aber nach meiner Rückkehr ließ ich mich sofort wieder aufs Bett fallen.

Mike verfluchte meine Sturheit, verabreichte mir die Antibiotika, die der Arzt mir verschrieben hatte, und versuchte, es mir so bequem wie möglich zu machen. Ich blieb nie länger als eine Stunde am Stück wach. Der ganze Körper tat mir weh, und schon ein Gang zur Toilette erschöpfte mich. So lag ich also die meiste Zeit, vor mich hindämmernd, im Bett. Tiko entfernte sich nicht von meinem Kissen. Er war außer sich vor Sorge und begriff einfach nicht, warum ich mich nicht vom Bett erhob. Er wich mir nicht einmal von der Seite, um im anderen Zimmer etwas zu fressen. Auch mit Nüssen und Schokolade konnte Mike ihn nicht weglocken, also brachte mein Mann uns beiden das Essen ins Schlafzimmer.

Tiko ließ mich nicht aus den Augen, lehnte seinen Kopf gegen den meinen und gurrte dabei leise. Eines Abends, als Mike vom Büro nach Hause kam, fand er mich schlafend vor, meine langen, ziemlich widerspenstigen braunen

Haare wie ein Fächer auf dem Kissen ausgebreitet. Tiko hatte den ganzen Tag dazu gebraucht, vorsichtig die Strähnen voneinander zu lösen und jede einzeln auf dem Kissen zu arrangieren. Das machte er von nun an jeden Tag. Oft merkte ich es gar nicht, weil er dabei so sanft war. Wenn ich aus Fieberträumen erwachte, sah ich als erstes sein pistaziengrünes Brustgefieder und seine smaragdgrünen Flügel. Er musterte mich ganz genau, die Iris leuchtend golden und die Pupillen schwarz und unergründlich.

Meine Nägel wurden immer kürzer, weil Tiko sie tagtäglich mit dem Schnabel feilte. Sein unablässiges Putzen und seine ungeteilte Aufmerksamkeit sollten mir zeigen, daß er etwas für mich tun wollte. Ich hatte mich all die Jahre um ihn gekümmert, ihn gefüttert, ihm Schutz gegeben, ihn auf dem Arm durchs Haus getragen. Jetzt war ich hilflos ans Bett gefesselt. Zeiten der Krankheit sind ein Prüfstein für eine Beziehung, und Tiko war für mich da. Seine Anwesenheit tröstete mich, und seine Hingabe und Aufmerksamkeit weckten in mir eine große Zärtlichkeit für ihn, wie vermutlich meine Schwachheit ähnliches bei ihm bewirkte.

Drei Wochen lang litt ich unter Fieber und Schwäche, und drei Wochen lang wich Tiko mir nicht von der Seite. Als ich allmählich wieder zu Kräften kam, entfernte er sich hin und wieder kurz, aber nur, wenn ich darauf bestand.

»Du mußt jetzt mit Mike nach oben gehen und was essen, Tiko«, sagte ich. Er sah mich traurig an, drehte sich halb auf dem Kissen und hob zuerst den einen und dann den anderen Fuß. Mike wartete unterdessen geduldig.

»Mach schon, Tiko. Geh mit Mike nach oben.«

Immer noch zögerte er und senkte den Schnabel, um sanft meine Haare zu putzen.

»Es ist schon in Ordnung, Kleiner. Ich bin noch da, wenn du wiederkommst. Geh mit Mike.«

Widerwillig kletterte er dann auf die Stange, die Mike ihm hinstreckte, behielt mich aber weiter im Blick, während Mike ihn aus dem Zimmer trug.

Schließlich fühlte ich mich kräftig genug, um das Bett zu verlassen und mich zum Essen vorsichtig an den Küchentisch zu setzen. Ich war immer noch ziemlich schwach, aber Tiko interpretierte mein Aufstehen als deutliches Zeichen meiner Genesung. Er war wie ausgewechselt. Während ich mich über die Brühe beugte, die Mike mir gekocht hatte, flog Tiko plappernd und rufend durchs Haus, rutschte das Treppengeländer herunter, landete neben seinem Teller auf dem Tisch, warf fröhlich Futter auf den Boden, hörte gar nicht mehr auf zu plappern, initiierte ein Pfeifduett mit Mike und stopfte Pinyonnüsse in sich hinein, die er während meiner Krankheit nicht gefressen hatte. Mike und ich waren verblüfft über seine plötzliche Verwandlung.

Als die Hundstage im August kamen, hatte ich mich wieder einigermaßen erholt und stürzte mich auf die unterschiedlichsten Projekte. Eigentlich hatte ich erwartet, daß Tiko und ich nun unsere Beziehung von vor meiner Erkrankung wieder aufnehmen würden, doch sein Verhalten veränderte sich dauerhaft. Er wich mir nicht mehr von der Seite und stellte sich völlig auf meine Körpersprache ein. Seine Aggressionen mir gegenüber verschwanden ganz. Unsere morgendlichen Putzsitzungen dauerten jetzt zwischen zehn und dreißig Minuten. Wenn ich es zugelassen hätte, hätte Tiko meine Haare und Finger sicher eine Stunde und mehr gepflegt.

Ich glaube, daß meine Krankheit ihm einen Riesenschreck eingejagt und ihn an Josies Mutter und Tante erinnert hat. Sie wurden ebenfalls krank und sind nie wiedergekommen, und Tiko landete bei Josie, was er damals offenbar als Strafe interpretierte. Vielleicht hatte er Angst, daß das gleiche noch einmal passierte. Er dachte, er würde mich verlieren.

Auch in der Wildnis reagieren langlebige Vögel mit großer Niedergeschlagenheit, wenn sie ihren Partner verlieren. Sie wenden sich nicht einfach wieder ihrem früheren Leben zu, sondern verbringen unendlich viel Zeit damit, nach diesem Partner zu rufen und zu suchen und immer wieder im gemeinsamen Nest nachzusehen. Manchmal sondert der überlebende Vogel sich vom Schwarm ab. Oft vernachlässigt er seine Gefiederpflege und gefährdet so seine Flugfähigkeit ernsthaft. Solche Vögel sitzen einfach nur einsam herum, fressen kaum noch, achten nicht mehr auf ihre Umwelt und auf ihr eigenes Wohl.

Obwohl dies in der Fachliteratur bislang nicht dokumentiert ist, bin ich fest davon überzeugt, daß die Sorge und das Einfühlungsvermögen, die Tiko während meiner Krankheit mir gegenüber an den Tag legte, in der Welt der Papageien weitverbreitet sind. Der einzige jemals auf dem Gebiet der Vereinigten Staaten lebende Papagei, der Karolina-Sittich, wurde vor fast einem Jahrhundert rücksichtslos ausgerottet. Das lag zum Teil daran, daß das hochentwickelte Sozialverhalten dieser Vögel sie zu einer besonders leichten Beute für den Menschen machte. Ihr Schutzinstinkt gegenüber verletzten Angehörigen des Schwarms, der auch bei anderen Papageien beobachtet wurde, hat viele das Leben gekostet.

Früher gab es große Schwärme von Karolina-Sittichen östlich des Mississippi, die dem Gebiet einen leicht tropischen Anstrich gaben. Wie sie so in geschlossener Formation dahinflogen, die langen Schwänze wie bunte Bänder, müssen sie ein herrlicher Anblick gewesen sein. Hunderte von ihnen landeten gleichzeitig zur Futtersuche und legten einen Teppich aus Grün, Orange und Gelb über unsere Felder und Wälder. Doch jetzt sind sie für immer verschwunden.

Damals waren die Karolina-Sittiche so zahlreich, daß die Jäger nur drauflosschießen mußten. Die Jagd auf sie wurde zum Sport. Wenn ich mir Tiko ansehe, der nur ein bißchen größer ist als die Karolina-Sittiche, aber nicht farbenprächtiger, kann ich mir gar nicht vorstellen, wie man ein so schönes Geschöpf töten kann. Doch leider war dieser Sport nicht der einzige Grund für die Dezimierung. Die Vögel liebten Früchte und Körner; Obstbauern betrachteten sie als Plage und brachten so viele wie möglich von ihnen zur Strecke.

Außerdem trug das Sozialverhalten der Sittiche zu ihrer Ausrottung bei. Wenn ein oder zwei Vögel von Schüssen getroffen wurden, verharrten die anderen bei ihren verletzten oder getöteten Artgenossen. Die Folge war ein Blutbad. Je mehr Sittiche vom Himmel geholt wurden, desto größer war das Bestreben der übrigen, sich nicht von der Stelle zu bewegen. Solange noch ein Vogel vor Angst und Schmerz schrie, flogen sie nicht weg.

Irgendwann wurden diese Sittiche dann unter Schutz gestellt, aber es war bereits zu spät. Ihre Zahl war so sehr zurückgegangen, daß die übrigen Vögel aufhörten zu brüten. Dieses Muster gilt für viele Tiere mit hochentwickeltem Sozialverhalten, so auch für Birkenzeisige (kleine arktische Vögel), bestimmte Arten von in Kolonien lebenden Robben, für Pinguine, Blutschnabelweber, Ringeltauben und vielleicht sogar Mönchssittiche. Wenn die Schwarm- oder Herdengröße unter eine kritische Grenze sinkt, hören die übrigen auf, sich fortzupflanzen. Das scheint mit einer hormonellen Rückkoppelung zusammenzuhängen: Die

Rufe der Männchen regen die anderen Männchen zu Rufen an, was wiederum die Hormonproduktion bei Männchen wie Weibchen stimuliert und die Weibchen fortpflanzungsbereit macht. Ohne die Stimulierung durch die Rufe vieler Männchen erreichen die Weibchen nie diese Fortpflanzungsbereitschaft.

Seit der Ausrottung des Karolina-Sittichs haben Ornithologen herausgefunden, daß Tonbandaufnahmen von großen Schwärmen einander zurufender Vögel andere Vögel zur Fortpflanzung anregen können. Leider hatten wir seinerzeit bei den Sittichen noch nicht das nötige Wissen und auch nicht die nötige Technologie. Aber womöglich hätten das ganze Wissen und die ganze Technologie der Welt sie nicht vor der Ausrottung bewahren können.

Der Instinkt, bei einem Angehörigen des Schwarms zu bleiben, der vor Schmerz schreit, wirkt unter evolutionären Gesichtspunkten nicht sonderlich vernünftig. Wäre es denn nicht sinnvoller, solche Rufe als Warnungen vor einer Gefahr zu interpretieren und so schnell wie möglich wegzufliegen? Doch unter langlebigen, in Paaren lebenden Tieren mit hochentwickeltem Sozialverhalten sind selbstlose Fürsorge und der Drang zu helfen stärker. Vielleicht sind sie auf unseren biologischen Instinkt der wechselseitigen Verbindung zurückzuführen.

Elefanten, Primaten, Wale und Krähen, um nur ein paar zu nennen, kehren zu einem verletzten Partner zurück. Im Gombe-Reservat am Nordostufer des Tanganjika-Sees in Tansania hat Jane Goodall beobachtet, daß Schimpansenjunge mehrere Tage lang bei ihrer sterbenden Mutter bleiben – sie weichen erst von ihrer Seite, wenn sie tot ist. Cynthia Moss hat herausgefunden, daß Elefanten im Amboseli-Nationalpark und anderen Reservaten in Kenia die sterblichen Überreste ihrer Verwandten noch mehrere

Jahre lang besuchen und liebkosen. Nicht zur Herde gehörende Elefanten hingegen schenken diesen Knochen keine Beachtung.

Ich selbst habe ganz ähnliche Verhaltensweisen bei Franklin-Möwen erlebt. Wenn eine Möwe abgeschossen wird, zieht ihr Schwarm kreischend über ihr seine Kreise. Es ist schwer zu beurteilen, wieso sich solches Verhalten herausgebildet hat – jedenfalls stammt es aus einer Zeit, als die Menschen noch keine modernen Waffen hatten. Einmal abgesehen von meinen Spekulationen über die Selbstlosigkeit, würde ich es mir folgendermaßen erklären: Andere Bedrohungen als Menschen mit Gewehren ließen sich vermutlich durch eine erdrückende Überzahl abwenden. Ein Wildhund zum Beispiel, der gerade eine kreischende Möwe gefangen hatte, würde höchstwahrscheinlich das Weite suchen, wenn sich plötzlich Dutzende von Vögeln auf ihn stürzten. (Mir fällt da der Hund in Australien ein, der beim Anblick der auffliegenden Kakadus mit eingezogenem Schwanz den Rückzug antrat.) Ein schreiendes oder kreischendes Tier ist noch am Leben, und so besteht nach wie vor eine Chance, ihm zu helfen. Außerdem läßt sich eine Verbindung herstellen zwischen den verzweifelten Rufen eines verletzten Tieres und dem Hegeinstinkt der Eltern ihrem Nachwuchs gegenüber – wenn ein Primatenjunges oder ein Jungvogel einen solchen verzweifelten Schrei ausstößt, eilen seine Eltern sofort zu Hilfe und können es oft vor größerem Schaden bewahren.

Papageienjäger auf der Suche nach Vögeln für den Handel nutzen diesen Instinkt aus. Sie fangen einen Vogel, hacken ihm die Flügel mit einer Machete ab und lassen ihn vor Angst und Schmerz schreiend im Baum. Wenn der Schwarm dann dem verletzten Artgenossen zu Hilfe kommt, werfen die Jäger ihre Netze aus. Beim Fang werden natürlich viele Tiere verstümmelt oder getötet. Zum Glück bin ich selbst nie Zeugin solcher barbarischer Methoden geworden.

Was, so frage ich mich, könnte ein Papagei wohl tun, um einem Angehörigen seines Schwarms zu helfen, der angeschossen worden ist oder die Flügel verloren hat? Wie glaubte Tiko mir beistehen zu können? Ich war verblüfft über seine Fähigkeit zum Mitleid – verblüfft zu erleben, daß sein eigenes Wohlbefinden in so hohem Maße von dem meinen abhing und er mir nicht von der Seite wich, wenn ich krank war.

Wir betrachten Mitleid, Altruismus und die Fähigkeit zu lieben gern als angeborene Eigenschaften und unauslöschlichen Teil unserer Persönlichkeit. Wir sagen, ein bestimmter Mensch sei distanziert und kalt; Menschen, die Mitleid mit anderen beweisen, hingegen bewundern wir, ja, wir haben sogar Ehrfurcht vor ihnen. Ich denke da an Mutter Teresa, Mahatma Gandhi, Martin Luther King jr. Wir halten unsere Fähigkeit zu lieben für den Kern unseres Menschseins. In Krisen, freudigen und schrecklichen Momenten finden wir heraus, wie stark dieser Kern ist und wie sehr wir uns dem anderen öffnen können.

Das gilt nicht nur für uns allein, sondern auch für Tiere. Ihre Fähigkeit, einander und uns zu vertrauen, ist nicht ein für allemal festgelegt, sie wächst und entwickelt sich, speist sich aus bis dahin unbekannten Quellen. Sie läßt sich vielleicht sogar erlernen. Sie wird beeinflußt durch Erfahrungen und Ereignisse. Die Beziehungen, die Tiere zu uns pflegen, sind wandelbar und verändern sich ständig. Dies war eine der mir wertvollsten Lehren, die ich von Tiko während meiner Genesung erhielt. Meine Verletzlichkeit öffnete neue Türen zu seinem Wesen und steigerte seine Fähigkeit zu lieben.

Gegen Ende des Sommers erhielt ich schließlich die Ergebnisse der Blei-Analysen, für die ich in Captree so hart gearbeitet hatte. Sie waren ausgesprochen aufschlußreich. Alle Verhaltensdefekte, die wir im Labor beobachtet hatten – Einschränkungen des Gleichgewichtssinns, der Beweglichkeit, des Bettelverhaltens sowie der Fähigkeit, Hitzestreß zu vermeiden – traten auch in Captree auf. Möwenküken mit höherem Bleigehalt im Körper stolperten eher und bettelten weniger und auch schwächer bei ihren Eltern als Geschwister ohne Bleibelastung. Einige der Küken mit hoher Bleikontamination hatten sich aus dem Nest verirrt und waren von ihren Nachbarn gefressen worden. Das stimmte ebenfalls mit den Ergebnissen unserer Laboruntersuchungen überein, die gezeigt hatten, daß die Blei-Exposition die Fähigkeit der Küken, ihre Eltern und Nester zu erkennen, verringerte. Doch offenbar gab es in Captree in der Mehrzahl sehr gute Eltern, die ihre Jungen ständig im Auge behielten und so die meisten daran hinderten, sich zu verirren und in ihr Unglück zu laufen.

Auch andere Folgen hoher Bleikontamination wurden durch die Gewissenhaftigkeit der Eltern gemildert. Ich brauchte Monate, um mich wieder ganz von der Borreliose zu erholen, doch schon vorher, als ich noch ziemlich schwach war, fuhren wir zu der Kolonie, um Küken einzufangen und zu wiegen. Dazu war perfektes Timing nötig, einerseits weil wir die Küken im richtigen Alter erwischen mußten und andererseits weil ich immer noch krank war und keine Energie für wiederholte Versuche hatte. Also fingen Mike, ein paar Studenten und ich alle unsere markierten Küken ein. Wir nahmen Federproben und wogen die Vögel. Sie können sich vermutlich vorstellen, daß das gar nicht so einfach war inmitten Hunderter kreischender Möwen.

Aber bei Einbruch der Abenddämmerung hatten wir es schließlich geschafft, und wir bekamen wieder eine Reihe neuer Daten für unsere Arbeit. Anders als im Labor wogen die gleichaltrigen Küken in Captree ungeachtet ihrer Bleikontamination alle in etwa das gleiche. Offenbar gelang es den Eltern, ihren Jungen genug hochwertiges Futter zu besorgen, um die Auswirkungen der Blei-Exposition zu mildern. Laborwissenschaftler gehen im allgemeinen von der Annahme aus, daß die Forschungsergebnisse bei Tieren in freier Wildbahn negativer ausfallen als bei denen im Labor. Die Entdeckung, daß fürsorgliche Eltern die Schäden einer Bleikontamination verringern können, rief deshalb bei so manchem Wissenschaftler Erstaunen hervor.

Wir stellten Spekulationen über die Gewichtsunterschiede zwischen den Vögeln von Captree und denen im Labor an. Die Fütterung von sechzig Labortieren ist schwierig. Wir gaben ihnen soviel Futter, wie sie wollten, konnten ihnen aber keine große Abwechslung bieten. Sie bekamen Hundefutter mit hohem Proteinanteil und dazu manchmal Fisch. In freier Wildbahn erhalten Küken eine große Auswahl unterschiedlicher Nahrungsmittel, was vielleicht dazu beträgt, daß sie ein hohes Körpergewicht haben. Möglicherweise ist auch die Überzeugungskraft von Möweneltern größer als die der Labortechniker, wenn es darum geht, die Küken zum Fressen zu ermuntern. Normalerweise füttern Möweneltern alle Küken gleich, doch ich habe auch schon Vögel beobachtet, die die schwächeren beiseite nahmen und gesondert fütterten. Es stellte sich heraus, daß die Eltern ihren schwächeren Nachwuchs nicht links liegen ließen, sondern vielmehr bevorzugten. Sie brachten besonders viel Energie und Aufmerksamkeit auf, um die Belastung ihrer Jungen auszugleichen – eine recht menschliche Geste, wie wir meinen würden.

Die Erkenntnisse, die ich in Captree gewann, stimmten mit der großartigen Lektion überein, die ich während meiner Krankheit durch Tiko bekam. Es geht nicht immer nur um das Überleben des Stärksten. Der brillante Essayist und Arzt Lewis Thomas führt in seinem Buch *Late Night Thoughts on Listening to Mahler's Ninth Symphony* aus, warum sich der Altruismus von uns auf die ganze übrige Welt erstrecken sollte.

»Altruismus im biologischen Sinn«, schreibt er, »wird von uns gefordert. Wir müssen für eine riesige Familie sorgen, oder vielleicht setzt das zuviel voraus, denn es klingt so, als seien wir die offiziell bestellten Gärtner und Tierheger dieses Planeten, und das ist eine Verantwortung, für die wir wahrscheinlich noch nicht reif genug sind. Unter Umständen brauchen wir neue technische Termini für Achtung, Fürsorge, Zuneigung, Substitute für Altruismus. Aber zumindest sollten wir die Familienbindungen anerkennen und die mit ihnen einhergehenden Verpflichtungen.«

Tiko hat mir, einer manchmal dickköpfigen und ihre Freiheit oft mit Zähnen und Klauen verteidigenden Frau, beigebracht, wie wichtig die gegenseitige Abhängigkeit sowie die wechselseitige Fürsorge sind. Es ist ein wesentlicher Aspekt unseres Menschseins und unserer Verbindung mit der Welt, daß wir unsere eigene Verletzlichkeit und die aller anderen Geschöpfe erkennen und gemäß dieser Erkenntnis handeln. Wir sollten unsere einfühlsame und altruistische Seite zur Leitlinie unseres Lebens werden lassen, ob wir nun denen, die ärmer sind als wir selbst, etwas abgeben, uns um die wunderbaren Mitgeschöpfe auf dieser Welt kümmern, uns für die Erhaltung unserer natürlichen Umwelt einsetzen oder ob wir die Strähnen eines widerspenstigen Haarschopfes so vorsichtig voneinander trennen, daß wir die Geliebte dadurch nicht aufwecken.

Kapitel Zehn

Vogelbad

Vielleicht glauben Sie nun, daß unsere Rendezvous unter der Anrichte, Tikos beständige Wachsamkeit und schließlich seine unbeirrbare Anhänglichkeit während meiner Krankheit Beweise einer Nähe waren, die nichts mehr zu wünschen übrigließ. Doch als Biologin wußte ich, daß dem nicht so war. Der kleine Racker hatte noch eine letzte Bastion des Vertrauens, die es zu erstürmen galt: das Baden.

Und möglicherweise denken Sie auch, ich hätte nach der Borreliose genug davon gehabt, zwölf Stunden täglich in glühender Sonne Vögel auf Long Island zu beobachten, aber auch das stimmt nicht. Ich bin einfach unersättlich bei bestimmten Dingen, die andere Leute als reine Folter empfinden würden.

Im Sommer 1994 saß ich also wieder an der South Shore von Long Island, diesmal jeweils fünf oder sechs Tage hintereinander, zusammengekauert in einem kleinen Segeltuchunterschlupf, und beobachtete eine Kolonie von hundert Paaren der vom Aussterben bedrohten Rosenseeschwalben an der Cedar Beach. Diese Seeschwalbenart nistete inmitten einer Kolonie von mehreren tausend Flußseeschwalben, denen sie bis auf die Schnäbel, die bei den Rosenseeschwalben schwarz, nicht rot, sind, ähnelt. Seeschwalben sind kleine Vögel, wiegen nur wenig mehr als hundert Gramm und haben eine weiße Brust und einen grauen Rücken. In Kolonien ähneln sie in vielerlei Hinsicht den Silbermöwen. Sie haben Gelege von drei Eiern, die sie zweiundzwanzig bis vierundzwanzig Tage (etwas kürzer als die Möwen) ausbrüten, und ein ausgeprägtes Sozial- und Territorialverhalten. Aber in ihrer Zartheit und Anmut sind sie ganz anders als die kräftigen, lärmenden und opportunistischen Piraten der Lüfte. Die Seeschwalben ernähren sich ausschließlich von Fischen und schenkten den Hot-dog-Ständen und Müllhalden auf der Insel keine Beachtung. Von meinem Unterstand aus beobachtete ich mit einem Feldstecher, wie die Elterntiere ihren Küken Futter brachten. Mike und ich glaubten, daß die Zahl der Rosenseeschwalben immer weiter zurückging, weil etwas mit ihren Futterquellen passiert war.

Soweit wir damals wußten, war Cedar Beach eine der größten Flußseeschwalben-Kolonien auf der Welt. Heute gibt es dort keine einzige Seeschwalbe mehr. Daran ist der Rotfuchs schuld. Damals versuchte ich vergeblich, die Verantwortlichen dazu zu bringen, daß sie Fallen auf der Insel aufstellten und die gefangenen Tiere anderswo neu ansiedelten. Der Rotfuchs wurde während der Kolonialzeit von ausgewanderten englischen Aristokraten mitgebracht, damit diese weiter der Jagd frönen konnten, aber die Inselbewohner behaupteten steif und fest, die Füchse seien schon immer in diesem Lebensraum verbreitet gewesen, und überredeten die Behördenvertreter schließlich, sie auf der Insel zu lassen.

Vermutlich ist es als ausgleichende Gerechtigkeit zu betrachten, daß der Fuchs nun der Jäger und nicht mehr der Gejagte ist. Seeschwalben nisteten traditionell auf vorgelagerten Inseln, weil es auf solchen Inseln so gut wie keine

Raubtiere gab, bevor der Mensch sie durch Brücken mit dem Festland verband, über die dann des Nachts die Füchse kamen. Sie brauchten nur ungefähr fünf Jahre, um eine Kolonie von sechstausend Vögeln vollständig auszurotten.

Natürlich haben die Füchse nicht die Nester von sechstausend Seeschwalben geplündert und zerstört. Einzelne Füchse, die hin und wieder in eine Kolonie eindringen, fressen nur wenige Küken und erwachsene Vögel. Aber wenn sie regelmäßig und über längere Zeiträume auf die Jagd gehen, verlassen die Vögel ihre Nester wegen der ständig drohenden Gefahr.

Es war ein Genuß, die Seeschwalben zu beobachten, als sie noch in Cedar Beach waren. Sie kreisen sechs bis neun Meter über dem Wasser und halten Ausschau nach Eierlegenden Zahnkarpfen und Elritzen. Irgendwann stürzen sie sich herab, pfeilgerade und tödlich. Die Fische haben keine Chance. Die Seeschwalben tauchen fast geräuschlos ins Wasser ein und segeln auf ihren langen, feinen Schwingen über die Dünen.

Ich saß in meinem Unterstand und beobachtete die riesige Kolonie, die sich von dem üppigen Gras bis zu der offenen Sandfläche vor ein paar verkrüppelten Kiefern erstreckte. Am Nachmittag zogen manchmal Wolken auf. Dann schlug der Wind den Seeschwalben entgegen; sie gerieten ins Wanken und richteten sich in der bewegten Luft wieder auf. Kühle Böen trieben sie zurück, und plötzlich vermischte sich der Klang des Donners mit dem der Brandung. Nun flogen die Vögel gegen den aufkommenden Sturm an und verschwanden in den tiefen Wolken.

Wenn ein starker Wind von Nordost herüberwehte, kehrten die Seeschwalben zu ihren brütenden Partnern zurück. Alle sechstausend Vögel plusterten sich auf und duckten sich in ihre flachen Nestvertiefungen im Sand, die noch weniger Schutz boten als die der Möwen. Sie vergruben den Kopf im Brustgefieder, sobald die ersten dicken Tropfen auf die Kolonie und das Segeltuchdach meines Unterstands herabprasselten. Die Küken krochen unter die Flügel ihrer Eltern und reckten nur hin und wieder den Kopf in die salzig-fischige Seeluft. Dann brach der Sturm los. Die Vögel gingen ganz anders als sonst in Formation: den Schnabel gegen den Wind gerichtet, als warteten sie auf etwas. Die Böen warfen sie hin und her, und dann ergoß sich eine wahre Sintflut über sie. Das Prasseln des Regens übertönte die Brandung, das dunkle Grau des Himmels vermischte sich mit dem des Meeres; nun war alles Wasser, und ich konnte nicht einmal mehr die Nester erkennen, die sich direkt vor meiner Nase befanden. Der Geruch des feuchten, vom Wind hin und her gebeutelten Segeltuchunterstands wurde immer stärker. Tropfen kondensierten an der Innenseite des Daches. Ich schloß die Augen. Es war, als halte ich mich im Innern einer Trommel auf. Ich ließ meine Gedanken schweifen, und irgendwann erlangte ich die vollkommene Ruhe, befand mich im Auge des Sturms. Ich weiß nicht, wieviel Zeit verging. Langsam ließ das Unwetter nach, und die erwachsenen Seeschwalben entfernten sich ein wenig von ihren Nestern, um sich mit schnellen, zuckenden Bewegungen zu schütteln. Tropfen regneten von ihrem Gefieder. Sie begannen sich zu putzen.

Daheim in Somerset mußte ich an jene Stürme denken und wie die Seeschwalben darauf reagiert hatten. Sie hatten eine Verteidigungshaltung eingenommen, denn wenn sie völlig durchnäßt worden wären und die Temperatur dann gefallen wäre, hätten sie sich erkälten können und wären möglicherweise gestorben. Die Küken waren noch gefährdeter, weil sie kein wasserdichtes Gefieder hatten. Doch besonders an warmen Sommertagen schienen die Seeschwalben eine kleine Dusche zu genießen. Das gleiche galt für Tiko. Wir vermuteten, daß er während unseres Aufenthalts in Cedar Beach heimlich gebadet hatte. Wir hatten in seinem Zimmer flache Gefäße mit Wasser aufgestellt, das sich im Lauf des Tages erwärmte, weil wir hofften, daß er so Lust zum Baden bekommen würde. Als wir nach Hause kamen, waren die Gefäße halbleer und die Zeitungen, die wir darunter gelegt hatten, durchweicht. Also hatte er tatsächlich geplanscht. Aber der schlaue Kerl steckte in unserer Anwesenheit noch nicht einmal eine Zehe ins Wasser. Vielleicht hatte es damit zu tun, daß ich ihn oft genug kraulte, wenn ich zu Hause war, denn dadurch löste sich zumindest ein Teil des Staubes, der sich in seinem Gefieder gesammelt hatte.

Doch immerhin war er in seiner Abwehrhaltung schwankend geworden. Möglicherweise, so dachte ich, ohne mich allzu großen Hoffnungen hinzugeben, deuteten seine heimlichen Planschereien darauf hin, daß er sich irgendwann auch auf größere Abenteuer einlassen würde. Jedesmal wenn es donnerte, plusterte er sein Gefieder auf, genau wie die Papageien in freier Wildbahn, damit der Regen an ihre Haut gelangen kann. Seine Reaktion auf den Donner wirkte auf uns so eindeutig vorbereitend, daß wir die Hoffnung nicht aufgaben, und wenn ich die Dusche betrat, lud ich ihn jedesmal ein, mich zu begleiten.

»Kommst du mit, Tiko? Ich weiß doch, daß du gern duschen würdest«, sagte ich dann, drehte das Wasser auf und ging zu dem Geländer außerhalb des Badezimmers, auf dem Tiko sich immer niederließ, wenn er merkte, daß das Spiel mit der Dusche wieder begann. Aber seine Antwort war jedesmal die gleiche: ein leises Gurren, das mir sagen sollte: »Gib dir keine Mühe.« Gleichzeitig zog er leicht den Kopf zurück, um seine Entrüstung über meinen lächerlichen Vorschlag auszudrücken.

Guy hatte Tikos Fortschritte in dieser Richtung mitverfolgt, war aber seit einiger Zeit ihm gegenüber milder gestimmt, weil Tiko sich eines Abends herabgelassen hatte, ihm ein bißchen Butter vom Brot zu stibitzen. Guy reagierte natürlich entzückt, und nun, da das Eis gebrochen war, wurden die beiden schon bald dicke Freunde. Mittlerweile verwöhnt Guy ihn mit allen möglichen fetthaltigen Leckerbissen, was mir natürlich gar nicht recht ist.

»Du weißt doch, daß ihm das nicht guttut!« schelte ich ihn.

»Irgendwann müssen wir alle mal sterben«, sagt Guy dann grinsend.

Guy teilte inzwischen meine Hoffnung, daß Tiko seine »Phobie«, wie Guy es nannte, irgendwann überwinden und mir in die Dusche folgen würde.

Und eines heißen Sommertages, als ich mich gerade nicht mit den Seeschwalben beschäftigte, drehte ich wieder mal das Wasser auf und ging hinüber zu Tiko, der auf dem Geländer saß. »Kommst du mit duschen, Kleiner?« fragte ich. Zu meiner Überraschung kletterte Tiko auf meinen Finger, als tue er das schon seit Jahren.

Ich ermutigte ihn: »Tiko, mein Kleiner, was bist du doch für ein mutiger Papagei. Schau, es ist ja bloß Wasser. Ich passe auch auf, daß die Temperatur stimmt.«

Ich rechnete damit, daß er sich nur bis zur Dusche tragen lassen und dann wegfliegen würde, wie er es schon einmal getan hatte. Er sah mir in die Augen, um herauszufinden, ob das, was ihn da erwartete, wirklich harmlos war. »Tiko, dir passiert nichts«, sagte ich. »Wir gehen zusammen rein.« Er sah mir weiter stumm und ein wenig ängstlich in die Augen.

Ich schlüpfte voller Vorfreude aus meinem Bademantel. Als wir uns dem laufenden Wasser näherten, begann er die Flügel zu heben und das Gefieder aufzuplustern. Ich war mir sicher, daß er die Flucht ergreifen würde, doch er blieb. Wir gingen zusammen in die Dusche. Ich bewegte mich vorsichtig, den Arm, auf dem er saß, weggestreckt, um ihn von dem vollen Strahl fernzuhalten. Er klammerte sich so fest an meine Finger, daß es schmerzte, aber er harrte aus. Ich ließ gerade so viel Wasser von meinem Kopf wegspritzen, daß sein Rücken benetzt wurde. Er breitete die Flügel aus und rieb den Kopf am Rückengefieder. Schließlich stieß er einen leisen Ruf aus; ich wußte, daß er jetzt genug hatte, und trug ihn ins Schlafzimmer, wo ich ihn unter einen Strahler setzte. Dort blieb er sitzen, bis er trocken war.

Unser gemeinsames Duschen wurde schon bald zum Ritual. Tiko war nicht immer in der Stimmung, und ich wußte, daß ich ihn nicht drängen durfte. Manchmal jedoch war das Bad der größte Spaß für ihn. Wenn ich mir die Haare wusch, setzte ich ihn auf den Handtuchständer. Während die Pflegepackung einwirkte, kam er dann noch einmal zu mir. Er lernte schnell, daß diese zweite Runde das baldige Ende des Vergnügens bedeutete, und so klammerte er sich fester als zuvor an mich. »Tiko, wir können nicht den ganzen Tag hier drin bleiben«, sagte ich. Hinterher nahm er wieder unter dem Strahler Platz, der die tropische Sonne ersetzen mußte, und putzte sich beim Trocknen die Federn.

Das gemeinsame Duschen war ein viel wichtigerer Indikator für seine Vertrautheit mit mir als sein Balz- und Paarungsverhalten. Er ließ eine Situation zu, in der er völlig wehrlos war. Hätte ich ihn der vollen Stärke der Dusche ausgesetzt, wäre er ganz durchnäßt worden, und wenn es dann im Haus kalt gewesen wäre und es für ihn keine Möglichkeit gegeben hätte, sich aufzuwärmen, wäre er an Unterkühlung gestorben. Und anders als im Regenwald badete er hier nicht oben im Blätterdach, sondern nur etwa eineinhalb Meter über dem Boden. Mit nassem Gefieder war seine Flugfähigkeit beeinträchtigt. Sollte sich ein Raubtier in unser Haus verirren, wäre er ihm hilflos ausgeliefert. Ich empfand so etwas wie ehrfürchtige Freude darüber, daß Tiko sich mir nun tatsächlich so weit anvertraute und mit mir unter die Dusche ging. Wie immer, wenn sich in unseren wichtigsten Beziehungen eine neue Ebene der Vertrautheit eröffnet, spüren wir auch die neue Verantwortung, die sich daraus ergibt und die unserem Wesen mehr Tiefe verleiht. Genauso erging es mir mit Tiko. Ich wußte, daß unser gemeinsames Duscherlebnis ein gewaltiger Vertrauensbeweis war. Aus seiner Sicht legte er sein Leben in meine Hände.

Tikos Freude über das Duschen läßt den Schluß zu, daß wilde Papageien das Baden ebenfalls genießen und als sehr wichtig erachten. Als wie wichtig, habe ich selbst schon am brasilianischen Cristalino, einem kleinen schwarzen Nebenfluß des oberen Amazonas, gesehen, wo die unterschiedlichsten Papageienarten leben.

Ich reiste 1999 zum Cristalino. In dem Gebiet hatten sich die ersten Siedler Brasiliens nicht niedergelassen; es wurde nicht einmal von Indios bewohnt. Erst 1976 zogen einige wenige Siedler in die dort künstlich angelegte Stadt Alta Floresta, in der einheimische Produkte wie Kakao, Paranüsse und Guarana erzeugt und verarbeitet werden sollten. Kleine Abschnitte des Regenwaldes wurden für die Landwirtschaft und Viehzucht gerodet. Bis 1983, als in der

Nähe des Cristalino Gold entdeckt wurde, hatte kaum jemand etwas von der Gegend gehört. Die verschlafene kleine Stadt wuchs plötzlich auf mehr als 180 000 Einwohner an. Verbrechen und Prostitution schossen ins Kraut. Die Schürfer brauchten drei Jahre, um das Gold aus dem Fluß und dem Waldboden zu holen; danach zogen sie weiter. Heute leben nur noch etwa 28 000 Menschen in Alta Floresta. Ein großer Teil des Regenwaldes in der Flußmulde ist nun staatlich geschützt. Das hauptsächlich vom Ökotourismus genutzte Ferienhotel, in dem wir wohnten, wie auch der angrenzende Grund gehören der sehr dem Naturschutz verbundenen Victoria Da Riva Carvalho.

Ich war natürlich der Papageien wegen an den Amazonas gekommen und wollte mich weiter mit der Frage beschäftigen, welches Futter sie wie suchten beziehungsweise wie ihr Sicherungsverhalten während der Nahrungsaufnahme aussah. Gleichzeitig wollte ich die Jagd von Vögeln auf Schmetterlinge beobachten. Schwarze Glattschnabelanis, die nicht viel größer als Stare sind, fingen die Schmetterlinge, wenn diese an den Strand kamen, um dort im Schlick und Sand Minerale aufzunehmen. Die Schmetterlinge sammelten sich in Gruppen von bis zu sechshundert Tieren, und die Anis glitten lautlos heran, um zwei oder drei zu erhaschen, bevor sie alle wegflatterten. Ich versuchte herauszufinden, ob die Überlebenschancen eines Schmetterlings in einer großen oder in einer kleinen Gruppe höher waren.

Unsere Freunde und Nachbarn Paula und Chris Williams begleiteten uns. Chris ist Hoch- und Tiefbauingenieur, und Paula hat früher in einem medizinischen Labor gearbeitet. Als die Belegschaft dort reduziert wurde, ging sie in den vorzeitigen Ruhestand. Jetzt hat sie viel Zeit, um mich bei meinen Spaziergängen in den Wäldern unserer Nachbarschaft oder auch etwas weiter weg zu begleiten. Wir interessieren uns beide für alles, was mit der Natur zu tun hat. Mir war gar nicht aufgefallen, daß sie mir beim Beobachten der Schmetterlinge zugesehen hatte.

»Wie kannst du nur den ganzen Tag dasitzen, ohne dich zu bewegen?« fragte sie mich.

»Hier ist so viel los.« Gerade schnappte sich ein Ani einen hübschen Schwalbenschwanz. »Ich bin noch nie zuvor an einem Ort gewesen, an dem es so leicht ist, den Tieren zuzusehen, wie sie sich gegenseitig fressen.«

»Na, wie schön für dich!« sagte sie lachend und verschwand wieder im Wald, um nach Vögeln Ausschau zu halten.

Es war die ganze Zeit trocken gewesen im Regenwald, doch eines Nachmittags waren die Wolken dann plötzlich nicht mehr weiß und bauschig. Der Himmel verdunkelte sich, und die Schmetterlinge, die ich beobachtet hatte, verließen den Strand und flatterten in kleinen Gruppen auf den sicheren Wald zu. Der Wind heulte, die Bäume bogen sich; Blätter, Zweige und leere Fruchthülsen bedeckten den Boden. Ich schaffte es gerade noch zum Hotel, bevor der Sturm losbrach. Dort legte ich mich in die Hängematte und sah mit leichter Gänsehaut dabei zu, wie der Wind an den Bäumen riß. Anfangs schrieb ich es noch meiner Einbildung zu, als ich ein Geräusch vernahm, das sich verdächtig nach Papageienrufen anhörte.

»Hörst du die Papageien auch?« fragte ich meinen Mann.

»In dem Sturm? Du willst mich wohl auf den Arm nehmen?« Er schwang zufrieden in der Hängematte neben der meinen hin und her, geschaukelt von den warmen, feuchten Böen, die über die strohgedeckte Veranda des Hotels fegten. »Komm zu mir in die Hängematte und vergiß mal für ein paar Minuten deine Vögel.« Aber davon wollte ich nichts wissen. Wieder Papageienrufe. »Ich höre sie. Ich sehe mir die Sache mal an.«

»Das kann doch nicht dein Ernst sein!«

Ich packte meinen Schirm. »O doch!«

»Joanna«, flehte er mich an. Doch ich hatte die Veranda bereits verlassen und war in den Sturm hinausgegangen.

Der warme Regen lief mir übers Gesicht. Der Boden unter mir geriet in Bewegung; Rinnsale liefen schäumend zusammen und wieder auseinander und bewegten sich in Richtung Fluß. Vermutlich sah ich ziemlich lächerlich aus, wie ich völlig durchnäßt mit der einen Hand den Schirm hielt und mit der anderen das Fernglas. Ja, ich hielt den Schirm nicht etwa, um selbst trocken zu bleiben, sondern um den Feldstecher zu schützen, ohne den ich nicht die geringste Chance gehabt hätte, die lärmenden Gesellen im Urwald zu entdecken. Ich folgte den immer lauter werdenden Rufen mit meinem Schirm, ein bißchen wie Mary Poppins, und ließ dabei den Blick über die Baumwipfel schweifen. Plötzlich sah ich sie.

Im verzweigten Geäst der Ype-Bäume über mir zählte ich zwei Hellrote Aras, dreizehn Rotbugaras und zwei Schwarzohrpapageien. Das Gefieder der riesigen, fast einen Meter großen Hellroten Aras glänzte im Regen. Die kleineren, feingliederigen Schwarzohrpapageien, enge Verwandte von Tiko, hatten ungefähr seinen Wuchs. Anders als bei Tiko, der eine rote Stirn hat, war die ihre tiefblau. Ansonsten leuchteten ihre Federn in allen Grüntönen.

Sie waren die lautesten Papageien, die ich je gehört hatte, und das will was heißen. Ihre Rufe stachelten sie gegenseitig an; sie wurden immer erregter und kreischten vor Freude. Mit ausgebreiteten Schwingen und offenen Schnäbeln nahmen sie den Regen auf. Sie schrien mit geschlossenen Augen und sahen aus wie winzige, grellbunte Fallschirme. Sie verdrehten die Köpfe in alle Richtungen und hängten sich schließlich sogar, wild mit den Flügeln schlagend, kopfüber an die Äste, damit der Regen auch ihre Bäuche erreichen konnte. Sogar in ihrer Aufregung blieben die Paare dicht beieinander und hielten nach potentiellen Gefahren Ausschau.

Dies war der erste wirkliche Regen seit drei Monaten, und er kam genau zur richtigen Zeit, nämlich in der Mitte des Tages. Der Sturm dauerte nur etwa zwanzig Minuten. Die Vögel flogen zwar tropfnaß, aber immer noch flugfähig, auf einen nahegelegenen anderen Ype-Baum, um in der inzwischen wieder hervorlugenden Sonne das Gefieder zu putzen. An dem Baum hingen überall leuchtend gelbe Blüten. Die Vögel putzten sich paarweise; immer nur wenige Zentimeter voneinander entfernt, ließen sie die Schnäbel durch die Federn ihrer Flügel, Rücken und Schwänze gleiten. Zuerst pflegten sie sich selbst ein paar Minuten lang, dann wandten sie sich ihren Partnern zu. Sie arbeiteten parallel, das heißt, sie beschäftigten sich jeweils mit dem gleichen Körperteil: Nacken, Rücken und Schwanz. Sie putzten sich gegenseitig sogar unter dem Schwanz, um auch dort die Federn schützend einzufetten. Gehaubte Kapuzineraffen hangelten sich durch die Bäume und Büsche unter ihnen. Die Papageien schenkten ihren Warnschreien keine Beachtung. Vielleicht hatten die Affen eine Schlange auf den niedrigeren Ästen der nahegelegenen Bäume oder einen Ozelot am Waldboden entdeckt. Ich konnte nichts sehen – der Regenwald war zu dicht. Am Himmel erspähte ich einen kleinen Falken, aber der war mit Sicherheit nicht groß genug, um eine Gefahr für die Affen oder die Vögel zu bedeuten.

Ein Paar Rotbugaras putzte sich gegenseitig fast eine Stunde lang. Plötzlich hörten sie damit auf, nahmen Blickkontakt auf, und das Männchen kletterte mit gesenktem Kopf auf den Rücken des Weibchens, das den Schwanz anhob, so daß er den seinen unter den ihren schieben und seine Kloake auf die ihre legen konnte. Falls sie dabei Laute von sich gaben, waren diese so leise, daß ich sie nicht hören konnte. Nach kurzer Zeit kletterte das Männchen wieder von ihrem Rücken, sie putzten sich noch einmal, und wieder bestieg er sie. Es war fast, als hätten der Regen und das gemeinsame Bad sie in Stimmung gebracht. Nach der zweiten Runde entfernten sie sich ungefähr einen Meter voneinander, putzten sich und erhoben sich schnatternd und kreischend über die Baumwipfel, vielleicht auf der Suche nach einem geeigneten Nistplatz.

Als hätten die Aras sie angeregt, begannen nun auch die Schwarzohrpapageien mit der Balz und putzten einander das Kopfgefieder. Schon nach wenigen Minuten kopulierten sie ebenfalls und genauso kurz wie die Aras. Mit ziemlicher Sicherheit hatte der Regen die intensive Balzphase dieser Vögel eingeläutet und die Produktion ihrer Geschlechtshormone angeregt. Der Regen stimulierte die Paarung, die Nestsuche, die Eiablage. Seit Beginn meiner beruflichen Laufbahn hatte ich mir gewünscht, wilde Papageien in dieser intensiven Balzphase zu beobachten. Daß ich nun zwei Arten fast gleichzeitig gesehen hatte, grenzte an ein Wunder.

Die Reise nach Brasilien war nur eine von Dutzenden, die ich seit Tikos Ankunft in Somerset unternommen hatte. Er hat sich daran gewöhnen müssen, Ersatzschwarmmitglieder herumzukommandieren, wenn ich unterwegs bin, und das ist weder für ihn noch für die Person, die sich um ihn kümmern muß, leicht.

Als Mike und ich nach Kenia reisten, um das Verhalten von Kuhreihern zu studieren, die zusammen mit Zebras, Büffeln und Gnus auf Futtersuche gehen, vertraute ich Tiko Bill Boarmann an, einem Doktoranden von mir, der ganz in der Nähe wohnte und schon die unterschiedlichsten Vögel aufgezogen hatte. Als wir weg waren, kam Bill zusammen mit seiner Frau Jeanie und ihrer Tochter Kaitlin, um Tiko zu füttern. Tiko liebt kleine Kinder, besonders solche mit langen Haaren, und so hatte Bill kaum Chancen. Ohne jede Vorwarnung griff Tiko Bill an, der sein Gesicht mit dem Arm schützte und in der Annahme, daß seine Frau und seine Tochter ihm folgen würden, aus dem Zimmer rannte. Doch Tiko hatte sich mittlerweile Kaitlin genähert und war auf ihren Schoß geklettert, wo er sich leise gurrend putzte. Er wich aus, wenn sie die Hand ausstreckte, um ihn zu berühren, kam aber jedesmal schnell wieder zurück. Hätte ein erwachsener Mann etwas ähnliches versucht, hätte er ihm vermutlich den Finger abgebissen. Offenbar war Tiko fasziniert von den schönen Haaren des Kindes. Er sah Kaitlin in die Augen und umschmeichelte sie mit leisen Rufen. Es dauerte fast eine halbe Stunde, bis es ihrer Mutter gelang, sie von Tiko loszureißen. Bill tat immer noch die Wunde weh, die Tiko ihm zugefügt hatte, und er wirkte ein bißchen verstimmt, weil seine Frau und seine Tochter ganz verliebt in Tiko waren, so verliebt, daß sie das nächste Mal wieder alle gemeinsam kamen, um den Vogel zu füttern. Es spielte sich wieder genau das gleiche ab. Tiko wollte also ganz offenbar, daß Jeanie und Kaitlin ihn fütterten und Bill zu Hause blieb. Und wie meist setzte Tiko seinen Kopf durch – den Rest des Monats kamen Jeanie und Kaitlin allein zu ihm. Irgendwann begann Tiko sogar, Kaitlins Finger und Haare zu putzen, ließ sich aber nicht von ihr kraulen.

In den ersten Jahren mit Tiko probierten wir die verschiedensten Strategien für Tikos Versorgung in unserer Abwesenheit aus. Als wir nach Florida fuhren, um Anne und Alex zu besuchen, gaben wir ihn zu Josie. Sie können sich denken, mit welchem Erfolg. Wir waren so naiv gewesen zu denken, daß Tiko vergeben und vergessen würde. Aber weit gefehlt. Er begrüßte die Pudel mit einer Haßtirade und kreischte sie ununterbrochen mit »Hallo! Hallo! Hallo!« an. Sie flohen schon bald aus dem Zimmer. Tiko hörte fünf Tage lang nicht auf zu schreien. Arme Nachbarn! Wahrscheinlich glaubte er, daß er wieder zu Josie zurück mußte – eine Horrorvorstellung!

Nach dieser schrecklichen Erfahrung hatte er keinerlei Probleme, sich wieder bei uns einzugewöhnen. Er marschierte hocherhobenen Hauptes durchs Haus und stieß provozierende Rufe aus, um unseren Kontakt wiederherzustellen. Dann zeigte er mir alle »unsere« Nistplätze, obwohl keine Paarungszeit war. Das macht er oft, wenn ich von einer Reise zurückkehre. Es ist seine Art, sich nach der Trennung unserer Verbindung zu vergewissern. Allerdings tut er es nur einmal und integriert sich dann wieder in unseren normalen Tagesablauf.

Bei unserer nächsten Reise wußten wir, daß wir ihn nicht zu Josie bringen konnten. Wir waren nicht glücklich bei dem Gedanken, ihn so lange allein im Käfig zu lassen, auch wenn ihm das offenbar lieber war, als weggeschickt zu werden. Also baten wir eine Freundin, regelmäßig vorbeizuschauen, ihn zu füttern und sich ein bißchen mit ihm zu beschäftigen. Wir richteten ein Zimmer so für ihn her, daß er in unserer Abwesenheit ungehindert von einer Stange zur anderen fliegen konnte. Der einzige Raum, in dem er keinen Schaden anrichten, nicht hinter Bücherregalen steckenbleiben oder sich an scharfen Gegenständen verletzen konnte, war der mit meinem Trimmrad. Er kannte ihn gut, folglich dachten wir, daß es keine Probleme geben würde. Wir machten ihn papageiensicher, entfernten alle Dinge, die auf ihn fallen konnten, und rückten Möbelstücke von den Wänden weg, damit er sich nicht dahinter einklemmte. Wir breiteten zum Schutz des Teppichs Zeitungen aus und bauten mehrere neue Freisitze für ihn. Einen davon stellten wir zwischen die beiden Eckfenster, so daß er hinausschauen und die Vögel beobachten konnte.

Ein paar Tage vor unserer Abfahrt, als alles bereit war, stellte ich sein Lieblingsfutter in den Raum und trug ihn selbst hinein, damit er seine neue Luxuswohnung inspizieren konnte. Er war so sehr aus der Fassung, als er seinen Käfig an einem neuen Platz und die Veränderungen in dem Zimmer sah, daß ich eine ganze Weile bei ihm bleiben mußte. Ich fing an, dort die Korrekturfahnen eines Manuskripts zu lesen, um ihm den Eindruck von Normalität zu vermitteln. Doch er kletterte in seinen Käfig und schmollte mit aufgeplustertem Gefieder. Ich leistete ihm mehrere Stunden lang Gesellschaft, aber er weigerte sich, zu fressen oder seinen Käfig zu verlassen. Als es dunkel wurde, saß er immer noch zusammengekauert in der Käfigecke, ohne zu fressen. Ich wünschte ihm leise eine gute Nacht und ließ ihn allein. Am Morgen kam er nicht wie sonst immer aufs Geländer vor dem Schlafzimmer, um mich zu wecken. Er blieb im Käfig, obwohl die Tür weit geöffnet war, und starrte stumm vor sich hin. Drei Tage lang mühte ich mich ab, ihn herauszulocken oder zum Fressen zu bewegen, aber er schmollte weiter. Sobald ich ihm die Stange hinhielt, kletterte er pflichtbewußt darauf, und ich trug ihn zu seinem neuen Freisitz beim Fenster. Doch auch dort blieb er stumm. Irgendwann flog er zu seinem Käfig, kletterte an der Seite hinunter, durch die Tür hinein und setzte sich dort wieder auf seine vertraute Stange.

Nach dem vierten Tag gaben wir uns geschlagen und trugen den Käfig zurück in sein Zimmer. Sofort begann er zu trinken und ein paar Sonnenblumenkerne zu fressen. Schon wenige Minuten später flog er auf seine Stange beim Fenster. Zum erstenmal seit vier Tagen wollte er von mir gekrault werden. Er hatte uns klar und deutlich zu verstehen gegeben, daß er sich nicht aus seinem alten Zimmer verbannen ließ, und hatte reagiert, als bestraften wir ihn. Er wiederum strafte uns durch sein Schmollen.

Im Lauf der Jahre haben wir uns immer mehr Schutzmaßnahmen für ihn einfallen lassen. Zum Beispiel haben wir einen elektrischen Heizkörper an der Wand seines Zimmers angebracht. Wenn die Ölheizung in unserer Abwesenheit ausfallen sollte, schaltet sich die elektrische Heizung automatisch ein und sorgt dafür, daß er es warm genug hat. Ein bißchen Kälte hält er schon aus, aber nicht lange. Mein Bruder John hat uns von einer Vorrichtung erzählt, mit deren Hilfe sich die Temperatur in Gewächshäusern abfragen läßt. Wir haben sofort eine erworben und an unser Telefon angeschlossen. Jetzt müssen wir, egal, wo wir sind, nur zu Hause anrufen, und das Ding sagt uns Uhrzeit und Temperatur und ob der Strom funktioniert. Manche unserer Freunde haben sich schon bei uns beklagt, weil sie einen Wetterbericht über das Innere des Hauses bekommen, wenn sie bei uns anrufen. Nun, das mag ärgerlich sein, aber so können wir uns immer vergewissern, ob Tiko es warm hat.

Das letzte Kapitel der Duschgeschichte, in dem Tikos und mein Bund endgültig besiegelt wurde, ist erst vor kurzem geschrieben worden. Wie so oft kam es eher zufällig dazu.

Mike und ich begaben uns wieder einmal auf Reisen, diesmal nach Indonesien, um die weltweite Verbreitung von Blei, Quecksilber und Cadmium in Vogelpopulationen sowie ihre Auswirkung auf ihr Verhalten zu untersuchen. Genau wie in Australien bei den Kakadus wollten wir dort Kuhreiher-Federn für die spätere Analyse sammeln. (Wir hatten bereits Federn aus Australien, Neuseeland, Hongkong, China, Hawaii und Costa Rica mitgebracht.)

Dieses Projekt ergab sich ganz natürlich aus unserer Arbeit in Captree. Jetzt wollten wir herausfinden, wie Kontaminationsmuster weltweit variierten und ob das Niveau so hoch war, daß es das Verhalten beeinflußte. Dieses sogenannte »Biomonitoring« ist wesentlich für die Einschätzung, wann und wo Korrektivmaßnahmen nötig sind.

Während ich für die Reise packte, erklärte ich Tiko, daß Patti zu ihm kommen würde, um ihn zu füttern.

»Du mußt nett zu ihr sein, Tiko. Sie mag dich.«

Zur Antwort watschelte er zu meinem offenen Koffer herüber, kletterte hinein und ließ sich mitten in meine Sachen plumpsen.

»Kleiner, du kannst nicht mit. Du mußt hier bleiben.«

Er reagierte mit leisem Gurren und seinem betörendsten Blick.

»Nun mach schon, Kleiner, raus aus dem Koffer. Ich muß packen.«

Weiter leise gurrend kletterte er ganz langsam auf den Rand des Koffers und ließ sich auf dem Deckel nieder, um mich von dort aus anzusehen. Ich legte ein Stück Zeitungspapier unter ihn, für den Fall, daß er Kot fallen ließ, denn ich wußte, daß er mir nicht von der Seite weichen würde und ich nicht allein weiterpacken konnte.

»So ist's besser, Tiko. Da oben kannst du bleiben, während ich packe.«

Er gurrte leise, plusterte das Gefieder auf und machte es sich bequem.

Wir reisten nach Bali, Sulawesi und Halmahera. Bali ist die am dichtesten bevölkerte und am höchsten entwickelte der drei Inseln. Das Land dort ist durch die Menschen fast vollständig in Form von Reisterrassen gestaltet, auf denen keine technischen Geräte verwendet werden. Daher mußten die Metallspuren, die wir in Reiherfedern feststellten, von Niederschlägen aus der Atmosphäre stammen. Die einzige Ausnahme war Blei, das von dem Benzin der Autos und Lastwagen herrühren konnte.

Wir reisten zusammen mit einer Gruppe von Vogelbeobachtern, die meisten von ihnen aus den Vereinigten Staaten. Die Fahrt wurde von Ben King organisiert, der regelmäßig vogelkundliche Expeditionen nach Asien leitet. Die Logistik war eine Herausforderung: Man mußte Unterkünfte in Gebieten finden, in denen es keinerlei touristische Infrastruktur gibt; Boots- oder Flugverbindungen zwischen den einzelnen Inseln sichern; Fahrer anheuern; Nahrung zu den Feldstationen liefern lassen. Mike und ich waren froh, daß wir uns um all diese Dinge nicht kümmern mußten und uns auf unsere Arbeit konzentrieren konnten.

Bei Ben, dem Autor des *Field Guide to the Birds of Southeast Asia*, einem Standardwerk, waren wir in guten Händen. Ich kannte ihn schon seit meiner Studentenzeit in Cornell, wo er seine Doktorarbeit bei Charles Sibley, einer Koryphäe auf dem Gebiet der Taxonomie, schrieb. Sibley wechselte von Cornell nach Yale, und Ben begleitete ihn. Aber Ben hatte sich schon immer mehr für die Feldforschung interessiert als Forschungsergebnisse niederzuschreiben, und so brachte er seine Dissertation nie zum Abschluß.

Ben ist ein bißchen älter als ich, groß und schlank, und hat dunkles Haar und dunkle Augen. Er ist immer wie aus dem Ei gepellt, und sogar während der Feldarbeit sind seine Sachen gebügelt und gestärkt. Er verdient sich ein Zubrot als Lehrer für Standardtänze, ist Gesundheitsfanatiker und nimmt auf seine Expeditionen immer alle möglichen Vitaminpräparate und große Plastiktüten voller Früchte und Nüsse mit. Die Vogelfreunde haben große Achtung vor ihm. Ben erkennt den Gesang eines Vogels schon, bevor wir anderen ihn überhaupt hören. Er weiß mehr über Ökologie und die Naturgeschichte der Vögel in Asien als jeder andere.

Wer uninformiert ist, hält Vogelbeobachter leicht für Amateure und Spinner, doch der harte Kern, der Reisen mit Experten wie Ben unternimmt, muß sich durch steiles, felsiges Terrain kämpfen, wird in Stürmen bis auf die Knochen naß, schläft in primitiven Unterkünften und erfährt dabei oft eine Menge über die Verbreitung und Populationsgröße einer bestimmten Art. Wissenschaftler können nicht überallhin fahren – das würde zu lange dauern, weil es einfach zu viele Vögel gibt. Vielleicht sind diese Vogelliebhaber Amateure, aber sie tragen auch zur Vergrößerung unseres Wissens bei und sind somit Wissenschaftler im besten Sinne.

Auf Sulawesi gibt es, anders als auf Bali, noch unberührte Wälder, doch auch die schwinden beängstigend schnell. Eines Morgens machte sich unsere kleine Gruppe schon früh ins Hochland auf, um nach einigen Schätzen dieser Insel Ausschau zu halten: nach Celebesspinten, Grundschnäppern, Buntschnabelkuckucken und Buschkuckucken. Mike und ich wollten natürlich auch Federn von Kuhreihern finden.

Ich blieb ein wenig zurück, wie ich es oft tue, weil ich gern Fotos für meine Kurse in Rutgers mache, und schlich mich an einen besonders hübschen und selten zu sehenden Schmetterling, einen Schwalbenschwanz mit schillernd blaugrünen Streifen auf den Flügeln, heran. Ich trat einen Schritt darauf zu, den Finger auf dem Auslöser, als ich plötzlich auf dem schlammigen Hügel nach unten rutschte. Einer meiner Schuhe verfing sich irgendwo, und als ich mir den Knöchel verdrehte, hörte ich ein Knacken, als breche ein Eßstäbchen entzwei. Ich fiel hin, und sofort durchzuckte mich ein so intensiver Schmerz, daß ich mich beinahe übergeben oder das Bewußtsein verloren hätte. Solange ich sitzenblieb, ohne mich zu bewegen, redete ich mir ein, würde ich es schon aushalten.

Ich war neben einem Gebirgsbach gelandet. Das Wasser stürzte eine Schlucht hinunter. Das Geräusch wirkte beruhigend auf mich und linderte meinen Schmerz. Hier war alles naß, üppig und weich, ganz anders als der harte Schmerz in meinem Bein. Vogelrufe schallten durch die Luft. Schmetterlinge flatterten über die Blätter, durch die leise der Wind raschelte. Alles war wie noch ein paar Minuten zuvor, nur meine eigene Welt hatte sich drastisch verändert.

Nach einer Weile fand Mike mich. »Schatz«, sagte er, kniete neben mir nieder und zog mir ganz langsam und vorsichtig den Schuh aus. Dann schlüpfte er aus seinem Hemd, wickelte es um meinen Knöchel, befestigte es mit einem Riemen des Fernglases und lagerte mein Bein auf seinem kleinen Rucksack hoch. Schließlich stellte er mir – ganz Arzt – mit ruhiger Stimme Fragen. Wir wußten beide, daß ich mir den Fuß höchstwahrscheinlich gebrochen hatte, und nach einer schnellen Untersuchung kam Mike außerdem zu dem Schluß, daß ich mir etliche Muskelrisse zugezogen hatte. Zum Glück teilte er mir das damals nicht mit.

Diejenigen unter Ihnen, die keine Vogelfanatiker sind, werden das merkwürdig finden, aber ich bestand darauf, daß Mike wieder zu den anderen ging, damit er die Vögel, derentwegen wir gekommen waren, nicht verpaßte. Außerdem war der Schmerz so stark, daß ich allein sein wollte.

»Ich kann nicht ohne dich gehen. Ich bleibe hier«, erklärte Mike mir.

»Wir sind um die halbe Welt gereist, um die Vögel zu sehen. Ich würde es mir nie verzeihen, wenn sie dir entgingen«, sagte ich mit zusammengebissenen Zähnen.

»Ich kann dich nicht allein lassen.«

»Bitte, Schatz. Wenigstens einer von uns muß die Vögel sehen. Ich beobachte in der Zwischenzeit die Schmetterlinge und Vögel hier. Laß mir bloß mein kleines Notizbuch da.«

Schließlich ließ er sich doch überreden, und ich versuchte, mich abzulenken, indem ich Farne und Blumen zeichnete, aber ich war nicht bei der Sache.

Nachdem sie zurückgekehrt waren, wickelte Mike meinen Knöchel vorsichtig wieder aus seinem Hemd. Er war inzwischen angeschwollen und schwarz und blau. Mir wurde vor Schmerz übel, als ich aufzustehen versuchte. Als mein verletzter Fuß leicht an ein paar Blättern vorbeistreifte, hätte ich fast das Bewußtsein verloren.

»Halt sie fest«, sagte Ben. »Sonst fällt sie um.«

Mike und Ben stützten mich links und rechts und trugen mich halb den Dschungelpfad entlang. Ich hüpfte auf einem Bein, weil ich das verletzte nicht belasten konnte. Wir blieben alle dreißig Meter stehen. Sehr rasch war ich erschöpft, der Schmerz wurde immer schlimmer, und die beiden konnten mich wegen des steilen, rutschigen Geländes fast nicht mehr halten. Irgendwann hatten wir es dann zum Jeep geschafft. Sie brauchten ein paar Minuten, um mich in den Wagen zu laden, weil ich mich nicht bewegen konnte: Inzwischen war das ganze Bein angeschwollen und schmerzte höllisch.

Es waren fast vierzig Kilometer zu dem alten Holzfällerlager, das uns als Forschungsstation diente – vierzig Kilometer über buckelige Bergpisten. Ich bekam nur am Rande mit, wie schön die Landschaft war: das üppige Dunkelgrün des Dschungels an den Hügelflanken und das hellere Grün des flacheren Landes mit seinen Terrassenfeldern. Die Fahrt, die unter anderen Umständen ein Vergnügen gewesen wäre, wurde zum Alptraum. Die Höchstgeschwindigkeit des Jeep betrug wenig mehr als fünfzehn Stundenkilometer, und trotzdem wurde ich bei jedem Schlagloch durchgerüttelt. Vor Schmerz liefen mir die Tränen herunter. Ich senkte den Kopf, damit niemand sie sah, am allerwenigsten Mike.

»Joanna, alles in Ordnung?« Zum erstenmal hörte ich Sorge in seiner Stimme. Der Schmerz war so groß, daß ich kein Wort herausbrachte. Mike rollte sein Sweatshirt und seine Regenjacke zusammen, um meinen Fuß zu stabilisieren.

»Sollen wir anhalten?« fragte er.

»Nein, laß uns weiterfahren, damit wir endlich hinkommen«, sagte ich mit Tränen in den Augen.

Er fragte nicht mehr, bat den Fahrer aber, noch langsamer zu fahren, so daß ich die Unebenheiten nicht so stark spürte. Wir kamen über einen kleinen Fluß und über eine Holzbrücke und über weitere Löcher und Pfützen. Allmählich wurde es dunkel, und die Frösche begannen zu quaken.

Es war stockdunkel, als wir endlich unsere bescheidene Hütte mit den Holzpritschen und dem Loch erreichten, das als Toilette diente. Der Jeep konnte lediglich bis auf dreißig Meter heranfahren. Zwischen mir und einem Ruheplatz lagen rauhes Gras und ein tiefer Graben. Während Mike und Ben noch diskutierten, wie sie mich am besten hinüberbringen konnten, ließ ich mich auf die Knie nieder, das verletzte Bein abgespreizt, und kroch durch das feuchte Gras. Als sie sich zu mir umdrehten, hatte ich bereits fünf Meter zurückgelegt. Sie versuchten, mir zu helfen. Am Graben benutzte ich mein gesundes Bein als Keil, setzte mich zuerst auf die eine Seite und dann auf die andere und schwang schließlich das verletzte Bein hoch. Ich brauchte noch weitere zwanzig Minuten, um zu der Hütte zu gelangen, wo ich mich völlig entkräftet auf die Holzpritsche legte und sofort einschlief.

Die Sache mit der Toilette war ein großes Problem – mit nur einem funktionierenden Bein konnte ich nicht in die Hocke gehen, und die Wände waren so weit auseinander, daß ich mich nicht mit den Armen abstützen konnte. Mike organisierte einen Eimer, und zusammen gelang es uns, in etwa die richtige Richtung zu treffen. Die Situation entbehrte nicht der Komik, obwohl der Schmerz mich immer noch quälte. Wenn ich nicht gerade den Eimer benutzte, lag ich so ruhig wie möglich da und überlegte, wie ich am besten in den nächsten Ort, nach Palu, käme. Zum Glück für mich hatte Mike sich im Jahr zuvor den linken Knöchel in Brasilien gebrochen und nun immer einen Notgips im Gepäck. (Ich weiß, was Sie jetzt denken, aber dafür, daß wir schon die halbe Welt bereist haben, ist die Liste unserer Knochenbrüche, Verstauchungen und Krankheiten erstaunlich kurz.) Die Plastikvorrichtung bestand aus zwei Teilen, die meinen Knöchel von beiden Seiten umschlossen. Das Bein war so geschwollen, daß ich den Klettverschluß kaum zumachen konnte. Mike gab mir ein paar Tabletten, die den Schmerz auf ein erträgliches Maß dämpften.

Wie bei einer solchen Expedition nicht anders zu erwarten, hatte einer der beiden Jeeps gerade den Geist aufgegeben, und wir konnten nicht den anderen nehmen und die Gruppe ohne Möglichkeit fortzukommen im Dschungel zurücklassen. Schließlich war ich nur verletzt und lag nicht im Sterben. Die Reparatur des Jeep dauerte zwei Tage, und als Mike und ich schließlich im Missionskrankenhaus in Palu ankamen, hatten wir bei der Benutzung des Eimers schon eine elegante Technik entwickelt. »Solche Erfahrungen sind der Kitt der Ehe«, sagte ich bei einem besonders schwierigen Manöver. Mike sah mich entsetzt an.

Das Krankenhaus, ein eingeschossiges Gebäude am Ortsrand, war sauber, aber leider hielt sich kein Arzt dort auf. Man sagte uns, er würde erst in zwei Tagen, nach Abschluß seiner Runde durch die kleineren Hospitäler, wieder ins Missionskrankenhaus zurückkehren. Die Schwestern schoben mich mit einem Wägelchen herum. Unser Jeepfahrer Harry übersetzte ihr Javanesisch ins Englische. Sie hatten ein Röntgengerät, aber keinen, der es bedienen konnte. Mike überredete die Schwestern, ihm die Benutzung zu überlassen.

Der Knöchel war gebrochen; sonderlich überraschte mich das nicht. Also mußte er wieder in den Notgips.

»Ich brauche Krücken«, ließ ich Harry übersetzen.

Im Missionskrankenhaus gab es keine Krücken; auf ganz Sulawesi gab es keine Krücken. Wir orderten eine Maßanfertigung bei einem örtlichen Schreiner. Ich zeichnete eine Krücke und versah die Zeichnung mit meinen Maßen. Die Röntgenaufnahme kostete sechzehn amerikanische

Dollar. Schwestern und Pfleger verlangten nichts, weil der Arzt nicht anwesend war. Erschöpft verabschiedeten wir uns vom Personal des Krankenhauses. Jetzt blieb nichts weiter zu tun, als ein Hotel zu suchen und auf die Krücken zu warten.

Wir begaben uns ins Golden, das einzige Hotel in Palu. Natürlich befanden sich alle Zimmer im ersten Stock, und es gab keinen Aufzug. Wenn ich mich durch den Raum bewegen wollte, stützte ich mich auf einen Holzstuhl. Es war schön, endlich eine Toilette zu haben, auf die ich mich setzen und ein Bett, auf dem ich ordentlich liegen konnte.

Zwei Tage später, genauer gesagt fünfundvierzig Minuten vor unserer Abreise zu einem entlegenen Teil der Insel, waren die Krücken fertig. Wieviel sie kosteten? Ungefähr sechzehn Dollar, wie offenbar so ziemlich jede Dienstleistung in Palu. Sie wirkten rustikal-elegant und hatten genau die richtige Höhe, aber meine Finger paßten nicht durch die Griffe. Wir hatten nicht daran gedacht, auch die Breite meiner Hände zu messen.

Mike und ich mußten lachen. Das ganze Abenteuer war eine einzige Farce. Was würde als nächstes passieren? Mike feilte die Grifflöcher größer, ich humpelte zum Bus, und heute befinden sich die Krücken, das wichtigste Erinnerungsstück dieser Reise, in der Abstellkammer unseres Hauses in Somerset.

Erst ziemlich spät merkte ich, daß ich nicht in der Verfassung war, Kuhreihern nachzustellen, und daß es einige Zeit dauern würde, einen Heimflug zu bekommen. Ich überlegte, was ich sonst beobachten konnte. Während die Gruppe sich auf die Suche nach aufregenden ungewöhnlichen Vögeln machte, fuhren Harry und ich durch die kleinen Fischerdörfer an der Küste von Sulawesi, um Hühnern zuzusehen. Immer wenn wir in irgendeinem Hof Hühner nach Futter scharren sahen, blieben wir stehen. Mit Hilfe einer Stoppuhr fand ich heraus, wie oft pro Minute sie zu fressen aufhörten, um sich nach möglichen Feinden umzuschauen. Ja, auch so kann man das Sicherungsverhalten erforschen!

Wo immer wir uns aufhielten, zogen wir Neugierige an, die Harry zuerst mit Fragen und dann mit Ratschlägen bombardierten. Sie konnten etliche Buschheiler aus der Gegend empfehlen, besonders einen, der in Tador auf Halmahera lebte. Er war in ganz Indonesien wegen seiner Knochenheilkünste berühmt.

»Welche Methode wendet er an?«

Harry stellte diese Frage einer alten Frau, die gebückt in ihrem Hof stand, und erhielt als Antwort eine ganze Flut javanesischer Sätze, die sie mit eleganten Bewegungen ihrer faltigen teebraunen Hände unterstrich.

»Er reibt Ihr Bein den ganzen Tag mit Ölen aus dem Wald ein«, übersetzte Harry, »und wenn der Schmerz zu groß wird, reibt er statt dessen den Tisch ein.«

Wir fuhren mit der Fähre nach Halmahera, aber den Buschheiler suchte ich nie auf.

Unser Lager auf Sulawesi war ausgesprochen einfach gewesen, aber im Vergleich zu dem auf Halmahera konnte man es nur als Luxus bezeichnen. Der umgebende Wald war nicht gerodet, so daß es nicht einmal mittags hell wurde. Und unsere Toilette lag auf einem gewundenen Schlammpfad durch dichtesten Dschungel ungefähr dreißig Meter von unserer Schlafbaracke entfernt. Mike rettete mich und kaufte mir einen hübschen roten Eimer ganz für mich allein. Man denke nur, manche Frauen lassen sich von ihren Männern Parfüm und Schmuck schenken! Sie wissen nicht, was ihnen entgeht.

Ben hatte eine besorgniserregende Entdeckung gemacht, gerodete Hügelflanken in der Nähe des Lagers. Die indonesische Regierung wollte Menschen dazu bringen, vom überfüllten Java nach Halmahera überzusiedeln, und hatte den Grund an japanische Holzgesellschaften verpachtet, die Straßen bauten, um an die Bäume heranzukommen. Die so entstehenden freien Flächen sollten später für die Landwirtschaft genutzt werden und Siedler anlocken.

Ich war nicht die einzige in unserer Gruppe, die es nicht ertragen konnte, Fernsehsendungen anzuschauen, die mit wunderschönen Tieren in ihrer natürlichen Umgebung begannen und mit Kettensägen und Bulldozern endeten. Hier wurden wir direkt vor unserer Nase mit dieser Entwicklung konfrontiert. Besondere Sorgen machte ich mir um die vielfältige Papageienpopulation auf Halmahera. Natürlich droht ihnen Gefahr von Wilderern, aber viel schlimmer ist die Zerstörung ihres Lebensraums. Auf der ganzen Welt verschwinden allmählich die großen Primärwälder, die die meisten Papageienarten benötigen, durch die Hand von Holzfällern, Viehzüchtern und Farmern, die Brandrodung betreiben. Große Papageien wie Kakadus und Aras brauchen große Hohlräume in großen Bäumen als Nistplätze, aber gerade diese Bäume verschwinden am schnellsten, weil sie den Holzfällern als erste zum Opfer fallen.

In den armen Gebieten der Erde sind die Menschen natürlich sehr empfänglich für Geld von ausländischen Tierhändlern und Holzgesellschaften sowie von auf den Export ausgerichteten landwirtschaftlichen Betrieben. Wenn der Reichtum nicht irgendwie umgeschichtet wird, kann sich nichts ändern – es wird sogar noch schlimmer werden. Der Schlüssel zur Lösung des Problems ist meiner Ansicht nach der Ökotourismus. Wenn die Bevölkerung eines Landes erkennt, daß sie durch Touristen, die ein Nashorn sehen wollen, oder durch Vogelfanatiker, die gern einen Hellroten Ara beobachten würden, mehr Geld verdienen kann, wird sie für die Erhaltung der Naturschätze sorgen.

Die Rodungen betrübten uns alle, und auch mein Knöchel wurde in dem starren Notgips nicht besser. Er war immer noch ziemlich geschwollen, schwarz und blau und tat weh. Bei jeder Bewegung hörte ich Knochen knirschen – zum Beispiel wenn ich mit der Krücke im Schlamm steckenblieb und ich mich instinktiv mit dem verletzten Fuß abstützte, was so großen Schmerz auslöste, daß ich laut aufschrie. Wir beschlossen, von Halmahera abzureisen, aber es dauerte dann doch noch zwei Wochen, bis wir endlich wieder auf dem Flughafen von Newark ankamen. Sie können sich vorstellen, wie glücklich ich über diese Heimkehr war.

Der Orthopäde steckte mich sechs Wochen lang in einen Gips. Das gab Probleme für Tiko. Er war ganz aus dem Häuschen gewesen, mich wiederzusehen, und ließ mich nicht mehr aus den Augen, weil er fürchtete, daß ich wieder verschwand oder Mike mich erneut entführte. Tiko kletterte auf meine Hand und wartete darauf, durchs Haus getragen zu werden wie immer. Er sah mich erwartungsvoll an und stieß einen leisen Ruf aus. Doch wenn ich die Krücke ergriff, rutschte er herunter. Ich versuchte, ihn auf meine Schulter zu setzen, aber jedesmal wenn ich eine abrupte Bewegung nach vorn machte, glitt er auf meine Brust und klammerte sich dort in panischer Angst kopfüber mit den Krallen fest. Sobald ich mich aufgerichtet hatte, kletterte er wieder auf meine Schulter, ich machte einen neuerlichen Schritt, und schon wieder landete er auf meiner Brust. Er wurde immer aufgeregter, stieß laute Schreie aus und versuchte hektisch, Halt zu finden. Ich konnte ihm leider nicht die üblichen Chauffeursdienste bieten und den Körperkontakt, den er gewohnt war, und er wußte nicht, warum.

Als er schließlich merkte, daß ich verletzt war und ihn weder verschmähte noch meine partnerschaftlichen Pflichten vernachlässigte, reagierte er fürsorglich. Er watschelte hinter mir her, in respektvollem Abstand zu den Krücken. Wenn ich ihm sagte, wo ich hinwollte, flog er zuerst an den Ort und wartete dort auf mich. Jetzt wurde unser morgendliches Putzritual wichtiger denn je für ihn. Im frühen Dämmerlicht beobachtete er mich ganz genau vom Geländer auf dem Flur aus. Er wollte mich so lange wie möglich schlafen lassen und bewachte eifersüchtig die Tür. In der Vergangenheit war er in seinem Putzbedürfnis hin und wieder übereifrig geworden und hatte mich zu früh geweckt, doch jetzt erkannte er, daß ich krank war und mich ausruhen mußte.

Wenn er sicher sein konnte, daß ich nicht mehr schlief, putzte er vorsichtig meine Finger, und ich kraulte seinen Nacken. Unser Ritual dauerte üblicherweise zehn Minuten. Dann bekam er allmählich Hunger, und sein scharfer Schnabel an meinen Fingern sagte mir deutlich, daß es Zeit war, ihm etwas zu fressen zu geben. Als ich jedoch den Gips am Fuß hatte, putzte er mich, solange ich im Bett blieb. Zum erstenmal wurde mir bewußt, wie wichtig diese vertrauten Momente für mich waren; dies war unsere gemeinsame Zeit, nicht nur die seine, wie ich so viele Jahre lang geglaubt hatte.

Der Gips durfte nicht naß werden, was hieß, daß ich nicht duschen konnte. Auch das war ein Problem für Tiko, der das Duschen mittlerweile liebte. Mit Mike weigerte er sich, und so wurde der Federstaub, der überall im Haus herumflog, immer mehr. Ich bezweifelte zwar, daß Tiko ohne mich duschen würde, aber einen Versuch war es wert. Mike zog eine Plastiktüte über den Gips, damit er trocken blieb, und begleitete uns für den Fall, daß wir ihn brauchten, ins Bad.

»Komm, Tiko, komm in die Dusche«, lockte ich leise. Tiko kletterte auf meine Hand. Ich stellte die richtige Wassertemperatur ein und hielt ihn mit ausgestrecktem Arm in die Nähe des feinen Sprühregens. Eigentlich hatte ich erwartet, daß er wegfliegen würde, aber er klammerte sich fest und sah mich mit ängstlichem Blick an.

»Keine Sorge. Heute mußt du mal ohne mich rein.«

Er sah mich leise gurrend an, so leise, daß ich ihn kaum hörte.

»Bitte, Tiko, ich möchte, daß du duschst.«

Er erhielt den Blickkontakt aufrecht. Sein Gurren wurde ein bißchen lauter, irgendwie fragend.

»Ja, mein Kleiner, bleib, wo du bist, dann halte ich dich ganz vorsichtig rein.«

Es war kaum zu fassen, aber er begann, das Gefieder aufzuplustern und die Flügel zu heben. Ich schob ihn ganz langsam unter den sanften Regen der Dusche. Sein letztes Bad war nun fast zwei Monate her; er war so aufgeregt, daß er fast von meiner Hand fiel. Das Wasser lief in winzigen silbrigen Perlen über seinen Rücken. Er streckte die Flügel vollends aus und rieb den nassen Kopf am Rücken. Tiko verhielt sich genauso wie die badenden Papageien, die ich am Amazonas beobachtet hatte. Endlich hatten wir es geschafft. Tiko hatte so großes Vertrauen zu mir, daß er allein duschte. Er war nur ein kleiner grüner Federball, aber in diesem Augenblick liebte ich ihn so sehr, daß ich selbst vor Freude fast losgeschrien hätte wie ein Geschöpf des Dschungels. Das Wasser regnete auf ihn herab und benetzte auch mein Haar und meine Wangen. Die letzte Barriere war überwunden. Jetzt war unsere Bindung vollkommen. Mike und ich sahen uns wortlos an. Ich hielt Tiko ins Wasser, und er klammerte sich an meiner Hand fest.

Epilog

Einem Papagei zu gehören, ist, wie ich immer noch lerne, eine Beziehung, die ich mir nie hätte träumen lassen, als Tiko zu uns kam. Damals war er ein jugendlicher dreißigjähriger Vogel, ziemlich aus der Fassung über den Verlust der geliebten Schwestern Libby und Freda, in eine fremde Umgebung geworfen, urplötzlich entwurzelt. Äußerlich altert er nicht. Er sieht heute nicht anders aus als an jenem ersten Tag bei uns in Somerset. Doch inzwischen ist er fast fünzig, gesetzt und majestätisch, seiner Stellung in der Welt sicher und mit klaren Vorstellungen, wie ich mich zu verhalten habe.

Lange Abwesenheiten gesteht er mir nicht zu. Drei Wochen darf ich hin und wieder »zur anderen Seite des Dschungels fliegen«, aber dann muß ich wieder nach Hause kommen. Das ist nicht immer leicht für eine Biologin, die sich auf Feldforschung spezialisiert hat. Zum Glück haben wir Paula gefunden, die Tiko liebt. Paula hat langes güldenes Haar, eine Tatsache, die Tiko nach wie vor sanft stimmt. Wenn sie eintrifft, eilt er auf sie zu, putzt ihre Schuhe mit dem Schnabel, gurrt verführerisch und sieht sie schmachtend an. Nach den erwähnten drei Wochen jedoch läßt auch die Freundlichkeit ihr gegenüber nach. Dann greift er sie lustlos an. Wenn sie sanft seinen Namen ruft, beruhigt ihn das, aber auch nur kurzfristig.

Tiko wird wahrscheinlich noch bei uns sein, wenn wir im Ruhestand sind. Früher hätten wir uns vielleicht gewünscht, dann vier- bis fünfmonatige Reisen zu unternehmen, aber es würde ihm das Herz brechen, wenn wir so lange wegblieben. Er ist kein Kind, das man großzieht und das dann irgendwann selbständig wird. Er ist Teil unserer Familie; wir müssen auch seine Gefühle und sein Wohlergehen in unsere Überlegungen miteinbeziehen.

Tikos amouröse Avancen mir gegenüber haben sich im Lauf der Jahre intensiviert. Der heiße Sommer 1999, in dem das Wetter ganz ähnlich dem im Regenwald von Costa Rica war, schien biologische Veränderungen in ihm zu verursachen, die sein Balzverhalten gänzlich aus dem Ruder laufen ließen. Er versuchte verzweifelt, den perfekten Nistplatz zu finden, und entdeckte schließlich den kleinen Raum unter der Frisierkommode im Schlafzimmer. Es handelte sich dabei um einen dunklen, sicheren Ort, der selbst für die gefährlichen Raubtiere Somersets zu eng war. Da er sich im Schlafzimmer befindet, kann Tiko gleichzeitig das Nest verschönern, Mike im Auge behalten und mich mit einem nie abreißenden Strom von Lock- und Klagerufen umwerben.

Dadurch hat er einen strategischen Vorteil. Anfang des Sommers tolerierte er Mike noch, solange Mike sich nicht zu nah zu mir aufs Bett setzte und die Füße nicht auf den Boden stellte. Wenn er zur Toilette ging oder eine Videokassette in den Recorder steckte, schoß Tiko unter der Frisierkommode hervor und stürzte sich auf Mikes Zehen. Seine Werbung um mich intensivierte sich, als die feuchtschwülen Tage zu Wochen wurden, und irgendwann fraß er vor Erregung fast nichts mehr. Wenn ich im oberen Zimmer arbeitete, mußte ich ihn alle paar Minuten kraulen, und er flog zwischen Schlaf- und Arbeitszimmer hin und her, um mich mit langen, heiseren Rufen und anschließendem kaum hörbarem Gurren hinunter in unser Nest zu locken.

Papageien kennen keine Wechseljahre, und die meisten Weibchen legen ihr ganzes Leben lang Eier. Doch vielleicht gibt es hier ja eine Entsprechung zum Menschen. Wenn wir älter werden, läßt oft unser Sexualtrieb nach, aber unsere emotionale Bindung zum Partner wird jetzt, da wir uns keine Gedanken mehr über die Karriere, die Kinder, die Abzahlung der Hypothek und die Schulgebühren machen müssen, enger. Unsere Abhängigkeit von dem Menschen, mit dem wir unser Leben teilen, wird größer; wir kennen die Gedanken des anderen und haben eine intuitive Verbindung, die über die bloße Vertrautheit hinausgeht. Unsere Leben sind miteinander verknüpft.

Ich spüre, wie sich die gleiche Verbindung mit Tiko entwickelt. In den letzten Jahren habe ich oft zu Sitzungen der National Academy in Washington, D.C., fahren müssen. Ich nehme normalerweise den Shuttle-Flug um halb sieben Uhr morgens von Newark. Eigentlich stehe ich ungern so früh auf, aber dann kann ich immerhin meist die Nacht zu Hause verbringen. Anders als Mike, der früh genug aufwacht, um mir das Frühstück zu machen und mich mit einem Kuß zu verabschieden, haßt Tiko es, vor Tagesanbruch aufzustehen. Wenn ich noch rasch in sein Zimmer schaue, um ihm auf Wiedersehen zu sagen, gibt er nur ein leises Geräusch von sich und schläft dann gleich wieder ein.

Wenn es hell wird, merkt er allerdings, daß ich nicht da bin, und begleitet Mike mutig nach oben, um ein kleines Frühstück aus Äpfeln und Cheerios einzunehmen. Dann setzt er sich neben Mikes Computer oder folgt ihm, wenn er im Haus herumgeht. Schließlich gehört Mike auch zu seinem Schwarm. Er richtet sich ein mit dem, was er hat. Wenn Mike ins Büro muß, schläft Tiko. Wenn Mike zurückkommt, unterhalten sie sich und beklagen sich über meine Abwesenheit. Tiko folgt Mike nach unten und ißt Spaghetti. Hinterher pfeifen sie ein bißchen gemeinsam, als wollten sie sich versichern, daß alles in Ordnung ist. Tiko putzt sich und fliegt irgendwann zu seinem Käfig, um zu warten. Vielleicht komme ich ja am Abend heim.

Aber die Sitzungen ziehen sich hin, weil es offenbar immer mehr zu tun gibt. Am zweiten Tag meiner Abwesenheit frühstückt Tiko und wartet auf dem Treppengeländer im Flur auf mich. Wenn ich bis Mittag nicht da bin, fliegt er zu seinem Käfig und frißt ein paar Sonnenblumenkerne, die er normalerweise verschmäht. Mike erklärt ihm, daß ich bald nach Hause komme, doch Tiko sitzt stumm und zusammengekauert da und weigert sich, Blickkontakt aufzunehmen. Der Abend bricht herein, es wird dunkel in seinem Zimmer, er schläft.

Ich bin währenddessen unterwegs nach Somerset. Das Flugzeug donnert durch die Nacht. Das Taxi gleitet die dunklen Highways entlang. Die Sitzungen haben mich ausgelaugt. Mir schwirrt der Kopf von all den Diskussionen und Problemen und dem endlosen Reisen. Ich schleppe mich in unser Haus. Und da sitzt Tiko auf dem Geländer am Fuß der Treppe. Mit einem leisen Ruf fliegt er auf meine Schulter.

»Keine Ahnung, woher er das gewußt hat«, sagt Mike, »aber zehn Minuten, bevor du reingekommen bist, hat er in der Dunkelheit die Tür zum Käfig aufgedrückt und ist, leise nach dir rufend, aufs Treppengeländer geflogen. Ich hab' rausgeschaut, es war kein Taxi draußen.«

Tiko läßt mich nicht aus den Augen. »Keine Sorge, Kleiner, ich bin jetzt da«, sage ich. Allmählich beruhigen sich die Gedanken in meinem Kopf. Ich bin wieder daheim, bei meiner Familie. Ich trage Tiko nach oben. Woher wußte er, wann ich kommen würde? Ich habe fast mein ganzes bisheriges Leben der Wissenschaft gewidmet. Aber in den letzten Jahren hat meine Beziehung zu Tiko mir immer mal wieder einen Blick in ein anderes Reich gewährt. Tiko und ich sind auf eine Art und Weise miteinander verbunden, die ich erst ganz allmählich zu begreifen beginne.

Dank

Viele Freunde haben mich ermutigt, über Tiko zu schreiben, und mir während der Arbeit an dem vorliegenden Buch geholfen. Ihnen möchte ich nun danken: Michael Gochfeld, Michelle LeMarchant, Guy Tudor, Bernadine Chmielowicz, Ronald Barfield, Gail Buckler, Carl Safina, Jorge Saliva und die vielen Studenten und Labortechniker, die Tiko mit seinem Charme bezaubert hat. Guy Tudor schickt mir Artikel über Papageien, seit er Tiko kennt und ihm klar geworden ist, daß er schrecklich verzogen ist. Viele dieser Artikel habe ich verwendet. Guy wird mir jedoch nie verzeihen, daß ich gewisse Einzelheiten ausgelassen habe, die unsere Gespräche schon seit Jahren beleben. Tiko und ich bedanken uns herzlich bei Patti Murray und Paula Williams für ihre Zuneigung und ihre Bereitschaft, ihn in meiner Abwesenheit zu besuchen und sich um ihn zu kümmern. Sie lassen sich sein gelegentliches aggressives Verhalten bei der Revierverteidigung gefallen und gehören zu seinem großen Schwarm.

Besonderer Dank gebührt meinem Lektor Kenneth Wapner von Peekamoose Productions für seine kreative und menschliche Arbeit. Er hat Kontakte für mich geknüpft und es mir ermöglicht, Tikos Geschichte einer breiteren Leserschaft näherzubringen. Ich möchte auch meiner Nichte Jennifer Wolfson danken, die mir geholfen hat, ein anfänglich schwerfälliges Manuskript lesbar zu machen. Die Zusammenarbeit mit ihr werde ich immer schätzen. Außerdem danke ich Ivan Gold für seine redaktionelle Hilfe, meiner Agentin Gail Ross für ihre Unterstützung, ihre wertvollen Kontakte und ihr Fachwissen, sowie Bruce Tracy für die Betreuung des Manuskripts bei Villard. Ohne sie würde dieses Buch immer noch als unveröffentlichter Text im Regal stehen, und niemand würde Tikos Geschichte kennen.

Ich wurde in hohem Maße von Donald Griffins frühem Buch *The Question of Animal Awareness* (Rockefeller University Press, 1976) beeinflußt; er hat mir die Augen geöffnet für das Bewußtsein und die Emotionen von Tieren. Auch Irene Pepperberg hat mich sehr inspiriert; ihre Forschungsarbeit über das Lernen und die Kommunikation von Papageien hat deren kognitive Fähigkeiten belegt. Mehr als fünfundzwanzig Jahre Unterricht haben mir bewiesen, wie wichtig es ist, Parallelen zu ziehen zwischen dem Verhalten von Menschen und dem anderer Lebewesen – diesem Ansatz folge ich auch in dem vorliegenden Buch. Sogenannte »Wissenschaftler« mögen vielleicht an manchen Stellen die Stirn darüber runzeln, aber ich bin der Meinung, daß wir unser gemeinsames Verhaltenserbe nicht verleugnen sollten.

Meine Eltern Melvin und Janette Burger haben meine Liebe zur Natur immer gefördert, meine Brüder Melvin jr., John und Roy sowie meine Schwestern Tina und Barbara und meine Nichten und Neffen waren eine Quelle der Inspiration. Meine Schwiegereltern Anne und Alex Gochfeld haben mich ermutigt, für ein breiteres Publikum zu schreiben. Und unsere Kinder Debbie und David haben Tiko voller Belustigung in unseren Haushalt aufgenommen – sie gehören ebenfalls zu seinem großen Schwarm.

Meine Beziehung zu Tiko verdanke ich meiner Nachbarin Jose Steinbock, deren tiefe Liebe zu den Tieren und unerschütterliche Geduld Tiko Halt gaben. Sie wußte sofort, daß Tiko und ich zusammengehörten, und schenkte ihn mir vor vielen Jahren, als ihre Mutter und Tante starben und ihn allein zurückließen. Ich habe sie im Buch »Josie« genannt, weil Leser früher Manuskriptfassungen verwirrt waren und »Jose« für einen männlichen Vornamen hielten.

Doch vor allen Dingen danke ich Tiko und seinen Vorgängern für viele Stunden der Liebe, Geselligkeit, des Lachens und Lernens und meinem Mann Mike, weil er immer für uns alle da ist. Er findet sich nicht nur mit Tikos gelegentlichen Launen ab, sondern auch mit meiner endlosen Arbeit am Computer und den fünfzehnstündigen Sitzungen, während derer ich das Verhalten von Papageien und anderen wilden Tieren beobachte. Ohne Mikes Liebe und Aufmerksamkeit wäre dieses Buch sehr viel früher geschrieben worden oder überhaupt nicht.

Anmerkung zu Seite 123: D. Maestripieri, »Vigilance Costs of Allogrooming in Macaque Mothers«, *American Naturalist*, Bd. 141, 1993, S. 744–53; L. A. Isbell und T. P. Young, »Social and Ecological Influences on Activity Budgets of Vervet Monkeys, and Their Implications for Group Living«, *Behavioral Ecology and Sociobiology*, Bd. 32, 1993, S. 117–42; L. M. Rose und L. M. Fedigan, »Vigilance in White-Faced Capuchins, *Cebus capucinus*, in Costa Rica«, *Animal Behavior*, Bd. 49, 1995, S. 63–70; Marina Cords, »Predator Vigilance Costs of Allogrooming in Wild Blue Monkeys«, *Behaviour*, Bd. 132, 1995, S. 559–69.

PIPER

Edward O. Wilson

Der Wert der Vielfalt

Die Bedrohung des Artenreichtums und das Überleben des Menschen. Aus dem Amerikanischen von Thorsten Schmidt. 512 Seiten mit 18 Farbtafeln und 42 Abbildungen.
Serie Piper 2550

Für das menschliche Nachdenken über die Vielfalt des Lebens hat der weltberühmte Harvard-Biologe und Ameisenforscher Edward O. Wilson ein unentbehrliches Buch geschrieben. Der Mensch, so Wilson, läuft zur Zeit Gefahr, zur letzten großen Naturkatastrophe zu werden. In seinem Buch zeigt Wilson in verständlicher Sprache und mit einer Fülle plastischer Beispiele, wie die Vielfalt der Arten entstanden ist, warum sie immer wieder von Katastrophen reduziert wurde, warum ihre Erhaltung für den Menschen überlebenswichtig ist und was getan werden muß, um die Artenvielfalt und das ökologische Gleichgewicht zu sichern.

»Wilsons Buch ist der Versuch, die Biologie ökologisch umzuformulieren. Das ist für den Laien aufregend, weil Wilson als großartiger Schilderer Zusammenhänge anschaulich macht, die dem gewöhnlichen Verständnis verborgen bleiben … Leben ist Vielfalt, und verminderte Vielfalt ist vermindertes, am Ende unwiderruflich verarmtes Leben.«
Frankfurter Allgemeine Zeitung

PIPER

Mick O'Hare/The New Scientist (Hg.)

Was macht die Mücke beim Wolkenbruch?

Neue wunderbare Alltagsrätsel. Aus dem Englischen von Helmut Reuter. 240 Seiten. Geb.

Es gibt Menschen, die denken intensiv über die Quantenmechanik nach. Andere fragen sich hingegen, warum ihr Fallschirm oben ein Loch hat. Viele Menschen suchen im Kosmos nach außerirdischem Leben, andere überlegen, was wohl im Weltraum mit ihrem Glas Bier passieren würde. Dieses Buch läßt, wie schon sein erfolgreicher Vorgänger »Warum fallen schlafende Vögel nicht vom Baum?«, die kleinen Fragen und die Alltagsrätsel hochleben. Diese können überhaupt nicht skurril oder hintergründig genug sein – den engagierten Lesern des »New Scientist« fallen immer wieder köstliche Antworten auf die Fragen ein, die andere Leser bewegen. Beispiele erwünscht? Was macht eine Kampfkastanie unbesiegbar? Was ist überhaupt eine Kampfkastanie und wozu braucht man sie? Wie und warum überlebt eine Mücke einen Wolkenbruch? Weshalb sind Eier eiförmig? Die Leser erfahren schließlich auch, weshalb Ameisen in einem eingeschalteten Mikrowellenherd vergnügt herumrennen können. Es gibt also viel zu staunen und viel zu lesen.